信息技术支持下的城市重大公共项目决策研究

何彦彬◎著

云南大学出版社
Yunnan University Press

图书在版编目（CIP）数据

信息技术支持下的城市重大公共项目决策研究 / 何彦彬著. — 昆明 ： 云南大学出版社，2015
ISBN 978-7-5482-2418-1

Ⅰ. ①信… Ⅱ. ①何… Ⅲ. ①信息技术－应用－城市建设－基本建设项目－项目决策－研究－中国 Ⅳ. ①F282-39

中国版本图书馆CIP数据核字(2015)第232621号

策划编辑：张丽华
责任编辑：张丽华
装帧设计：郑明娟

信息技术支持下的
城市重大公共项目决策研究

何彦彬◎著

出版发行：云南大学出版社
印　　装：云南大学出版社印刷厂
开　　本：787mm × 1092mm　1/16
印　　张：13.5
字　　数：260千
版　　次：2015年9月第1版
印　　次：2015年9月第1次印刷
书　　号：ISBN 978-7-5482-2418-1
定　　价：30.00元

社　　址：昆明市翠湖北路2号云南大学英华园内
邮　　编：650091
电　　话：（0871）65031071　65033244
网　　址：http://www. ynup. com
E-mail：market@ynup. com

前 言

随着城市建设脚步的逐步加快，大规模城市公共项目建设的过程中存在着项目信息收集不完整、决策主体参与地位不对等、决策过程不透明等问题，表现为城市公共项目决策成功率偏低、公众满意度差的突出矛盾。信息技术作为当今社会发展最为迅猛的技术，已经深入到社会生活的方方面面，信息技术的应用促使政府行政、管理发生了深远的变革。鉴于信息技术具有信息组织管理方便，能够显著加强不同主体间的沟通的优点，本书以信息技术应用为视角，对信息技术环境下的城市公共项目决策过程的改进途径进行研究。

本书的主要研究内容如下：

（1）对信息技术支持城市公共项目决策的相关研究进行了综述。首先，对城市公共项目中决策主体的分类、含义及作用进行了深入研究，厘清了主体之间的关系。其次，分析了信息技术对城市公共决策的影响作用，在此基础上，深入研究了信息技术对决策权的影响和分配。最后，在上述研究的基础上，将应用信息技术改善城市公共项目决策确定为本书的研究内容。

（2）采用实证研究方法，对城市公共项目决策过程中存在的问题进行了定量研究。采用纸质问卷与电子问卷相结合的社会调查方法获取了云南地级市范围内公共项目决策实证研究的第一手资料；以描述性统计数据，定量分析并解释了云南省城市公共项目决策的特点和存在的不足；以检验性统计数据，发现各决策主体在六个决策阶段参与城市公共项目决策存在的问题。为书中的MAMSDM模型的设计提供科学依据。

（3）将信息技术作为一个关键点引入城市公共项目决策研究，构建了完整的信息技术支持下的多主体多阶段城市公共项目决策模型MAMSDM。以城市公共项目信息目录为核心，将政府、专家与公众进行结合，构建了完整的多主体参与决策模型框架；深入探讨、分析了信息技术对模型中各主体的影响作用，在此基础上研究了多主体多阶段参与模型的基本运行机制。

（4）对政府在MAMSDM模型项目信息目录中信息资源属性分类、编码、注册与发布、建立过程进行了详细研究。

（5）结合信息目录构建项目专家群决策系统，设计了基于信息目录的城市公共项目专家系统基础结构；对专家一致性意见聚类算法进行了改进，并用模拟数据进行了算法验证。进行了实验系统开发，形成了多元参与的政府—公众—专家城市公共项目群体协同决策实验平台。

（6）构建基于电子政务、一门式网站、政府博客、网上热点意见汇总的公民信息采集平台，将公民参与城市公共项目信息与政府项目信息目录结合。对论坛中热点意见及关键用户进行挖掘实例验证；并对公众电子参与环境构建及机制进行了分析。

（7）以云南省昆明市水葫芦治理滇池蓝藻水污染项目为案例，模拟验证了MAMSDM 模型及其运行机制的有效性。

本书以城市公共项目决策为研究对象，以信息技术为载体，构建了城市公共项目多主体参与群决策平台，并构建了相关运行机制，揭示了信息技术环境下政府公共项目决策科学化的新途径，有望提高项目决策成功率、提高项目公众满意度。本书的研究成果，理论上丰富了城市公共项目决策理论；实践上，顺应了当前党和国家提出的关于加强党的群众路线的发展方向，对加强制度设计和平台建设，打造透明政府、回应政府和公信政府，进行了实践探索。

目 录

第1章 绪 论

1.1 选题背景及研究意义

1.1.1 问题的产生

城市公共项目决策的科学与民主事关广大群众的切身利益。我党与政府很早就认识科学决策的重要性，一直主张建立领导、专家与群众相结合的决策机制，通过了解民情、民意，推进决策的科学化、民主化。当前党中央提出并强调要加强党的群众路线建设，2013 年李克强总理在国务院会议中也强调“通过加强制度设计和平台建设打造透明政府、回应政府和公信政府，更好地听取群众意见”。

2007 年厦门市政府海沧 PX 项目就是一场地方政府的权力与信息技术下大众舆论影响力博弈的案例。厦门海沧 PX 项目是 2006 年厦门市政府引进的对二苯化工项目。地方政府强行开始项目，公众借助“第四势力”——媒体表达对立项的反对。但披露这一项目危害性的《凤凰周刊》被收缴，表达市民反对声音的论坛被关闭、短信被屏蔽。但最终借助互联网力量，厦门 PX 项目受到了全国的关注。厦门市政府被迫举行 99 名厦门市民代表参加的厦门海沧南部地区座谈会，在听证会中专业人士、公众充分表达了对项目的反对意见。随后福建省政府针对厦门 PX 项目召开专项会议，PX 项目将被迁至漳州。[①]

从例子可以看出，在厦门 PX 项目的立项过程中公众已不是简单地要求保护环境，而是要求社会治理模式的转变。在信息技术迅猛发展与积极促进下，政府正面临着从传统的管理模式向现代化的公共治理模式的变革。本书将研究视角聚焦于如何利用信息技术实现公平的民意表达；实现政府内部与政府外部不同主体的项目数据、意见的全面收集，政府与政府之外的群体之间的相互交流融合，并形成完整反馈圈的公共项目决策过程；实现专家合理利用这些收集

① http://news.sina.com.cn/c/2007-05-30/121213112140.shtml. 等网站资料综合整理.

到的项目信息，为项目贡献不同的解决思路，并经过反复讨论形成项目方案供决策者选择，用以保证城市重大公共工程项目决策的科学性。

我国自20世纪90年代起，经济进入高速发展阶段。城市大规模公共项目的建设，既是整个国民经济现代化建设过程的重要组成部分，也是民生、民心工程。城市重大公共项目以其最终的建设效果来看，部分对国民经济的发展起到积极推动作用，但还有一定比例的项目对国民经济发展起不到相应的促进作用，甚至是严重浪费公共资源。

城市重大公共项目投资是政府扩大内需、促进社会经济发展的重要手段。2012年，中国城镇居民人口首次超过了农村人口，城市公共项目直接影响人口的增长。但在新中国成立以来的城市重大公共项目中，形象工程泛滥，不少工程项目不仅未能创造很好的经济和社会效益，反而成为“豆腐渣”工程，在浪费国家财政的同时，还会危害老百姓的生命、财产安全，造成公众对政府信任度、满意度双双降低的局面。

中国国家统计局《中国固定资产投资统计年鉴》显示，1958～2001年我国投资项目失误率接近50%。根据中华人民共和国国家统计局2012年统计年鉴数据，绘制得到2005～2013年按城乡分全社会固定资产投资表。①

表1.1　2005～2013年按城乡分全社会固定资产投资表

单位：亿元

项目 / 年份	全社会投资	城镇投资	城镇房地产开发	城镇投资扣除房地产占全社会投资比例	农村投资
2005年	88773.6	75095.1	15909.2	66.7%	3940.6
2006年	109998.2	93368.7	19422.9	67.2%	4436.2
2007年	137323.9	117464.5	25288.8	67.1%	5123.3
2008年	172828.4	148738.3	31203.2	68.0%	5951.8
2009年	224598.8	193920.4	36241.8	70.2%	7434.5
2010年	251683.8	241430.9	48259.4	76.8%	7886.0
2011年	311485.1	302396.1	61796.9	77.2%	9089.1

① 中华人民共和国国家统计局.2002～2007年国民经济和社会发展统计公报.

续 表

项目 年份	全社会投资	城镇投资	城镇房地产开发	城镇投资扣除房地产占全社会投资比例	农村投资
2012年	374694.7	364854.2	71803.8	78.2%	9840.6
2013年	446294.1	435747.4	86013.4	78.4%	10546.7

注：中国国家统计局《中国固定资产投资统计年鉴》显示，1958～2001年我国投资项目失误率接近50%。根据中华人民共和国国家统计局2014年统计年鉴数据，绘制得到2005～2013年按城乡分全社会固定资产投资表。“全社会投资除城镇投资、农村投资外，还包括农村集体投资、个人投资等，所以表中全社会投资并不等于城镇投资加上农村投资。”

从表1.1看出，城镇投资扣除房地产投资后，近几年城市固定资产投资占全社会投资的80%左右。从城镇与乡村的投资比例来看，两者之间的比值也呈现出图1.1不断增大的剪刀口趋势。利用好城市公共项目资金会对整个国家资金利用率的提高起到重要作用。

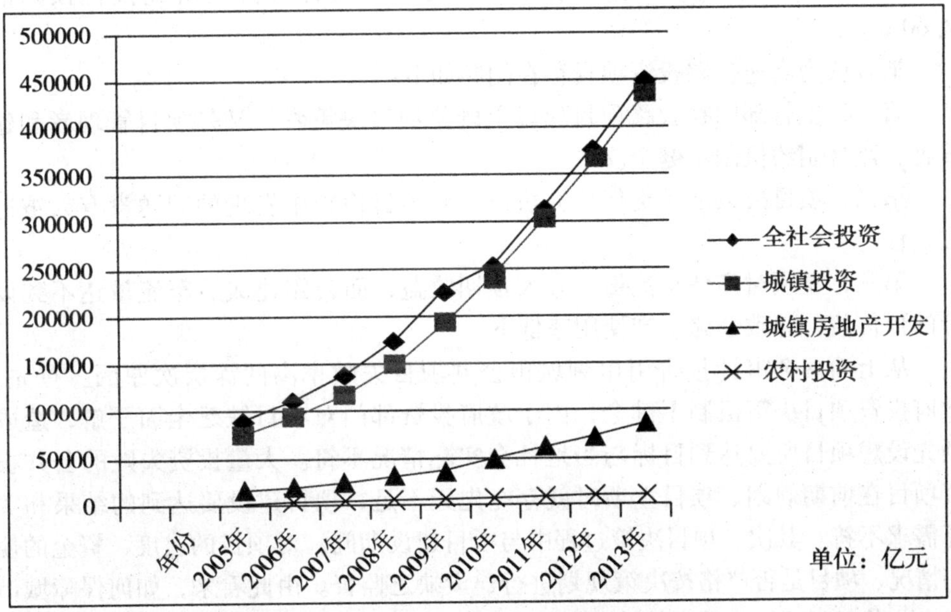

图1.1 2005～2013年城乡固定资产投资趋势图

从表1.1与图1.1中数据显示可知，城市固定资产投资在总投资中占极其重要的地位。但通过访问中华人民共和国审计署网站（http://

www. audit. gov. cn)，阅读网站中几百个公开的审计公告，发现城市固定资产投资不合格比例却不低，例如在2004年第3号公告中，[①] 由国债负责的城市固定资产项目中有26.8%的项目未按计划建成，10%建成项目从未营运。本书究其深层次原因：

第一，政府投资城市项目决策机制不健全，项目决策形成过程中未能听取自下向上的各方意见。项目前期规划工作薄弱，项目前期论证不充分，设计方案考虑不全面造成项目方案设计不符合当地社会经济发展，不能满足当地群众的实际需求。

第二，项目建成与运行都以政府为主导。项目的资金配套、运行费用都是依靠政府投资，造成项目缺乏其他主体监督，影响了城建和环保基础设施项目营运效果。

第三，项目管理监督能力薄弱。对企业资质监管不严，项目在建设管理中，缺乏统一信息监督平台。

同样，在中华人民共和国审计署2007年第2号公告《34个高等级公路项目建设管理及投资效益情况的审计结果》报告中，在高速公路投资方面，70%的已竣工通车一年以上项目，平均实际运营量只有可行性研究报告预测值的60%。

笔者认为高速公路投资项目存在问题如下：

第一，主管部门在公路项目建设上既是项目决策者，又是项目管理者和建设者，监督制约机制不健全。

第二，项目决策缺乏责任追究机制。对项目检查中发现的问题没有人被追究责任。

第三，立项时高估车流量，夸大预期收益，而公路建成后车流量达不到设计的预估值，导致公路资产使用率低下。

从上面两个审计报告引申到城市公共项目失败率高的深层次原因。首先，政府投资项目决策机制不健全，由于政府投资部门对项目缺乏全面了解，造成预先设想项目所要达到目标与当地社会实际情况不符。大量投资失败的公共投资项目在前期规划、项目立项时就存在先天不足，项目建设要达到的结果和实际需求不符。其次，项目决策过程中与项目建设期间，对项目的进度、资金的使用情况、项目是否严格按决策规划进行建设缺乏监督。由此看来，如何保障城市重大公共工程项目决策有效性，提高公民政府满意度，是关系到国计民生的大事。

---

① 2004年第3号（总第04号）．部分城市基础设施国债项目建设效果审计结果．http：//www. audit. gov. cn/cysite/docpage/c516/200407/0730_ 516_ 10056. htm.

从城市公共项目方案成功与失败案例中分析发现如下规律：当城市公共项目设计政府期望达到的目的、当地民众的诉求和当地的实际情况三者基本一致时，项目成功的概率就很高。而当三者之间存在巨大差异的时候，项目失败的可能性就高。一项城市公共项目方案是否科学合理，其重要的评价标准就是城市公共项目所要达到的目标是否与当地民众的诉求、当地社会经济的发展水平吻合。

近年，伴随着信息技术的飞速发展、电子治理、电子政府、电子政务等理论概念不断涌现，并且在政府行政实践之中得到应用。信息技术与政府行政理念形成互动关系，信息技术为多主体参与公共项目决策提供了新手段和基础条件。本书以提高城市重大公共项目决策科学性、公民满意度为目标，综合应用系统科学、管理科学和信息科学等多学科理论，构建信息技术为支持的多主体决策参与模型；以专家决策理论、数据挖掘技术及信息系统综合集成等技术为手段，构建可运用到实际工作中的多元主体参与决策模型框架，全面提高城市重大公共项目决策过程的程序正义、参与主体的广泛性以及民意表达的准确性；通过模型促使城市公共项目决策从政府诉求、公众诉求与项目实际情况三方面达成一致，具有重要的理论与实践意义。

1.1.2 研究目的

针对目前城市公共项目决策过程中信息不充分、决策程序不完备及缺乏合理的协同决策机制，导致决策理性不足、成功率低的现状，拟以公民参与理论为基础，以学科交叉的视角，将程序正义、治理理论等社会科学领域相关理论与电子治理、决策论等信息科学领域相关理论相结合，构建政府—公众—专家城市公共项目多主体参与决策模型框架；在深入研究与分析框架内各主体之间的属性及关联关系的基础上，提出多主体参与决策模型框架的运行机制；最终以信息目录、数据挖掘、专家决策系统等信息技术手段，实现城市公共项目多主体群体决策协同平台，从而全面提高城市公共项目决策成功率与公众满意度。

1）构建政府、公众、专家共同参与的多主体参与决策模型框架，组建政府与公众信息为基础的城市公共项目信息目录平台，并以此作为专家进行项目设计的基础。该信息交互平台解决了城市公共项目决策信息不充分的问题。以治理理论、公民参与理念为理论基础，探讨信息技术为支撑的环境下，多元参与决策理论的实现途径，重点研究在信息技术下政府、公众以及专家之间的多主体决策特征、关联规律以及决策过程优化等相关内容，构建多主体多阶段决策模型框架，以保证决策信息来源的广泛性和完备性。

2）阐明基于信息技术的多主体参与决策模型框架的运行机制，解决城市公共决策过程不完备的问题。以程序正义为导向，以决策论、博弈论为理论方法，从城市公共项目多主体参与维度与决策理论决策阶段划分维度两个方面进行研究，明确多主体参与模型框架内各参与主体承担的任务及各阶段发挥的作用；应用决策对象—主体—过程来对决策程序进行新的权力配置设计，形成完善的多主体参与决策机制。

3）实现城市公共项目多主体参与决策实验平台，解决政府、专家、公众在信息技术支持下的协同决策问题。以信息目录为项目信息综合集成基础、通过数据挖掘技术提炼公众意见、在了解项目全面信息的基础上通过专家群决策技术做出供选择的方案，对专家方案政府与公众再提出新的意见，通过几次决策方案意见与决策方案修改迭代得出综合各方意见的方案。搭建城市公共项目多主体决策实验平台，模拟实现多主体参与城市公共项目决策模型框架的运行环境，为政府—公众—专家协同决策提供应用平台支撑。

1.1.3 研究意义

本书的研究意义在于：

1）理论意义，以城市公共项目决策为研究对象，重点研究了信息技术支撑下的多主体参与决策理论框架，构建了相关运行机制，实现了以交叉学科研究为特点的理论创新。在完善了城市公共项目决策过程的基础上，深入揭示了信息技术环境下政府公共决策科学化的新途径，丰富了公共项目电子治理和公共项目多主体参与的研究，具有重要的理论价值。

现代信息社会中不确定因素增多，随着个性发展与创造性增强，公众参加公共项目决策的意愿增强。传统政府公共项目决策模式已不能适应信息技术时代公共项目决策的需求，必须不断根据环境的变化及时地加以调整。同时，信息技术的飞速发展，为政府决策制定提供了全新的环境，既是机遇也是挑战。本书综合应用系统科学、管理科学和信息科学等多学科理论，应用信息目录体系、专家群决策理论及网页数据挖掘等信息技术方法，构建了一个与传统决策模式不同的多主体参与决策模型框架。通过技术手段将参与主体在项目决策中聚集，为政府与公众在信息技术条件下城市公共项目决策，提出了新方法、新思路。

2）社会价值，以信息技术为载体，模拟构建了城市公共项目多元主体参与群决策平台，有望提高项目决策成功率、提高项目公众满意度。顺应了当前党和国家提出的关于加强党的群众路线的发展方向，对加强制度设计和平台建设，打造透明政府、回应政府和公信政府，进行了实践探索。具有深远的社会意义。

利用信息技术构建政府—公众—专家共同参与的群体决策平台，通过多方参与实现城市公共项目决策的公平正义；通过信息技术固化决策流程，支撑各主体在模型中发挥作用；通过平台的反馈机制，实现了多元主体的真实意图快速表达与反馈迭代。从而促进我国城市公共项目决策更科学理性，保障城市公共项目能够真正造福于民，实现社会的长治久安，同时，也有利于降低政府的行政成本，具有重要的社会价值。

新一届政府也强调依法实施政府信息公开，通过政府信息公开来实现人民政府与人民群众的密切联系，是建设现代政府、提高政府公信力和保障公众知情权、参与权和监督权的重要措施。要贯彻好群众路线根本在于具体制度的安排，包括政府的信息公开、依法行政、决策透明，并要对社会和公众进行及时的回应，满足大多数公民的诉求。把人民群众的知情权、参与权、表达权、监督权、选择权落到实处。本书设计的模型就是让群众清楚公共项目在做什么，在公共项目方案制定和执行中考虑公众的偏好，项目方案制定和执行过程中加强政府对社会需求回应。

1.2　研究思路

本书的研究思路按图 1.2 的顺序。

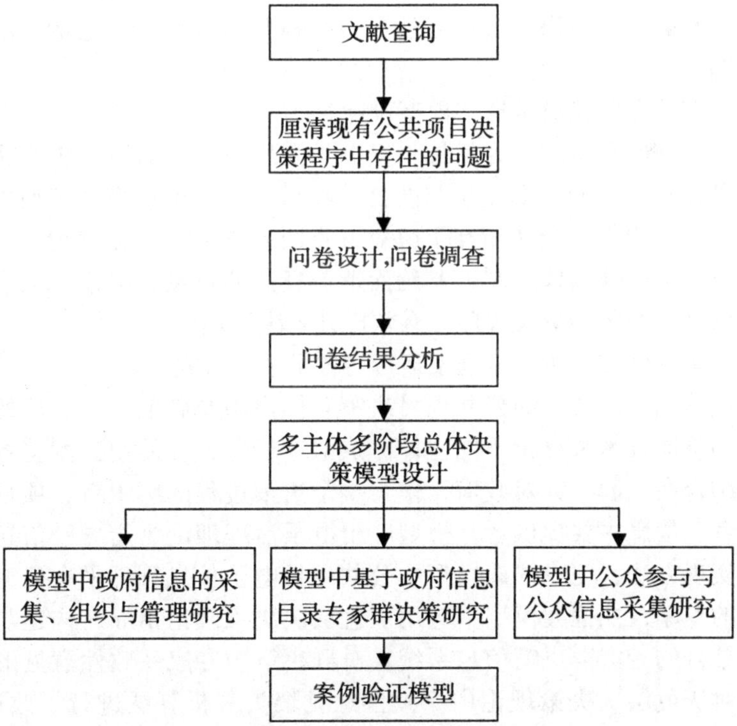

图 1.2　本书研究思路

本书遵循以下研究思路：

第一，问题发现。

首先观测到城市公共项目存在失误率高这个现象，接着广泛阅读关于城市公共项目决策过程、决策参与对象、决策现状及存在问题的文献，厘清我国现有重大城市公共项目决策程序中存在问题的原因，总结出决策主体方面、决策程序方面、决策外部环境方面三大类原因。在决策主体方面存在公众参与度不足；专家群决策时缺乏项目详尽信息，缺乏在项目方案阶段从发散到收敛的讨论过程；各个决策主体之间缺乏统一、透明的项目信息等问题。在决策程序方面没有一个完整的从问题产生到项目完成决策过程。项目决策外部环境同过去相比发生巨大变化，政府如何将信息技术环境下各决策主体产生信息收集、融合，成为新形势下的研究课题。

第二，问题实证。

阅读文献总结出存在三大类十一小类问题，这三大类问题分别存在于城市公共项目决策程序、城市公共项目决策主体、城市公共项目决策外部信息环境。通过设计出对应三大类十一小类问题的问卷，以在云南省的地级城市工作多年并在自己周围经历过城市公共项目建设的人员作为调查对象，对他们进行问卷调查，将得到的问卷结果进行描述性分析与检验性分析，用定量方法验证定性存在的问题。

第三，多元多阶段决策框架模型设计。

以解决实证所获得问题为目标，以电子治理与多元参与思想为指导，构建完整的信息技术支撑的多主体参与的公共项目决策框架模型，模型中多主体借助框架交流，政府与公众在相互了解对方意图基础上，相互制约，避免政府独断专行，也避免公众因缺乏制度制约而形成狂热的意见。决策框架模型具有完备的决策信息，完整的决策程序，有效提升了决策理性。

第四，多主体多阶段决策框架运行与各子系统研究。

在完成信息技术支持的公共项目决策总体模型基础上，在随后的章节中讨论如何采用不同技术来支持不同主体完成对应任务，并使用技术将各主体在模型中紧密结合在一起。针对政府，作为整个决策过程的组织者、项目信息采集者、管理者、信息主要提供者，模型应用电子治理理论为指导，信息目录体系作为具体实现方法，完成框架模型中公共项目电子信息管理平台研究。针对决策过程中的专家，在框架模型中应用灰色层次决策理论指导，构建与项目信息目录紧密结合的专家群决策信息系统，对群决策中专家一致性意见形成过程进行研究，对灰色层次决策理论中一致性意见聚类分析算法进行了改进与验证。针对决策过程中的公众，在框架模型中应用公民参与理论指导，将网络数据挖掘方法用于框架模型中公共项目公众信息采集，并将采集到的公众项目信息融入政府建立的项目信息目录。

第五，框架模型有效性验证。

将框架模型应用到昆明水葫芦治理滇池水污染案例，将水葫芦项目真实决策运行过程与模拟应用框架模型的决策运行过程进行比较，验证本书提出的模型框架的合理性与有效性。项目按模型框架的运行机制实施后，在三个主体间实现政府与公众关于项目意见快速、真实的表达。政府项目信息只有透明，才能保障公众参与；只有有了公众参与，政府才能有的放矢地回应公众的关注；只有政府及时回应公众的意见，公共项目建设中才能显示民意；只有项目建设体现了民意，政府才能赢得公众的信任，项目才具有公信力。模型实现城市重大公共项目基础信息良性迭代循环，专家根据每次迭代的信息进行下一阶段的项目方案设计，政府和公众在新方案的基础上再次进行意愿表达，专家在形成新的项目信息库的基础上再次进行项目设计，这样的操作对项目密切联系群众具有实践价值。

1.3 研究方法

1.3.1 文献分析法

笔者阅读大量有关网络对政府治理影响、现有城市公共项目决策现状及存在问题、政府信息共享解决方法、公众依托互联网进行参与、专家网络系统群决策、互联网信息传播等领域文献，定性抽取出现有城市公共决策存在的问题，同时对用什么理论进行后续研究进行系统思考。

1.3.2 规范研究法

规范（Normative）研究方法，说明“应该是什么”的问题。本文从城市公共项目决策的过程入手，研究信息技术条件下城市公共项目决策模式与各参与主体在各个阶段的参与方式，本书提出以城市为基本单位，每个城市建立起自己的城市公共项目信息体系，在这个平台上，以项目为单位吸纳政府部门之外的项目专家、市民、项目承建者提出的建议。项目决策模型与三个主体在模型中的任务都采用了“问题是什么，应该是什么，怎么做”这样的研究方法与研究过程。其中涉及管理学、系统科学理论、信息经济学、项目管理、软件工程等相关理论。

1.3.3 系统分析方法

系统论方法贯穿全书，是本书研究的方法论主线。公共项目决策是一个庞大而又复杂的社会管理系统，它的“相关性”“整体性”“多主体参与性”“时间有序性”等特征适宜运用系统的方法加以分析和研究。本书按问题发现、问题验证、提出解决方案、方案中各子系统详细设计、案例验证等步骤进行基于信息技术的政府城市公共项目决策平台的研究。采用系统的观点先从顶层进行了信息技术支持的城市公共项目决策总体框架的设计，然后遵循从顶向下的系统设计方法分别对框架中的政府、专家、公众三个主体之间的信息运行机制、信息运行方法进行研究。

1.3.4 实证分析

将文献阅读获取的定性问题归纳形成面对三大类问题的调查问卷，进行了云南省地级城市范围内的公共项目问题问卷收集。对数据定量分析，通过一系列的描述性与推断性定量分析确认云南省城市公共项目决策存在的主要问题。获得各决策主体现实中各阶段决策影响力情况与理想决策中各阶段各主体参与状态；获得公众在参与决策过程中存在的问题；获得政府在决策过程中存在的缺乏公开统一的项目信息库，无法与其他主体顺畅沟通的问题；获得专家在决策过程中，不能有效对项目分歧意见科学聚类的问题。实证工作为明确本书研究什么指明了方向。

1.3.5 仿真验证

第九章用昆明市水葫芦治理滇池水污染项目对本书设计的信息技术支持的决策模型进行了反向验证。展示政府如何建立统一的信息平台管理政府内部与外部信息，专家如何利用政府信息目录做出方案设计，公众对专家设计做出反馈纳入项目信息目录过程。展示了在模拟应用本书决策模型后，昆明市水葫芦治理滇池项目整个决策过程以及决策结果出现的改进。

1.4 本书主要内容及结构框架

本书分为十章，结构框架为见图 1.3 所示，具体内容在图后给出详细说明。

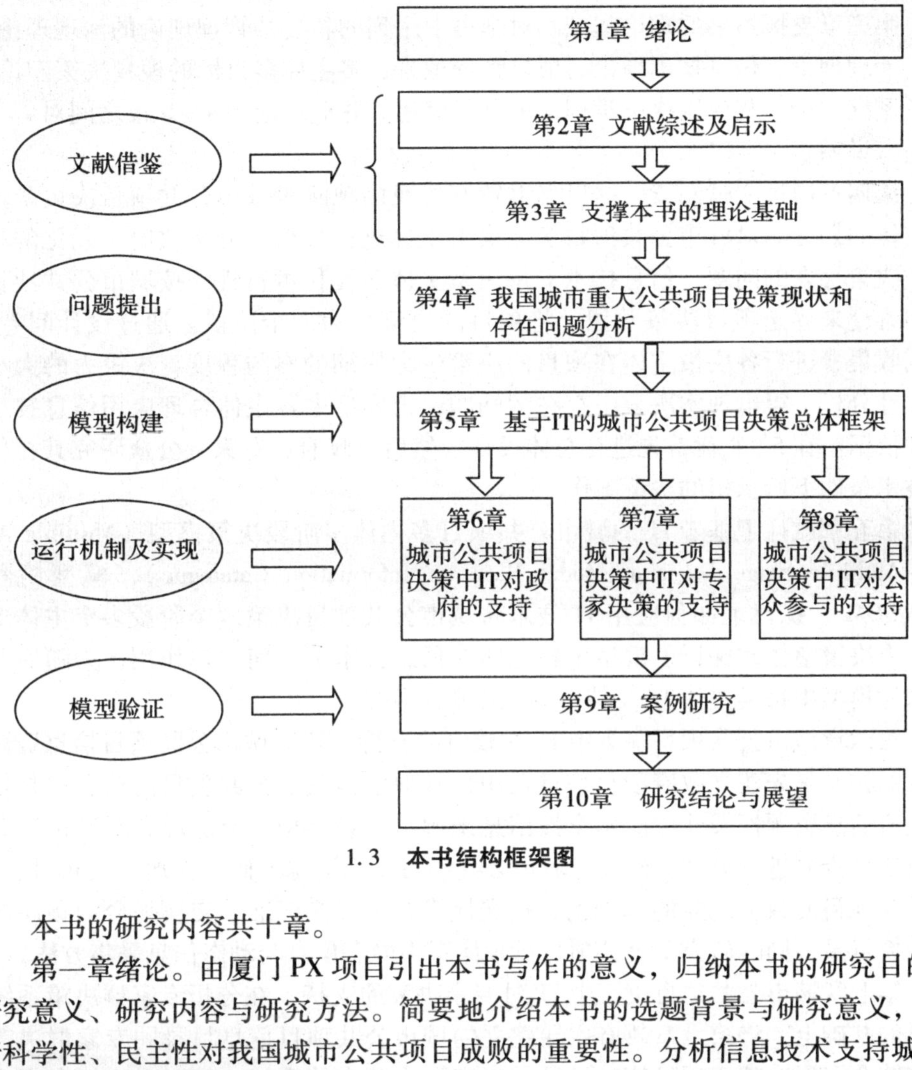

1.3　**本书结构框架图**

本书的研究内容共十章。

第一章绪论。由厦门 PX 项目引出本书写作的意义，归纳本书的研究目的、研究意义、研究内容与研究方法。简要地介绍本书的选题背景与研究意义，分析科学性、民主性对我国城市公共项目成败的重要性。分析信息技术支持城市公共项目决策的现实可行性。

第二章文献综述及启示。首先对城市公共项目主要概念进行界定，包括投资来源，公共项目决策的含义及保证科学决策需要的程序与机制。其次对关于决策支持系统的发展以及相应的技术，信息技术和组织决策权分配理论，信息技术与决策科学化、民主化的研究观点，基于信息目录管理的政府信息资源管理技术与模式等方面研究文献进行回顾。最后总结了文献对本书应用信息技术支持城市公共项目决策研究的启示，引出本书需要依靠的理论，在下一章做简单介绍。

第三章支撑本书的理论基础。对本书中用到的新公共管理理论的治理理论、电子治理理论、信息技术理论、项目管理理论、多主体多目标的模糊决策理论、灰色系统理论、灰色层次决策理论进行了综述。并对理论与4～8章之间对应关系进行说明。

第四章通过文献阅读，提出本书特有的我国现阶段城市公共项目决策阶段与主体的划分。对城市公共项目多元决策主体进行分析，分析政府一元化的精英式决策存在的问题，信息技术支持决策主体多元化可行性。按城市公共项目时间维度来界定项目决策阶段，将项目的决策分为六个阶段。通过设计问卷，数据收集，进行各决策主体在项目的决策生命周期的参与程度，决策力的大小相关性分析，得出现实决策中存在的问题，为模型中各主体合理应用信息技术找到依据。在5～8章首先进行总体设计，然后分政府、专家、公众研究其在信息技术条件下所承担的决策工作。

第五章设计了基于IT的城市公共项目多主体多阶段决策模型（Multiple Agent Multiple Stage Decision Model Base on Information Catalogue），模型简称MAMSDM。探讨了如何应用IT技术将城市公共项目决策六个阶段多个主体形成一个决策整体，探讨了模型中各主体在信息技术下如何发挥作用，为随后几章探讨模型中每类主体IT支持下的工作奠定基础。

第六章城市公共项目决策中IT对政府的支持。建立城市公共项目信息资源目录的核心是先建立政府项目信息资源，其他主体关于公共项目的信息都是依托政府信息资源框架建立。本章按信息来源、信息类型、资源形态对城市公共项目信息资源进行分类，研究了城市公共项目信息资源编码、注册、发布过程。在公共项目元数据建立的基础上，按交换模式、交换标准、交换平台的顺序建立交换目录，同时研究了公共项目目录体系中静态信息与动态信息采集方法。

第七章城市公共项目决策中IT对专家决策的支持。在分析专家群决策系统特点的基础上，将第六章政府主导建立的城市公共项目信息目录同专家群决策系统结合，形成基于项目信息目录的专家群决策支持系统。并对群决策专家系统中专家一致性意见形成过程进行探讨，对专家一致性意见形成聚类分析算法进行了改进并通过数据模拟验证算法改进结果，同时开发了基于项目信息目录的实验性专家群决策系统。

第八章城市公共项目决策中IT对公众参与的支持。介绍了公民参与理论与技术，分析了传统公众参与的缺点。指出公众网络参与意见采集是对城市公共项目决策科学性的有力保证，对公共项目公众论坛热点意见聚类、论坛关键用户挖掘方法进行探讨，将挖掘到的公众意见与城市公共项目政府信息在项目信息目录中结合，并对公众电子参与的机制进行讨论。

第九章通过将决策框架模型应用到昆明水葫芦治理滇池水污染案例中，展示政府如何管理内部与外部信息，对云南金碧坊论坛项目热点主题与核心用户挖掘后，公众信息进入项目信息目录，城市专家系统根据项目信息目录做出决策咨询，各方对专家设计的方案进行新的评议，实现城市重大公共项目信息良性迭代循环，各方意见可以快速、真实地表达。通过模拟出的项目运行结果的改变验证本书提出模型的合理性与有效性。

第十章研究结论与展望。对全书的主要研究工作进行了总结，指出了本书完成的主要工作和不足之处，及下一步值得深入研究的问题。

1.5 本书主要创新点

1）以社会科学、信息科学的交叉视角进行研究，首次在云南省地级市范围内对城市公共项目决策问题进行实证调研，将信息技术作为一个关键点引入城市公共项目决策研究，构建了完整的信息技术支持下的多主体多阶段城市公共项目决策模型（MAMSDM）。该模型框架具有公共项目决策信息覆盖面广、决策程序公平、公众广泛参与、民意表达渠道畅通的特征。

通过传统的问卷手段与网络问卷结合的形式。首次在云南省地级市范围内对城市公共项目决策问题进行了实证调研，为构建模型提供了数据分析。调查问卷验证现有城市公共项目决策模式存在的问题。为模型框架研究提供了坚实基础。

以决策理论作为支撑，审视整个公共项目决策过程，将城市公共项目决策分为六个阶段、四类主体，以信息技术作为黏合剂，设计了决策主体与决策阶段结合的信息技术支持的城市公共项目决策模型。该模型提高了城市公共项目决策的科学性与理性，具有决策信息全面、决策程序公平、公众广泛参与、民意准确表达等特点。为城市公共项目决策提供了新的途径，具有重要的理论创新性，是在平台建设方面对建设“三型政府”的有益尝试。

2）阐明了信息技术支持下的公共项目多元参与信息运行机制，包括了信息采集、组织、管理、应用的完整过程。以公共项目信息目录为核心，建立透明、公开、统一的项目信息平台；进行了网络公众项目信息采集与融入信息目录机制研究，完善了公共项目信息；进行了基于项目信息目录的专家群决策系统研究及灰色层次决策理论中的项目判断一致性聚类算法改进，改善了专家咨询信息支撑环境，提高了咨询方案有效聚类，保证模型可用性。

以信息技术手段为保障，实现多元主体间信息的公开，实现城市公共项目决策程序的透明，实现了政府公共项目决策过程中的程序正义性，以及民意表达的深度与广泛性。利用信息目录技术为核心，实现多主体交互机制，有效解决了项目信息组织、管理问题。改进灰色层次决策理论中的项目判断一致性聚类算法，进行了基于项目信息目录的专家群决策系统研究设计，实现了政府城市公共项目决策的正义性与科学性；研究针对特定公共项目的公众意见网络数据挖掘方法，实现了公众意见及关键用户的网络数据挖掘，进行了公众项目信息融入信息目录机制研究，解决了信息时代公众对项目的参与问题，从而进一步保障了民意表达的广泛性与深度。

3）以公民参与理论为基础，运用 MAMSDM 决策模型中信息目录实现了信息收集反馈，形成城市公共项目决策过程中完整的“民意数据收集——政府反馈”闭合信息反复迭代循环，有助于持续改进决策质量。在此闭合循环中，公众期待融入政府项目决策中，政府决策依据更具广泛性；同时政府针对性地回应公众关注，增强了政府与公众的交互、理解。模型的应用对如何提升政府公信力有重要的理论创新与实践价值。

本书构建的公共项目多元决策框架，以公民参与理论为基础，以网络公众项目采集实现民意收集，达到人民群众期望融入项目决策的目标。运用 MAMSDM 中信息目录，提供了框架的项目信息展示环境，加强了政府、公众、专家之间的信息交互、信息融合与信息反馈。利用项目信息目录实现城市重大公共项目信息良性迭代循环，使各方意见可以快速、真实地表达。让政府政策透明，让权力运行透明，让群众看得到、听得懂、信得过。并模拟应用到云南省水葫芦治理滇池项目中，比较了采用模型的公众与政府信息迭代与传统信息交流的区别，证明模型能更早发现项目实施过程中的问题，从而使决策更具科学性。展示了基于水葫芦治理滇池项目中信息目录的政府、专家、公众的协同工作流程。

第2章 文献综述及启示

本章着重讨论城市公共项目的概念、城市公共项目决策过程与存在问题、信息技术对组织决策权分配的影响，信息技术对决策民主化的影响，信息技术对决策品质的影响。

2.1 文献来源和查阅方法

本书研究过程中，分别通过以下方式获得相关的国内外文献。国内文献获取途径：第一，中国学术期刊库CNKI（中国期刊全文数据库、中国优秀博硕士学位论文全文数据库）；第二，万方资源学位论文全文数据库；第三，中国重庆维普信息数据库；第四，中文Internet网络资源；第五，政府部门的相关研究报告。国外文献资料获取途径：第一，ProQuest PQDD（原名UMI，硕博士论文文摘索引数据库）；第二，PQDD（硕博士论文全文数据库）；第三，同济大学图书馆其他外文数据库（ABI、EBSCO等）；第四，Google学术搜索功能的应用。

查阅文献时，中文文献以“城市公共项目”“公共项目”“信息技术”“决策”等词作为搜索词，在各数据库中按题名和关键词字段进行匹配搜索。得到如表2.1的搜索结果。

表2.1 中文文献查询结果

查询数据库	查询关键字	检索项	检索结果
CNKI期刊论文，学位论文库	公共项目决策	题名	3篇期刊论文
CNKI期刊论文，学位论文库	公共项目决策	关键字	与上行同样3篇
CNKI期刊论文，学位论文库	公共项目	题名	145篇期刊论文，42篇硕博士论文

续 表

查询数据库	查询关键字	检索项	检索结果
CNKI 期刊论文，学位论文库	城市公共项目	题名	3 篇期刊论文
CNKI 期刊论文，学位论文库	信息技术，决策	题名	4 篇博士论文，25 篇硕士论文，116 篇期刊论文
CNKI 期刊论文，学位论文库	信息技术，公共项目，决策	题名	0 篇
CNKI 期刊论文，学位论文库	信息技术，公共项目	关键字	58 篇期刊，4 篇硕士论文
CNKI 期刊论文，学位论文库	信息技术，公共项目，决策	摘要	4 篇硕士论文

公共项目的硕博论文主要内容为公共项目的 BOE 模式研究，对公共项目后期的绩效评价体系的研究；对城市公共项目搜索得到的期刊论文集中讨论城市公共项目资金筹集、使用；对信息技术、公共项目采用并关系查询到期刊论文 58 篇、4 篇硕士论文，研究内容集中在信息平台研究，电子政务中对公共项目的管理。用信息技术、公共项目和决策作为检索词，采用并关系查询，如果 3 个全部查询关键词，没有检索到相关文献。如果在摘要里查询，可检索到 4 篇硕士论文。研究内容基于各种技术的政府信息系统的设计，兼带涉及公共项目。对关键字信息技术、决策进行统计，获得的文献最多，集中于决策算法的研究，利用信息技术将构建针对具体项目的决策平台。在搜索中加入公共项目，也无法检索到任何学术论文，这说明研究信息技术对公共项目决策影响的论文目前很少。

外文文献，主要使用“Public project”“Information technology”“Decision”作为搜索词，在 ProQuest 学位论文全文检索平台对摘要进行并匹配搜索。

表 2.2 外文文献查询结果

查询数据库	查询关键字	检索项	检索结果
ProQuest 学位论文全文检索	Public project、Decision	标题	2 篇博士论文，1 篇硕士论文

续 表

查询数据库	查询关键字	检索项	检索结果
ProQuest 学位论文全文检索	Public project、Information	标题	1篇博士论文
ProQuest 学位论文全文检索	Decision, Information technology	标题	8篇博士论文，7篇硕士论文
ProQuest 学位论文全文检索	Decision, Information technology, Public project	标题	0篇

从外文文献查询结果看，主要集中在对企业决策框架进行改进，信息技术对组织决策权分配的影响，对决策质量的影响。研究方法多采取提出假设，通过问卷调查数据来验证假设的正确性。

2.2 主要概念的界定

为了避免对概念的理解不同而引起歧义，有必要对几个关键概念进行解释明确本书的研究范围。

2.2.1 城市公共项目

美国项目管理权威机构 PMI（Project Management Institute）认为，“项目”是指为了完成某一独特的产品或服务所做的一次性努力（A project is a temporary endeavor undertaken to create a unique product or service）。①

城市公共工程项目同一般工程项目一样具有独特性，需要投入一定量的资本、实物资产，是有预期的社会经济目标。整个项目是在一定的约束条件下，经过决策主体项目研究、项目方案决策和项目实施的一系列过程从而形成固定资产的一次性事业，② 是投资决策行为和建设行为的结合。

城市公共项目有着不同的定义，城市公共项目中政府投资占大部分，所以政府投资项目是首先要研究的概念。政府投资项目的概念是在我国改革开放和经济建设过程中逐步形成的。过去全部由财政部负责政府投资项目的资金，项

① Project Management Institute. A Guide to the Project Management Body of Knowledge (PMBOK). PMI, 2000.

② 张金锁．工程项目管理学．北京：科学出版社，2000.

目的资金来源都为“财政性基本建设资金”。[①] 有的地方财政部门称为“财政投资基本建设资金”或“财政性资金”。其投资项目称为“财政性基本建设项目”。[②] 1999 年北京市人民政府在京政发［1999］31 号文件中明确了政府投资建设项目的概念。[③] 2000 年 4 月 4 日深圳市人民代表大会常务委员会第 109 号公告《深圳市政府投资项目条例》中，首次在政府文件中提出了政府投资项目这一概念，即政府投资项目是指利用市级预算内资金、土地开发基金以及其他财政性资金所进行的固定资产投资建设项目。[④]

郭长强从广义和狭义两方面定义了政府投资工程：广义上是指由政府财政性资金投资的建设工程。狭义的政府投资工程是指政府财政性资金投资的非营利性的建设工程。[⑤]

在国外，由政府负责的建设项目，一般被称为“政府工程”或“公共工程”。所谓“国家建设项目”是指“以国有资产投资或者融资为主（即占控股或者主导地位）的基本建设项目和技术改造项目”。[⑥]

政府投资项目除了财政性资金外，还应包括财政担保的国内外金融组织的贷款，外国政府捐赠以及国际援助资金。本书认为，可以从项目建设的公益性来区分公共项目与非公共项目，公共项目的建设是为了实现公共利益，以满足公共需求为目的，以公务公产和公有公共设施公产为内容，以国有资产投资或融资方式兴建，由政府代表项目涉及的利益群体出资或决策建设的公益性、准经营性或经营性，具有行政性、公用性、公有性的项目。与之相反的就是非公共项目。[⑦]

2.2.2 重大公共项目

本书所称的政府重大公共项目是指由国家和地方政府出资、融资，对城市社会经济发展和公众生活有重大影响的建设项目，使用财政专项资金的项目占了大部分，包括公益事业和公共基础设施建设和一些投资量大、回收周期较长或涉及国家安全、自然垄断等其他公共需要领域的投资。

国家发展与改革委员会规定对于使用中央预算内资金的项目，按照资金的

---

① 财政部投资评审中心．政府投资项目标底审查实务．北京：经济科学出版社，2000.

② 杨肃昌．中国国家审计：问题与改革．北京：中国财政经济出版社，2004.

③ 桂建平．公共财政框架下的财政审计．合肥：安徽人民出版社，2004.

④ 谢琳琳．公共投资项目决策机制研究［博士学位论文］．重庆：重庆大学，2005.

⑤ 郭长强．政府投资工程管理体制改革探析．城乡建设，2004（1）：58~60.

⑥ 王世成，等．政府投资项目概念辨析．中国审计，2007（24）：63~64.

⑦ 王世成，等．政府投资项目概念辨析．中国审计，2007（24）：63~64.

投入方式不同，管理方式有所区别，对于国家采用投资补助和贴息方式的，按资金数额和国家所占比例进行审批，如果安排给单个投资项目的中央预算内资金超过2亿元，或虽然不超过2亿元，但超过3000万元占项目总投资比例超过50%，由国家发改委审批可研报告。在国家发改委的规定基础上，各省市根据自己的经济状况、行业分布制定不同的具体标准。下面选两省市细则介绍。

以福建省为例，市级重点项目申报标准中，对市级项目分行业进行标准设定，例如：基础设施建设项目总投资1亿元以上，工业技改项目总投资1亿元以上，旧屋区改造项目总投资2亿元以上，社会事业项目总投资2000万元以上。在省级重点项目申报标准要求中，是铁路、高速公路、一级公路、机场、特大桥隧、综合交通枢纽；5万吨级及以上深水泊位、装机2万千瓦及以上风电、装机60万千瓦及以上火电、220千伏及以上主干电网；省级煤炭开发项目；日处理5万吨及以上污水处理厂、垃圾焚烧发电厂、重要市政设施项目；建筑面积10万平方米及以上的廉租房项目。① 对应省市也是按行业对项目有不同的要求，从资金上来看，以2004年的要求，如果是市级项目，1亿元以上的就是重点项目。

以云南省为例，在交通基础设施方面，高速公路要求投资额2亿元及以上，客运站建设项目投资额1亿元以上。而在生态建设方面，是总投资额1亿元及以上水土流失治理、退耕还林、天然林资源保护项目。在环境保护方面，日处理污水5万吨及以上的污水处理项目，日处理垃圾500吨及以上的垃圾处理项目，总投资额3亿元及以上的垃圾、污水处理设施、环境综合整治建设项目。本书案例滇池治理正是属于政府重点项目范畴。是被云南省第十一届人民代表大会第五次会议列出的20大重点建设项目“滇池污染治理项目”的一个项目工程。

2.2.3 公共决策

政府是处于社会大环境中的一个复杂的政治系统，它在与社会环境的互动过程中，一方面接受环境提出的需求和支持，另一方面利用调节和控制机制对需求进行筛选，这就是“政治输出”。公共决策是政治输出的主要方式，它是对社会需求和支持的一种恢复。通过公共政策的设计、制定和执行，政府完成对社会事务进行科学、有效的管理。②

从公共决策引出城市公共项目决策具有以下特征：

---

① 福建省发展和改革委员会．关于做好2012年省重点项目申报工作的通知．

② 戴维·伊斯顿．政治生活的系统分析．北京：华夏出版社，1999.

第一，城市公共项目是以政府为主导而进行建设的。但存在其他主体如决策主体、咨询主体、设计主体、施工主体、监督主体等。

第二，城市公共项目的建设是以满足公共需求为最终目的。

第三，政府城市公共项目是以公务公产和公有公共设施公产为建设内容。如政权设施项目、社会公益性项目、社会公众福利项目、城市基础设施项目。

第四，政府城市公共项目具有行政性，由政府公共管理职能决定，是履行行政职能的一种方式。

第五，项目使用资源的公共性。项目使用资源是特定公共组织的公共资源。所做出的公共决策代表的是一定区域的公共利益决策。

第六，决策影响的范围很广。相对于个人决策，公共决策的影响范围巨大。与公众的生活密切相关。决定了公共政策不仅仅是决策者关注，更容易引起社会的关注。

第七，评价主体的多元性。对于一项公共项目决策后果的评价不仅是它的制定者、建设者，与它利益相关的公众是最重要的评价者。①

2.2.4 决策主体

从哲学意义上讲，“主体”是指一个社会中具有自我意识与自觉能动性，能从事认知和实践活动的人。公共项目决策主体应当是自觉地从事公共项目决策、能够直接或间接参与公共项目制定、实施、监控、评估的个人、团队或组织。

2.2.4.1 决策主体的分类

根据不同的标准对公共决策主体有不同的分类：

1）以主体包含的人数进行分类，可以将决策主体分为个人主体和团队主体，前者包括政治领袖、公务员和公民个人；从个人的角度，政府组织是由人组成，是处于一定地位的人参与了政策制定，② 从团体的角度，公共决策的整个过程就是相关团体的博弈过程。

2）以决策主体是否具有公共权力作为标准，将决策主体分为官方主体和非官方主体。③

3）以主体在决策运行的不同阶段发挥的功能作为标准，将决策主体分为制定主体、执行主体、监控主体和评估主体。

---

① 王世成，等．政府投资项目概念辨析．中国审计，2007（24）：63 ~64.

② B. 盖伊·彼得斯．政府未来的治理模式．吴爱明，等译．北京：中国人民大学出版社，2001.

③ 詹姆斯·安德森．公共决策．竺乾威译．北京：华夏出版社，1990.

4）以主体参与决策过程的程度作为标准，将决策主体分为直接主体和间接主体。

关于行政决策主体的范围，刘士义和张国庆等分别做出界定。刘士义认为“从现代社会行政决策的实际参与人来看，行政决策的主体呈现出多元性和多层次性”。① 张国庆也认为，“如前所述，在现代条件下，行政决策行为主体已在逐渐多元化，不仅政府内部而且政府外部，不仅个体而且团体，不仅行政人员而且专业人员，正在愈来愈多地影响或介入行政决策过程”。②

所以本书认为城市公共项目决策作为政府行政生活的重要部分，从两个范围来界定其决策主体，狭义指决策活动的发起者，它在决策活动中处于主导、控制的地位。而广义决策主体是指直接或间接地参与公共项目决策的个人、团体或组织。本书中所指的决策主体取广义的决策主体范围。项目的决策不能再由个人决定。

2.2.4.2　决策发起者

按照狭义定义，包括中央和地方各级党委、全国人大和地方各级人大及对应级别的人民政府。这首先是由我国的宪法规定和长期以来政府系统与中国共产党的关系决定的。其次政府内部为保证公共决策公共利益最大化，自身也需要在决策过程有一个权威组织整合多元化的利益。③

2.2.4.3　决策执行者

公共项目决策执行是指公共决策完成后，将纸面设计的公共项目实现的行为过程。而公共项目执行者就是承担已立项的公共项目的具体实施活动的行为主体。这些行为主体有以下几种类型：④

1）基建处（室）型。

2）工程项目指挥型。也称为业主委员会或工程委员会，负责某一工程的具体施工建设与监督。

3）项目法人型。项目法人是为某一建设项目专门设立的独立机构，负责工程建设的项目策划、资金筹措、建设施工、经营管理、债务偿还和资产保值增值等全过程。⑤

4）专业投资部门型。政府成立专门的部门，对项目进行专业化管理。

5）社会投资主体。私人部门通过投标承担公共活动。

---

① 刘士义．行政决策学及其应用．太原：山西人民出版社，1993.

② 张国庆．行政管理中的组织、人事与决策．北京：北京大学出版社，1990.

③ 罗德刚．我国公共管理主体的探讨．中国行政管理，2002（6）：18~20.

④ 国务院研究室送阅件．政府投资工程管理方式改革若干建议，2003-07-10（54）.

⑤ 赵泽生．浅谈政府投资工程的项目管理．中州建设，2006（10）：57~58.

2.2.4.4 咨询者

智囊团接受委托，就重要决策事项进行研究，提出科学的建议或比较方案，供委托人决策选择。①

2.2.4.5 公众及社会团体

“公民参与是指对某项公共项目或政策有利害关系的个人或团体，直接涉入政策过程中，以影响政策结果或了解该政策信息的一种咨询活动。”② 世界银行对公众参与中的公众定义为：（1）直接受影响的人群；（2）受影响团体的公共代表；（3）其他感兴趣的团体。③

2.2.5 决策主体参与系统

按现代行政决策系统的划分，一个完整的决策系统分为信息收集系统、决策咨询系统、决策决断系统、决策执行系统、决策监督系统。④

1）信息收集系统

上述四类行为主体都应该是信息的提供者，将四类主体的信息汇聚到政府部门后，要能及时共享，并进行公开，这样才能让其他子系统很好的工作。

2）决策咨询系统

决策咨询系统依靠决策信息完成方案设计、方案比较，并经研究对方案进行筛选判断供决策决断系统使用。

3）决策决断系统

决策决断系统是由具有最终决策权的行政领导组成，决断系统的作用是如何发挥决断者的作用，使得做出的决策更符合实际。

4）决策执行系统

在现在的公共项目决策程序中，一旦决策决断系统做出最后的选择后，就要委托对应的执行系统实施决策，决断系统和监督系统要加强对执行机构的监督，保障执行的不走样，同时监控决策的实行效果。

5）决策监督系统

公共项目决策，除了政府内部部门监督外，还必须要由政府行政机构以外的权力机构（如人民代表大会、纪委、政协）、新闻媒体和个人监督决策过程，

---

① 许文惠，等．行政决策学．北京：中国人民大学出版社，2003.

② 王洛忠．我国转型期公共政策过程中的公民参与研究．中国行政管理，2005（8）：86～88.

③ 布朗宁．世界发展报告．北京：中国财政经济出版社，1993.

④ 阎宇红．日本行政决策咨询体系的多层次、多元化及其对我国借鉴作用．国际关系学院学报，1998（1）：1～5.

以保证决策的结果能按计划进行，对偏离实际的决策，能够尽早发现并改正。①

2.2.6 科学决策程序与体制

戴维·奥斯本、特勒·盖布勒在《改革政府》中提出“转向一种政策制定同服务提供分开的机制”。在分离中必须保持决策环节与执行环节的有效沟通。② 恩格斯说过：“要保证公共项目决策科学化和民主化的实现，使政府的行政决策更加合理或避免重大失误，就必须要有一套较为完善的法律制度。”布坎南认为，要改进政府的宪政过程（公共决策和公共选择过程），就必须改革相关的规则，改革政治游戏的框架。“被指定执行这种职能的人——获得了和授权给他们的人相对立的特殊利益，他们同这些人相对立而独立起来。”因此，必须对决策系统进行有效的监督制约。③

2004年9月19日，中国共产党第十六届中央委员会第四次全体会议通过的《中共中央关于加强党的执政能力建设的决定》明确指出“采取科学的领导制度和领导方式，动员和组织人民依法管理国家和社会事务”。

吉林大学王惠岩教授从哲学角度的观点认为决策实际上是人们对客观事物的主观认识过程。从决策学的角度看，既包括决策方案的制定和抉择阶段，又包括决策方案实施的全过程。④

决策科学化是指决策者及其他参与者充分利用现代科学技术知识特别是公共决策的理论和方法来进行决策，并采用科学合理的决策程序；决策民主化是指必须保障广大人民群众和社会团体以及政策研究组织能够充分参与决策过程，在政策中反映广大人民群众的根本利益和要求。⑤

2.3 程序正义

程序正义是一种“看得见的正义”，是英美人的一种法律传统，来源于一

---

① 曾兆．完善我国行政决策组织体制的若干思考［硕士学位论文］．长沙：湖南师范大学，2009.

② 戴维·奥斯本，特勒·盖布勒．改革政府．周敦仁，等译．上海：上海译文出版社，1996.

③ 唐洪文．改革和完善我国行政决策体制的理论思考．成都教育学院学报，2004（2）：11~12.

④ 王惠岩．马克思主义认识与科学决策．社会科学战线，1997（4）：247~254.

⑤ 丁煌．听证制度：决策科学化和民主化的重要保证．政治学研究，1999（1）：60~63；姜晓萍，范逢春．地方政府建立行政决策专家咨询制度的探索与创新．中国行政管理，2005（2）：86~90；李伟权．“互动决策”政府公共决策回应机制建设．探索，2002（3）：42~45；陈炳水．论我国行政决策中的公民参与．社会科学，2005（2）：32~37.

句法律格言“Justic must not only be done, but must be seen to be done”（正义不仅应得到实现，而且要以人们看得见的方式加以实现。这个看得见的方式，对法律而言是指相对于裁判结果，裁判过程的公平。法律作用一方面为纠纷和冲突的解决提供规则程序，另一方面也通过程序来确保纠纷解决过程中的正义性。程序正义保障了实现公正的途径，赋予当事人充分的权利并提供权利被侵害时的救济渠道，保障了人权。而在城市公共项目决策过程中的程序正义一方面就是为决策各主体在决策过程的利益冲突提供解决的平台，另一方面也通过决策程序防止行政机关滥用权利，保障公民权利发挥，为保证项目公平、民主、科学提供途径。

在英国为了控制行政官员滥用职权，在城市管理的运行中，西方社会通过利用正当的程序来控制城市项目的运行。这些管理程序虽然不能赋予公众决定城市事务的实体权力，但却能保障公众的权利的发挥。王名扬[①]曾经指出“自然公正原则的中心问题不在于公民是否享有某种权利，而是行政机关行使权力对公民可能产生不利的结果时，需要遵守一个公众的程序”。日本的谷口安平在《程序的正义与诉讼》一书中，认为“审判结果是否正确并不以某种外在的客观标准来衡量，而充实和重视程序本身以保证结果能够得到则是其共同的精神实质”。[②] 在行政过程中变为运行行政程序控制行政行为。中国不同于西方国家，城市规划领域的分权侧重于程序的制定，而不是削弱行政权，例如深圳在法定图则的编制与审批过程中，由城市规划委员会进行法定规划，在规划编制过程中重视公众参与，理论基础就是控权论中的程序正义。但仍然存在公众不是全程参与，缺乏能够代表各种利益团体的委员会。

王勇等从程序正义视角下对实现城乡规划中的公共利益进行了探索，从程序主义的角度进行城乡规划合法性分析，认为程序正义是合法性的保障，遵循程序正义的城乡规划，不是精英们编制出来的，也不是决策者“选择”的结果，而是规划利益相关者“契约”行为的结果。公众参与有助于实现规划的公正。周云倩也从“程序正义”视角认为，新闻舆论监督在实际运作中，社会效果同时达到程序正义与实体正义的完美结合，媒体实施监督过程中程序正当，又促成大众关心的问题得到解决的良好监督效果。吴建红从程序正义视角，揭示了中国当前行政决策听证制度在同一听证规则、听证主持人、听证代表、听证抗辩性、听证意见回应性上存在问题。以程序公平为目的提出了完善行政决

---

① 王名扬．英国．中国政法大学出版社，1987：164.

② ［日］谷山安平．程序的正义与诉讼．王亚新、刘荣军译．北京：中国政法大学，2002.

策听证制度的建议。姚辉认为司法程序公正的要素包括五个方面：程序规则的科学性、当事人双方的平等性、法官的中立性、制约与监督性、诉讼程序的透明性。苏怡靓认为中国具有程序正义产生的传统哲学基础，国家承认人们拥有合法的私有财产并可在公开市场平等交换，为“程序正义中国化”奠定了物质基础。

本书认为在程序正义下出来的决策结果，不一定是最好的决策结果，但它是在程序规则科学性，参与的主体都充分了解，并进行了利益表达，那就应该是参与主体达成契约的一个结果，所有人都应承认其合法性。

2.4　信息技术和组织决策权分配关系研究

2.4.1　信息技术促进集权论

“集权论”的核心思想是信息技术导致组织决策的集权化。Leavitt 和 Whisler（1958）在《八十年代的管理》中就预测随着信息技术的进步和管理工作的发展，将导致管理中层的消失和组织控制能力加强和决策者的能力加强。① 里维特和威斯勒的预言被随后的实证证实，企业的中间管理层大幅度缩减，高层也能直接从基层获得大量信息。美国学者 Huber（1990）从理论上指出信息技术提高组织获取信息的能力，从而导致组织结构设计的变化。他将信息技术分为两类：计算机辅助通信技术和计算机辅助决策技术。② 根据 Huber 的理论，信息技术是能够提高决策者沟通能力和完成决策的效率。

学者 Molley 和 Schwenk（1995）通过对四个公司的决策过程进行研究，证明了 Huber 的假设，并总结出信息技术与决策过程效果和效率都正相关。③ Teng 和 Calhoun 进行了对信息技术应用与决策之间关系的研究。结果显示信息技术使获取信息便利性加强，决策质量得到提高。④ Pawar 和 Sharda（1997）发现互

① H. J. Leavitt, T. L. Whisler. Management in 1980's. Harvard Business Review, 1958, vol. 36, 41 ~ 48.

② George. P. Huber. A Theory of Effects of Advanced Information Technologies on Organization Design, Intelligence, and Decision Making. Academy of Management Review, 1990, vol. 15, No. 1, 47 ~ 71.

③ Steve Molloy, Charles R. Schwenk. The Effects of Information Technology on Strategic Decision Making. Journal of Management Studies, 1995, vol. 32, Iss 3, 283 ~ 311.

④ James T. C. Teng, Kenneth. J. Calhoun. Organizational and Managerial Decision Making: An Exploratory Study of Managers's Perceptions. Decision Sciences, 1996, vol. 27, Iss 4, 673 ~ 710.

联网环境为管理决策提供了充足的信息，外部信息储藏在多样的站点中。为公众提供了广泛的交流、搜寻、浏览和获取信息的方法。[①] Cheung、Chang 和 Lai 发现便利的使用条件和社会因素是影响信息技术使用的重要因素。[②]

2.4.2 信息技术促进分权论

"分权论"的核心观点是信息技术引起组织决策的分权化，安申、伯林格姆在20世纪60年代发表文章，批驳信息技术导致组织集权化的观点，后期例如 John King Daniel Robey 对他们的观点进行扩展研究。他们认为，首先，信息技术会让更多的管理人员接触到决策项目，他们也能将注意力放到决策上面。其次，计算机系统对大量数据进行加工，能够有序地将数据传递给决策人员，也可以按信息公开的要求，将同样的这些信息传递给组织中的中下级人员，这种信息的共享实际是向中下级人员授权，为他们提供了建议，监督权力。[③] 本书认为在城市公共项目中，信息技术加速了公众意见的传播，并形成一个个团体，从而对政府造成一定压力，迫使政府做出部分权力让步，这与企业权力集中是相反的。

2.4.3 信息与组织决策权分配的观点

哈耶克首先提出组织效率取决于决策权和对于决策起支撑作用的知识之间匹配程度。[④] 一种是将知识传递给顶端具有决策权的人，这是一个集权的过程；另一种将决策权让渡给具有专业知识的人，这是个分权的过程。詹森和麦克林进一步发展了哈耶克的思想。他们认为，问题不在于知识能否被转移，而在于以多大的代价转移以及是否值得转移。[⑤]

---

① Badrinarayan Shankar Pawar, Ramesh Sharda. Obtaining Business Intelligence on the Internet. Long Range Planning, 1997, vol. 30, Iss 1, 110 ~ 121.

② Chang, Cheung, Lai. Literature Derived Reference Models for the Adoption of Online Shopping. Information & Management, 2005, vol. 42, Iss4, 543 ~ 559.

③ Daniel Robey. Computers and Management Structure: Some Empirical Findings Re – examined. Human Relations, 1977, vol. 30, Iss11, 963 ~ 976; John L. king. Examining the Computing and Centralization Debate. Communications of the Acm – special Issue on Computer, 1991, vol. 24, Iss 7, 62 ~ 72.

④ F. A. 冯·哈耶克. 个人主义和经济秩序. 第一版. 刘正来译. 北京: 生活·读书·新知三联书店, 2003: 116 ~ 136.

⑤ 米切尔·C. 詹森, 威廉·H. 麦克林. 契约经济学. 第二版. 李风圣主译. 北京: 经济科学出版社, 2003: 309 ~ 346.

2.4.4　网络民意与社会公正

在信息技术飞速发展的21世纪，网络民意已经成为强化公民意识、促进公平与正义、推动社会进步的重要力量。截至2011年中国总体网民规模达到5.13亿人，城市人口占整体网民比例为73.5%，约为3.77亿人。网民的活动使传统社区概念变大，也加剧了现实民意的普及。丁建军认为“在传统的大众传媒条件下，媒体担当着信息传播过程中的‘把关人’的角色，有限的少数人决定了无限的多数人应该接受什么或不应该接受什么”。在此情况下，普通公众的信息选择是被动的，只能受到媒体左右。现代网络技术不仅汇集了各种传统媒体的优势，还具备了匿名性和虚拟性。张亚勇认为“民意传播的便捷性推动执政党与社会的及时沟通，了解民众的利益、愿望和诉求，议题随着讨论热度的增强从一个虚拟社区转移到更多的虚拟社区，这样强化民意的深度和广度”，但同时也面临如何分辨民意真伪，网络民意表达主体分布不均，网络民意表达途径需要规范等问题。学者贾宝林研究网络民意与政府决策时，肯定网络为分散人民群众提供意见表达更为便捷，但“如何采集主流民意参与决策，采集民意信息的政府人员应该注意网络信息与现实信息的差别”。伊丽莎白·诺尔-诺依曼的“沉默的螺旋理论”认为人们总是参与进与自己观点相近的讨论中，看到自己赞同的观点，并且受到广泛欢迎，就会积极参与进来，观点也就更容易扩散；而发现自己支持的观点较少人理会，则保持沉默，一方的沉默造成另一方意见强势，如此下去，就会只听到一个声音。在网络世界中由于交流空间的扩展，一个人在网络世界总能找到和自己意见一致的人，在匿名状态下人的心理更接近真实想法，能表达出自己真实的意愿。[①] 茅亚萍认为“民意表达的真实性增强了决策的科学化、民主化，在这里人们隐去真实的身份特征，而其行为也可能变得无所顾忌”。

本书认为在城市公共项目中，信息技术能听到更为全面的意见，如果能理性判断，较易维护社会公正。

2.4.5　委托—代理理论

委托—代理理论将企业看成是一组由追求私利的人们签订和执行的合同关系，企业的所有者作为委托人雇佣职业经理人来代替自己进行企业的管理，把

---

① 伊利莎白·诺尔-诺伊曼．大众观念理论：沉默的螺旋的概念．董璐译．北京：中国社会科学出版社，2000.

归自己的决策权授权给经理人。[①] 在公共管理中也存在政府政策制定者和民众分离，政策制定者与政策执行者相分离的现象。政策制定与政策执行分属不同主体就会导致委托代理问题。

由于政策制定者无法监控和了解到政策执行情况，但又不得不依靠执行者来执行政策。代理人利用委托人对决策执行过程无法监控这一弱点，根据自己的利益选择政策执行。对自己有利的就积极执行，对自己不利的就消极对待。背叛委托者和自己达成的契约，损害委托者的利益。

如何有效防止代理人谋私行为的发生，西方学者认为应当通过三个途径来解决问题：（1）创立分权的组织形式，各部门相互制约；（2）建立风险分担的机制，将代理人与委托人的利益一致；（3）借用现代信息技术，建立有效的信息系统，增加代理人行为的透明度，让委托人可以实时掌握代理人的行为，决策进行的情况，减少代理人作为经济人的自利行为造成委托人的损失。[②] 具体通过信息系统可以加强对政策执行者执行过程的监督，既有传统的“自上而下”的监督，又有通过民众、社会团体、专家的“自下而上”的监督。[③] 本书希望从信息技术出发，建立各主体共同维护的决策信息源，提高政策执行过程的透明度，建立有效的信息反馈机制，拓宽信息渠道，使决策执行者执行过程中的信息能够及时地被其他主体察觉。在内部监督机制中，加强社会群体对政策过程的相关监督，专家学者与社会公众对政策执行过程的评估。

2.5 信息技术与决策

2.5.1 信息技术与决策民主化

在应用信息技术实现决策民主方面。史蒂夫·克利夫于 1994 年帮助美国明尼苏达州设计了电子民主系统，成为全球电子民主运动的领袖。他认为电子民主是指“如何利用因特网加强民主过程，为个人或社群提供与政府互动的机会，并为政府提供从社群中寻找输入的机会”。他认为因特网能够帮助个人或群体获

① Stephen A. Ross. The Economic Theory of Agency: The Principal's Problem. The American Economic Review, vol. 63, No. 2, 134 ~ 139.

② 柯武刚，史漫飞. 制度经济学. 北京：商务印书馆，2000.

③ 米切尔·黑尧. 现代国家的政策. 北京：中国青年出版社，2004.

得公众参与所需要的信息或服务。[①] 苏格兰国际电子民主中心认为，电子民主是利用新的信息通讯技术（ICT）加强民主，改变民主决策的过程，能促进民主参与。而“英国在线对话”则将电子民主简单定义为“利用电脑巩固民主的过程”。从以上定义可以看出，他们都是基于 ICT 的应用和项目方便，而不是民主过程和制度创新方面。当代政治学学者罗伯特·达尔认为，民主的重要特征是：政府持续地对公民的要求做出回应。[②]

2.5.2　信息技术对决策的影响与支持

刘勇、徐晓林认为在信息社会里，信息技术的应用对政府决策信息、决策过程和决策执行等三个方面具有重要的影响。信息技术能够提高政府决策信息的质量，改善决策者的有限理性，增强政府决策过程的公开性和公众参与性，强化政府决策执行的监督，从而能够为政府决策品质的提升提供最有力的技术支持。[③]

郭生文分别阐述了信息技术发展对行政人员、行政决策、行政组织、行政方法、政府管理模式等公共行政要素和过程产生深远的影响。认为信息技术对行政人员的影响表现在：（1）体能的延伸与增强；（2）开阔视野，提高判断、分析和解决问题的能力；（3）时间和精力的节约；（4）观念的更新；（5）提高行政人员的全面素质。[④] 对行政决策产生影响，表现在对行政决策目标的影响，削弱以至于取消决策者与执行者之间的严格分界。改善行政决策者的有限理性。支持与强化行政决策过程。对行政方法产生影响，对行政组织结构产生影响。[⑤]

胡广伟认为公共信息具有公共物品的性质，政府应该承担信息提供者的角色，通过建立电子政务，来调节现代社会中的公共信息不对称问题。这种不对称表现为：政府相对于私有主体的信息不对称；私有主体相对政府的信息不对称；私有主体之间的信息不对称；政府部门之间的信息不对称。在城市公共项

---

① Wijnberg, Jan van den Ende, Onno de Wit. Decision Making at Different Levels of the Organization and the Impact of New Information Technology. Group & Organization Management, Sep 2002, 27 (3): 408 ~ 429.

② Alavi, Maryam. An Assessment of Electronic Meeting Systems in a Corporate Setting. Information and Management, 1993, 25 (4): 175 ~ 182.

③ 刘勇，徐晓林. 电子治理（信息社会城市善治的理想选择）. 电子政务，2005 (14): 54 ~ 61；徐晓林，周立新. 信息技术对政府服务质量的影响研究. 中国行政管理，2004 (4): 88 ~ 92.

④ 郭生文. 信息技术对公共行政的影响. 科技情报开发与经济，2005 (8): 71 ~ 98.

⑤ Wijnberg, Jan van den Ende, Onno de Wit. Decision Making at Different Levels of the Organization and the Impact of New Information Technology. Group & Organization Management; 2002, 27 (3): 408 ~ 429.

目，如果分为政府与非政府信息，也就是政府与非政府、政府内部、非政府之间的信息共享。①

许文惠（1997）认为“目前在政府决策中需要解决的问题是，决策者不能在规定的时间获得足够支持决策的知识。政府组织需要以一种更具战略规划、更透明的方式管理自己的智力资产，将知识流程和电子政务流程、服务应用、信息系统进行有机的集成，建立跨越传统组织界限的协作、协同和交流模式”。②

2.5.3 决策支持系统

计算机系统用于信息管理起源于 EDP 电子数据处理系统，随着数据库技术的发展，出现了 MIS，利用软件进行数据关系模型管理，挖掘数据之间的关系，提高数据的利用率。随着要求能对信息进行高层次处理，产生 DSS 系统。

2.5.3.1 DSS

M. S. Scott Morton 是第一个使用决策支持系统术语的人，DSS 对半结构化和结构化数据支撑较好，但对非结构化数据需要和人类智慧结合。DSS 相比于 EDP 和 MIS 除了数据子系统、对话子系统外，还多了几个模型子系统，能将数据代入模型得到解决方法。

DSS 的发展经历了以下阶段：

在最早期的 DSS 系统中采用的两库结构，即模型库和信息库，R. H. Sprague 1980 年提出将 DSS 看作由用户接口将数据应用到模型中，计算出结果的集成结构。③

DSS 与 ES 相结合，构成智能决策支持系统（IDSS）的构架，形成以数据库、模型库和知识库为基础的结构。IDSS 在三库的基本结构上，将模型又分解出方法库形成四库结构。在四库的基础上为了方便用户使用，增加文本库形成物库结构。综合了传统 DSS 的定量分析技术和 ES 的推理结合，对处理半结构化和结构化问题有优势。

随着决策系统中模块数量不断增加，互联网上信息数据增加，数据仓库、数据挖掘技术也加入进来。分布决策支持系统的主要优势在于：（1）分散在不

---

① 胡广伟．电子政务调节公共信息非对称性的作用．中国软科学，2003（10）：32～36.

② 许文惠，等．行政决策学．北京：中国人民大学出版社，2003.

③ Sprague R. H. A Framework for the Development of Decision Support Systems. MIS Quarterly，1980，4（4）：1～26.

同机器，可以建立备份，系统稳定性比集中式系统可靠;[①]（2）符合决策时参与决策主体众多的实际情况；（3）采用分布式结构，系统中的数据服务器，模型服务器、知识服务器可以通过数据接口的统一不断加入，系统的扩展性优良；（4）分布系统有多个数据源，数据维护量较小，获取的背景信息全面。

DSS 的另外一个研究方向是群体决策支持系统（GDSS），群体决策支持系统是在分布式决策支持系统的基础上发展起来的。它为群体的决策活动提供三个层次的支持，即决策主体在系统中能够获取信息支持，决策主体多种沟通方式支持，决策者在决策过程中提供辅助工具支持。[②]

随着智能代理的研究发展，基于 Multi - agent 技术的 IDSS 研究成为研究方向，采用 Agent 代理来取代人的作用，Agent 实现部件的功能，自动的决策流转。

2.5.3.2 数据仓库技术

W. H. Inmon 给数据仓库的定义是：面向主题的、集成的、稳定的、不同时间的数据集合。DW 将分散的、决策分析所需的、各部门历史详细数据加以转换、清洗、综合，决策者利用数据测算项目建设方案的合理性，分析项目的风险。

DW 中数据可以分成若干个层次，首先是当前基本数据，是从业务系统中获得的历史数据；其次是综合数据，将第一层次数据提取出来，按照时间区间或数据属性内容进行综合得到数据；第三层数据是元数据，整个 DW 的组织结构由元数据来组织，是对数据描述的数据，用于组织和描述整个 DW 的结构。

DW 中的数据有多种存储方式：

虚拟存储方式，没有专门数据库来存储各部门的数据，只是用数据目录记录根据用户数据需求生成的视图或者各部门能提供的数据的索引。

基于传统的关系数据库的存储方式，直接将分布数据源中的数据抽取出存储到关系型数据库。

在按访问目录共享数据的方式思想下，针对决策目标分主题从关系数据库生成不同的综合数据。按主题分类关键字存放于目录，目录同各分散数据源建立起对应关系。例如考虑建一个区域的体育活动设施，就要从人口的年龄、性别、各年龄段喜爱运动进行多维层次划分构建信息目录。

大数据技术是数据仓库发展的新阶段，通过将各个行业产生的基本数据集

---

① R. H. Bonczek, C. W. Holsapple and A. B. Winston. Foundation of Decision Support Systems. Academic Press, 1981.

② Gerardine Desanctis and R. Brent Gallupe. A Foundation for the Study of Group Decision Support Systems. Management Science, vol. 33, No. 5, 589 ~ 609.

汇集，从中分析出需要的信息。如何盘活数据资产，使其为国家治理、企业决策乃至个人生活服务，是大数据的核心创新议题。①

2.5.3.3 数据挖掘技术

数据挖掘技术是从数据库或数据仓库已有数据中提出预测性信息。W. J. Frawley 给数据挖掘的定义为：从大型数据库的数据中，提取人们感兴趣的知识，即正确的、非平凡的、未知的、有潜在应用价值的并可以被验证存在的知识。② 利用人工神经网络、决策树、机器学习等方法，从大量数据集合中发现对决策有用的知识，再把发现的知识放入知识库用于支持决策。③

随着现代公共项目规模增大，政府项目建设规模庞大，受项目影响的目标人群多变，影响决策环境多变，管理决策活动随之变得复杂。依靠决策者个人的经验和分析能力已经无法满足公共项目决策的要求。群决策成为公共项目决策科学化的重要发展方向。④ 而互联网的连接带宽硬件指标的高速发展，接入网络技术从有线、光纤、无线到电路接入，也为处于世界各地的决策领域专家的加入提供了技术支持，方便获取决策领域专家的意见。目前 GDSS 的研究强调的是决策成员在决策过程中的沟通及各成员决策结果的集结方法和过程的支持。随着物联网、移动网络的发展，信息量爆炸增加，云计算是对海量信息数据存储与管理的有效方式，数据挖掘向云计算平台转换。基于云计算、大数据的数据挖掘成为研究主流，主要针对 Apriori 算法进行改进，在 Hadoop 开源框架下进行并行数据挖掘平台开发。⑤

2.6 政府信息资源目录控制

现代信息技术使政府信息资源的数量增长很快，分布又非常分散，给人们

---

① 徐子沛．大数据：正在到来的数据革命．桂林：广西师范大学出版社，2012：310～330；托马斯·达文波特．数据分析竞争法：企业赢之道．北京：商务印书馆，2009（8）：8～10；A Different Game：Information is Transforming Traditional Businesses. Economist，Feb 25th，2010.

② R. Rastogi and K. Shim. Mining Optimized Association Rules for Numeric Attributes. Int'l Conference on Data Engineering，Orlando，1998：503～512.

③ 胡侃，夏绍玮．基于大型数据仓库的数据采掘．研究综述，1998，9（1）：53～63.

④ 黄梯云．智能决策支持系统．北京：电子工业出版社，2001，（1）：4～5．

⑤ 应毅，任凯，刘正涛．基于云计算技术的数据挖掘．微电子学与计算机，2013（30）：161～164；杜艳绥．基于 Hadoop 云计算平台的数据挖掘分析．信息技术与标准化，2013（4）：36～38；高汉松，等．基于云计算的医疗大数据挖掘平台．医学信息学杂志，2013（5）：7～12；Kim Youngrate，Knowledge Digest Engine for Personal Big Data Analysis. Human Centric Technology ans Service in Smart Space，2012（182）：261～267.

获取政府信息资源带来了很大的困难，于是人们开始将目录控制思想引入政府信息资源管理领域。早在1975年，美国图书馆协会（ALA）就开始研究如何将计算机技术应用于政府出版物目录控制的问题。① 传统的目录控制思想对政府信息资源的获取有相当的借鉴价值。政府信息资源的目录数据库借助目录索引这种方式，在互联网上以编目的方式展示政府各部门信息，方便希望获取政府信息的各单位、个人远程获取。

在政府信息资源中采用目录管理思想能让人一眼看到相应部门是否提供了它应该提供的信息，促使各政府部门主动采集政府数字信息，每个部门完成对特定类型政府信息资源的完整采集。改变信息采集方式，由以往政府部门根据上级布置采集任务被动采集的方法，转变成自主采集，根据自己业务流程和参加项目涉及的服务作为信息采集的出发点，将信息采集与用户需求有机地结合起来，增加信息的有效性、实用性。

目录控制体系同样扩展了政府信息公开渠道，传统的单一的政府出版物目录索引难以适应数字环境下海量政府信息资源的定位、公开与传播。根据1996年美国《电子信息公开法》的规定，美国政府机关要在政府网站上设立专门的电子阅读室，公众能够通过电子阅读室获取一切可公开的政府信息。② 随着电子终端的发展，公众不受地点、时间限制都可以获取信息，美国国会于1995年授权美国政府出版局进行政府信息出版的电子化研究，开发了电子档案和电子归档系统，从而实现在网络环境下公众对政府信息的永久获取。③ 我国的政务信息资源：2002年中央第17号文件提到："为了满足社会对政务信息资源的迫切需要……设计电子政务信息资源目录体系和交换体系。"2004年中央34号文件中指出"政务信息资源存在共享困难，重复采集等问题。依托统一的电子政务网络平台和信息安全基础设施，建设政务信息资源目录系统和交换体系"。吴晓敏从技术的角度定义政府信息资源目录体系为"以元数据为核心，以政务分类表和主题词表为控制词表，对政府信息资源进行网状组织，满足从分类、主题、应用等多个角度对政府信息资源进行管理、识别、定位、发现、评估和选

---

① American Library Association. The Use of the Computer for Bibliographic Control of Government Documents. Los Angeles, Calif. ; Ceedr Corporation in Cooperation with the American Library Association, 1975.

② Senator Patrick Leathy. The Electronic FOIA Amendments of 1996: Reforming the FOIA for Online Access. Administrative Law Review, 1998, 50 (2): 339 ~ 340 .

③ George Barnum. Availability, Access, Authenticity, and Persistence: Creating the Environment for Permanent Public Access to Electronic Government Information. Government Information Quarterly, 2002, 19 (1): 37 ~ 39.

择”。[①] 吴焱、高栋等在文章中认为，政务信息资源目录的概念类似于图书馆中使用的分类目录，以核心元数据为主要描述方式，按照信息资源分类体系或其他方式对政务信息资源核心元数据有序排列。通过目录能够准确地了解和掌握信息资源的基本概念，发现和定位所需要的政务信息资源。[②]

2.6.1 政府信息资源目录控制技术

传统的政府信息控制目录是人工进行分类表、主题词表的编制和维护，随着信息量的增加，信息存在形式的多样化，以及用户对信息类型和层次需求多样性，用手工处理方式跟不上信息增加速度。需要在政府信息目录控制环节引入智能技术，比如自动分类、自动控制分类表、主题词表、目录、索引、摘要，判别信息类别的自动技术和信息的推拉技术。[③] 美国加利福尼亚大学数字图书馆采用网络爬虫采集所需的政府网上出版物，元数据抽取技术在政府数字信息采集中广泛应用，我国的政府信息资源目录体系信息资源编目与注册环节采用了元数据抽取技术。改进互联网信息存在的两个问题：一是计算机不能理解网页内容的语义，另一个是网上信息无法快速有效的查找。就出现了下一代的互联网——语义网（Semantic Web），以可扩展标记语言（XML）、资源描述框架（RDF）、本体（Ontologies）为技术核心。[④]

2.6.2 我国已有信息资源目录体系

我国制定政务信息资源目录体系的关键标准包括六个部分的内容，第一部分总体框架规定了政务信息资源体系的总体结构、基本功能。第二部分技术要求规定了政务信息资源目录体系建设的基本技术要求。第三部分核心元数据规定了公共资源核心元数据和交换服务资源应当遵循的内容标准。第四部分政务信息资源分类规定了政务信息资源的分类与编码。第五部分政务信息资源标识符编码方案规定了政务信息资源的唯一标识符编码方案。第六部分管理要求规定政务信息资源目录体系的基本管理要求。[⑤]

图 2.1 概括了体系二至五部分的关系和主要管理职能。

---

① 吴晓敏．政府信息资源目录体系与交换体系建设再探．信息化建设，2005（1）：40 ~ 42.

② 吴焱，高栋，吴志刚．政务信息资源目录体系与交换体系标准研究．信息技术与标准化，2005（11）：19 ~ 22.

③ 黄如花．网络信息组织：模式与评价．北京：北京图书馆出版社，2003：235 ~ 240.

④ 陈颖健．语义网悄然崛起沟联全球信息孤岛．国外科技动态，2004（10）：8 ~ 9.

⑤ 政务信息资源目录体系工作组．GBT 21063.3 ~ 2007 政务信息资源目录体系，2005 - 12.

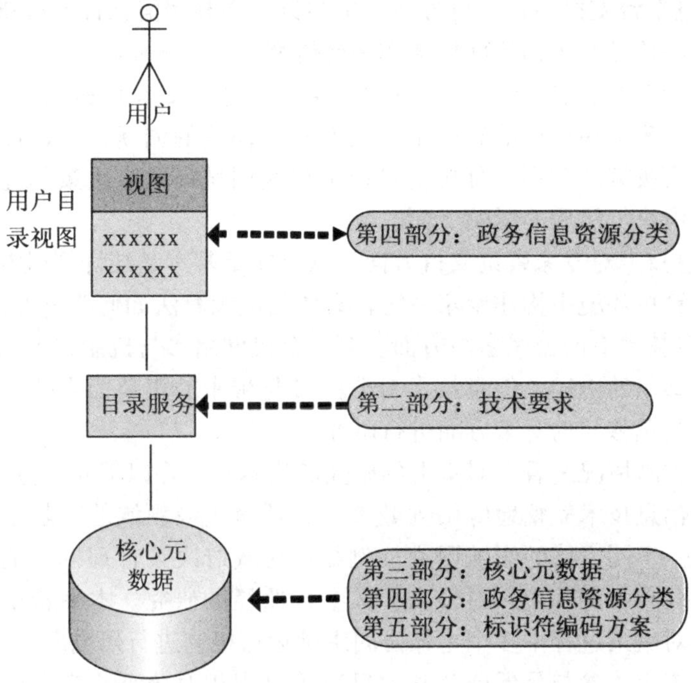

图 2.1　政务信息资源目录体系六个部分的关系

用户登录后看到的目录视图是按第四部分的分类后，自己的权限能看到的信息。第二部分按技术要求向用户展示目录，一般元数据采用 XML 进行编码，采用 CSS、基于 DOM 和 SAX 的解析技术进行展示。第三部分核心元数据管理包括元数据采集、元数据建库两项工作，不同的政务信息资源类型和不同的应用需求所需要的元数据内容是不同的。元数据采集应当对不同内容标准的元数据进行采集，同时能够对采集的元数据进行数据完整性和逻辑完整性验证。

2.7　文献给予本书的有益启示

通过查阅相关领域学术期刊论文库以及硕博士论文库，信息技术支持下公共项目决策方面的研究主要集中在以下几个方面：

1）公共项目管理方面。主要集中在对城市公共项目建设方式研究，项目后期的绩效评价体系研究。

2）决策多元主体参与机制的研究。主要集中于行政多元主体参与机制、参与模式、优化的研究。

3）信息平台支撑项目运行方面。主要集中在利用信息技术构建项目管理平台，或者利用信息技术构建项目操作平台研究。

4）信息技术对政府决策支持方面。这方面的论文基本是采用定性研究，定量研究很少，集中在讨论信息技术对政府管理模式的创新，比较传统的政府决策与电子政府决策的差别，分析信息技术对我国城市政府决策制度的影响，以及对城市政府决策品质的影响上面。

5）信息技术对专家咨询支持方面。这类文章基本是纯计算机专业，多从如何在各种计算机环境中构建专家系统，具体的决策算法如何改进方面进行论述。

6）信息技术下的公民参与方面。多从公民网络参与机制，如何利用信息技术扩大公民参与的途径，信息技术对公民参与带来的正负面影响，如何利用信息技术提升公民参与的对策方面进行研究。

从阅读文献情况来看，对本书的研究的启示集中在以下几个方面：

第一，信息技术完整地应用到城市公共项目决策领域的文献很少，但又分对不同阶段、不同主体的影响研究。例如：对政府决策管理模式的改进，对专家咨询提供分布咨询环境，对公众扩大参与路径的研究。本书希望能在这些研究基础上，对决策过程中多个主体协同决策运行机制进行研究。

第二，多主体参与是保证公共项目决策过程相对公平，多主体参与从决策理论上就要求主体之间不断进行决策信息交流，对公共项目决策质量持续改进的要求也必然促使参与主体的决策信息不断闭合迭代，信息量增加。在现实中，每增加一个参与主体，主体之间产生的信息交互成几何级数增加。以社会学视角研究能发现增加多主体交互是一个提高决策质量的方法，过去传统的手段无法支撑，信息技术使政府、专家、公众之间建立信息多重迭代机制成为可能。

第三，信息技术应用到公共项目决策中也具有三个优点：第一，可以加强高层的集权，同时加速了公众项目意见传播，容易形成意见团体，产生与政府进行项目协商的可能；第二，信息技术能以较小的代价将项目的决策权在决策主体中迁移；第三，促进民主参与，方便政府持续对公民要求回应；第四，已有的数据库技术和信息资源目录体系中的元数据抽取技术，可以为建设电子时代的项目政务平台提供技术基础。

所以，笔者认为，将信息技术引入城市公共项目决策，是顺应城市公共项目决策公开、公平的要求，信息技术也能够提供这样的支撑。首先，从宏观上看，城市公共项目决策属于社会学中政府管理研究范畴，多元主体决策、公共治理、公民参与讨论、程序正义理论等，可构建其基本的理论框架；其次，从信息学、系统学角度，将整个决策过程由一个在政府内部封闭的单向过程变为一个多主体参与的闭合反复迭代的过程，可使城市公共项目体现更多利益相关者的需求；最后，从微观上，信息技术的引进必定能解决随着参与主体的增多，带来的决策信息量剧增的问题，为城市公共项目决策质量的提高找到一条可行的管理模式。本书下一章节将探讨本书理论框架的组成，并论述相关理论的支撑作用。

第3章　支撑本书的理论基础

本书以多学科交叉的研究视角，充分借鉴公共治理、公共管理等社会科学领域的相关理论与概念，与信息科学领域中的系统论、决策论等相关理论相结合，实现对本书的理论支撑。

具体说来，城市公共项目决策研究相关的理论涉及多个学科，本书主要对管理学科中的现代决策理论、公共治理理论、电子治理理论、公众参与理论、社会学中程序正义理论、决策方法、信息交换目录方法做简要介绍。并在最后一节阐述相关理论给予本书的支持。

3.1　多元主体决策模式的理论基础

3.1.1　现代决策的基本内容

现代决策体制中包括五个系统：即信息系统、咨询系统、决策系统、执行系统、控制系统。五个系统互相配合构成现代科学的决策体制。决策系统、咨询系统处于决策的中枢位置；信息系统负责为咨询系统与决策系统提供必需的信息；咨询系统为决策做出科学分析，制定各种方案；决策系统组织决策活动的全过程，并最终选择方案；执行与控制系统则是保证决策方案能完整执行。

3.1.2　古典理性决策理论

古典决策理论属于传统的规范性决策理论，建立在决策者是“经济人”假设的基础之上，由此采用的决策优化方法，舍去决策中的次要分析变量，使决策分析简化。决策者依据完整而综合的信息，遵循最小投入获得最大产出的原则做出理性决策，与经济学的成本最小化的原则一致。该理论假设存在三个漏洞：（1）决策目标应是多元和模糊的；（2）决策者不可能找出所有可供选择的方案，也不可能对所有方案的各种后果有预测，并能准确无误地排列出各方案优劣顺序；（3）决策制定要受时间、财力消耗的约束。需严格控制决策顺序，避免决策随意性，克服根据经验决策，应充分听取专家意见和利用信息系统进行支撑。

3.1.3 西蒙有限理性决策理论

西蒙认为完全理性假设过于极端，认为现实中的决策者是介于完全理性与完全非理性之间的“有限理性”。有限理性决策在寻找最佳方案时，不全面分析所有方案，只选择一个或几个可行的方案进行可行性分析，只要其中一个方案的产出大于成本，虽不是最佳解决方案，但至少是比较满意的解决方法。这种模式减轻了决策信息系统和反馈系统的工作量，减轻了决策成本负担，缩短了群体决策的讨论过程。

3.1.4 查尔斯·林德布隆的渐进式决策理论

决策者不是每年都对现行政策进行全面审查，而是根据以往的经验，在现有政策基础上实现渐进发展，只需要对现有政策进行局部小范围调整。这种决策模式除了理性决策依靠效益成本分析，选择备选方案外，还强调了注重根据实际决策结果和决策产出信息回馈，对决策方案进行修正。

3.2 治理理论

登哈特夫妇于2000年发表了《新公共服务：以服务代替掌舵》一文，提出新公共服务理论。新公共服务理论强调政府角色的转变由领航转变为服务、重视公民社会与公民主义、注意政府与公民之间的沟通。[①] 治理模式是公共权力的重新配置，权力来源的多样性与公民参与社会管理的发展，多元化治理主体，每种主体都放弃部分权利，实现公共事务的联合管理。[②]

全球治理委员会在1995年发表一份题为《我们的全球伙伴关系》的研究报告，对治理做了如下界定：治理是各种公共的或私人的个人和机构管理其共同失误的诸多方式的总和。它是使相互冲突的或不同的利益得以调和并且采取联合行动的持续的过程。这既包括有权迫使人们服从的正式制度和规则，也包括各种人们同意或以为符合其利益的非正式的制度安排。[③]

治理理论的主要创始人詹姆斯·罗西瑙将治理定义为一系列活动领域里的管理机制。与统治不同，治理指的是一种由共同目标支持的活动，这些管理活

① 珍妮特·V. 登哈特. 新公共服务：服务，而不是掌舵. 丁煌译. 北京：中国人民大学出版社，2001.

② 俞可平. 全球化：全球治理. 北京：社会科学文献出版社，2003.

③ 全球治理委员会. 我们的全球伙伴关系. 英格兰：牛津大学出版社，1995.

动的主体未必是政府，也无须依靠国家的强制力量来实现。治理由共同的目标所支持，这个目标未必出自合法和正式规定的职责，也不一定需要依靠强制力量克服挑战而使别人服从。①

治理是一种内涵更为丰富的现象，既包括政府机制，也包含非正式、非政府的机制。“治理是只有被多数人接受（或者至少被它所影响的那些最有权势的人接受）才会生效的规则体系；然而政府的政策即使受到普遍的反对，仍然能够付诸实施”。② 治理所指的是统治方式的一种新发展，所依靠的统治机制不再是依靠政府的权威或制裁。③

研究治理理论的格里·斯托克对流行治理观念梳理得到以下观点：④

（1）治理主体由过去单一的政府组织变为政府、企业、社会组织和公众各方有序参与的合作。

（2）在治理的基础上，由过去单纯的国家法令变为法令、道德、社会及公民的自主契约并存。

（3）在治理价值目标上，各行为主体在互信、互利、相互依存的基础上进行持续不断的沟通、协调，表达自己的观点，了解别人的意见，积极合作，求同存异，在尽可能满足各参与主体利益的同时，最终实现公共利益的最大化。

（4）在治理手段和方式上呈现多元化。由传统的遵循政府法规制度转为遵循法治、德治和社会各行为主体之间民主协商结果。

（5）治理过程呈现网络化。由过去单一的自上而下的权力运行方向变为各方向互动，在达成共同目标过程中，不是靠政府的权威，而是靠各主体合作的权威。⑤

治理理论为城市公共项目决策过程的构建提供了分析的新视角。不同利益诉求的多方进行利益协调并采取联合行动的过程。包括迫使各主体服从决策的制度和规则，也使各主体同意或遵守符合利益的决策安排。

---

① 吴志成．西方治理理论评述．教学与研究，2004（6）：60~65.

② 詹姆斯·N. 罗西瑙．没有政府的治理．张胜军译．南昌：江西人民出版社，2001.

③ 格里·斯托克．作为理论的治理：五个论点．国际社会科学（中文版）．1999（2）：21~29.

④ Owen Hughes. Public Management and Administration：An Introduction（2 Ed.）. Macillian Press Ltd，ST. Martins，Inc，1998.

⑤ Owen Hughes. Public Management and Administration：An Introduction（2 Ed.）. Macillian Press Ltd，ST. Martins，Inc，1998；何彦彬，等．对新公共管理范式争议的研究．经济论坛，2008（5）：4~6.

3.3　电子治理

电子治理是对应治理理论的信息时代的技术实现，是结合治理理论在数字时代全新、先进的治理模式。为所有治理主体——政府、市民和企业提供治理平台，简化治理过程，提高治理的民主化和科学化程度。[①] 政府通过信息平台与之外的不同主体进行在线服务互动，提供满足公众需求和期望的服务。而在电子后台中政府积累为公众服务的经验，收集公众的意见。电子治理是新技术推动和治理理论的结合，必然成为SMART治理模式：简易的（Simple）、道德的（Moral）、负责任的（Accountable）、回应性的（Responsive）、透明的（Transparent）治理模式。改变治理的多个主体的互动方式，改变传统社会的价值链。[②]

黄凯健等认为现代信息技术是人类对数据、语言、文字、声音、图画和视频等信息进行采集、处理、存储、传输和检索的经验知识及其手段、工具和技术总和。[③] ICT技术侧重于信息处理与传播方面的应用，本书认为城市公共项目决策应发挥信息技术的传播交流功能。它包括现代电子通讯技术、微电子技术、数据处理技术、数据存储查询技术。

Danijela Milovanovic 总结ICT的不同组合方式在项目不同阶段的公众参与中的应用情况。[④]

表3.1　信息技术下不同阶段公众参与

	传统规划各阶段公众参与	信息技术下可能组合参与方式
方案采纳阶段	所有参与者参与规划方案的采纳	采用在线决策支持DMSS（On – line Decision Making Support Systems），参与者进行电子投票

① Thomas B. Riley, Cathia Gilbert Riley. E – Governance to E – Democracy: Examining the Evolution [R], CCEG International Tracking Servery Report'03, No. 5, 2003.

② Michiel Backus. E – Governance and Developing Countries. Introduction and Examples, 2001; George M. Kasper, Robert P. Cerveny. A Laboratory Study of User Characteristics and Decision – making Performance in End – user Computing. Information & Management, 1985, (9): 87 ~ 96.

③ 黄凯健，高福安．现代信息技术对大众传播的影响．北京广播学院学报（自然科学版），2003（4）：59 ~ 63.

④ Milovanovic, D. Interactive Planning – use of the ICT as a Support for Public Participation in Planning Urban Development: Serbia and Montenegro Cases, 39th ISoCaRP Congress, 2003.

续 表

	传统规划各阶段公众参与	信息技术下可能组合参与方式
规划方案形成阶段	在规划方案形成过程中有民众的积极参与	在线规划支持系统 PSS（On - line Planning Support Systems）
	公众深入了解规划文件，根据公众的反应，收集影响规划的选择和设想	通过网站展示规划的平面、细节，在线 GIS，虚拟场景
规划准备阶段	恳请公众认同开发项目，对项目提出条件、发表见解	在线提供电子表格、文件
	组织公众讨论当前面临问题，或对自己心目中的项目畅想	在线论坛，在政府博客、意见征集箱提意见
	通过传统方式公布信息	通过网站公布信息

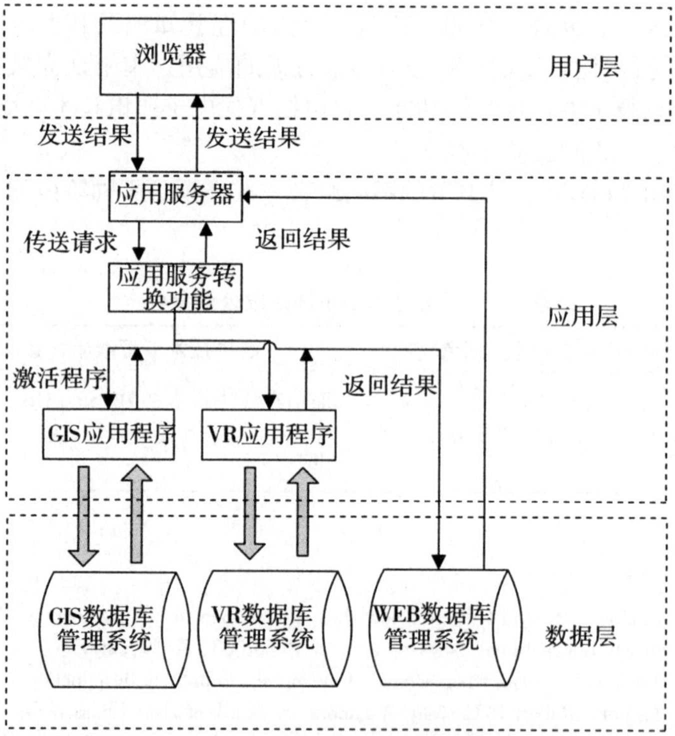

图 3.1 公众参与项目程序流程

在公众项目参与的构架中，公众采取图 3.1 的流程进行互动。公众通过浏览器的客户端发送对项目信息查阅请求，根据是要查看项目地理空间信息，或是通过虚拟沉浸技术感受项目实施后的效果，或是查看项目实时情况，分别调用对应应用程序。应用程序调用相应数据，为公众提供服务，图3.1参考了武汉大学张启明的硕士学位论文《城市规划公众参与与信息技术》。[①] 公众参与系统采用三层结构。应用层根据访问者不同的需求，提供不同的访问结果。

未来城市公共项目中可使用的新信息技术介绍：

1）HTML5

HTML5是HTML语言的新发展，添加了网站导航块和标记，有利于搜索引擎中的索引整理。HTML5技术能让决策主体参与项目看到的信息表现形式多样化，以便利、形象方式获取信息。

2）云端个人资料同步技术

苹果公司、微软公司提供将个人终端数据同步云端技术，公众、专家利用云端数据存储实现数据无缝移动，随时参与到自己的项目。

3）私有云

政府搭建私有云。政府借助公共提供商的技术与架构，并应用到自己的数据中心。云端提供数据、服务，方便需要用户按相应权限获取。

3.4　程序正义理论

“程序正义”理论，从古希腊的亚里士多德起有多种学派出现，观点倾向于“分配的正义”“均衡的正义”和“矫正的正义”。认为正义是指人们所应得的权益平等的维护，人们应尽的义务平等的履行，应负的责任得以合理的分配。这些观点重视各种活动结果的正当性，而不是活动过程的正当性，被称为“实质正义”或“实体正义”。美国正义理论权威约翰·罗尔斯在《正义论》中认为，程序正义的特征是：“不存在任何有关结果正当性的独立标准，但是存在着有关形成结果过程或程序正当性和合理性的标准，而不管会出现什么样的结果。”

学者在研究中，提出现代文明社会最低限度的程序正义要求包括为程序的参与性、裁判者的中立性、程序的对等性、程序的合理性、程序的自治性和程序的及时终结性。[②] 公共政策程序正义要满足一般公正原则和个别公正原则。一般公正原则包括五个方面：第一是参与原则，利益相关者都应有充分的机会参与其中。第二是对等原则，该原则要求裁判者在整个程序中应给予利益相关者平等的参与机会。第三是公开原则，公共事务处理过程中，事务的选择、优

① 张启明．城市规划公众参与与信息技术［硕士学位论文］．武汉：武汉大学，2005.

② 陈瑞华．程序正义论．中外法学，1997（2）．

化、决定过程都接受社会监督，保证决策程序的透明。第四是政府作为裁判者的中立性，政府不能在决策过程中对利益各方有偏袒或歧视。第五是维持原则，公共事务一旦决策产生行动方案，就要尽量维持按预定目标努力。个别公正原则就是在满足一般公正原则的决策程序下，会有个别事件不能满足一般公正，需要裁判者展开适度的自动裁量活动，保证个别正义的实现。

城市公共项目决策遵循程序正义标准就是政府与公民通过一定的决策程序对一项公共项目共同作出选择，并通过国家行为解决公共项目的建设。而本书研究希望通过信息技术来支持和辅助决策程序，当然，需要说明的是，信息技术不是医治百病的灵丹妙药，不要奢望用信息技术去解决一切正义的问题，信息技术只是一个支持和辅助手段而已。公共项目的制定、执行、评价与结束过程中，依照宪法和法规要求，按照一定的顺序、方法与步骤作出项目决策。

公共项目决策是一个吸收民众参与决策、加强沟通的过程，是一个修改、完善、择优的过程，只有在这个过程中依法决策，才能获得民众支持，实现决策过程的合法化，实现结果的科学化、民主化和法制化。公共政策实施是将决策的内容转换为现实的过程，在执行过程中要坚持原则性与灵活性统一，将一般公正原则同个别公正原则结合。在公共政策执行后通过对政策评估，保证政策过程与结果的正义性。

公共利益是判定公共政策是否正义的标准。公民参与的广度与深度是公共利益能否被识别并得以实现的根本途径。一种程序的设计只有满足了公民参与的要求，才有正义性。程序设计的公共权力使用是否合理是判断正义性的又一标准。

3.5 公民参与理论

卢梭说过："最强者也不能总是强大的足以永远做主人，除非他能把力量转化为权利和服从的义务。"

公共行政学家们对公民参与的概念有如下的表述：

公民参与的先驱安斯坦（Sherry R. Arnstein）认为，"公民参与是一种公民权利的运用，是一种权力的再分配，使目前在政治经济等活动中，无法掌握权力的民众，其意见在未来能有计划的列入考虑"。①

Garson 与 Williams 提出，"公民参与是在方案的执行和管理方面，政府提供更多施政回馈的渠道以回应民意，并使民众能以更直接的方式参与公共事务，

---

① Sherry Arnstein. A Ladder of Citizen Participation. Journal of the American Institute of Planners, 1969 .

以及接触服务民众的公务机关的行动”。[1]

Parry 从公民参与对公共政策的影响来分析：公民参与是“公民卷入制定、传递和执行公共政策的过程”。[2]

陈振明对决策民主化的定义是保障广大人民和社会团体及政策研究组织充分参与公共决策过程，在政策过程中反映广大人民的诉求。并在决策系统运行过程中保证这种参与的决策体制和程序。[3]

本书认为政府组织作为公民权利的代理者，必须在城市公共项目中体现公民的意愿和利益，公共项目不应只考虑领导的政绩，而应满足多数人的利益，兼顾少数人的意见。

多元参与思想是构建城市公共项目决策中公众与社会团体参与的理论基础。决策过程中充满了选择性，而任何选择都是以一定的价值判断为基础的，最终决策不应以自己认为正确或错误来判断社会的选择。而是将城市社会各方面的要求，价值判断和愿望结合在一起，这要求决策者考虑各种利益团体的需要，建立有效的民主需求，最后通过一定的法律程序规范多个主体的行动。

西方学术界将参与的阶段分为七个阶段：公众被告之参与、提供信息让公众知晓、公众协商参与、物质激励公众参与、公众按利益分组参与、交互参与、公众自主参与。从公民参与信息流动方式分为：单向信息流向公民；单向信息流向政府；信息在公民与政府之间传递。

正如梁鹤年所说，西方公众参与是建立在西式民主基础上，是一种“契约”民主。而中国的民主，为官者目标是“经世济民”，民众的要求是“安居乐业”。中国城市项目中的公众参与首要目的是做到项目实际情况的下情上达，能够满足民愿和维护各群体的利益。为有效实现这一目标，本书认为可以将信息技术应用到城市公共项目的公众参与中，形成一套有效的公众参与程序和技术。

3.6　决策分类及其对应决策方法

决策中可以分为如下所述的几个类型，不同决策问题采用的决策方法、模型不同。

---

① Garson, G. David, Williams, J. Oliver. Public Administration: Concepts, Readings, Skills. Allyn and Bacon, 1982.

② Parry, G., Moyser, G. and Day N. Political Participation and Democracy in Britain. Cambridge: Cambridge University Press, 1992: 16.

③ 陈振明. 政策科学：公共政策分析导论. 北京：中国人民大学出版社，2003.

3.6.1 确定型决策

确定型决策可以用单纯选最优决策法和模型选优的数学分析决策法。选优方法按以下思路进行：

1）决策目标的设计，是单一目标决策还是多目标决策，在多目标决策问题中，确定各目标之间的优先级顺序和重要程度。

2）决策时约束条件的建立，有的确定型问题需要在一定的限制条件下达到指标的最大化或最小化。

3）求解确定型决策的优化解。

确定型决策的方法有：加权评分决策法；微分极值决策法，当决策模型中不含约束条件，可以通过微分中的求极值来解决；数学规划决策法。

3.6.2 不确定型决策

在现实中许多决策问题，其决策对象的未来状态是不确定的，事件有多种自然状态，每一种选择都有两种以上结果，这种决策被称为非确定型决策。不确定型决策原则有：小中取大原则、大中取大原则、等概率原则和最小后悔值原则。小中取大反映的是决策者的悲观情绪。大中取大原则是乐观情绪。等概率决策原则是在缺乏准确信息情况下，假定各种自然状态出现的概率相等。最小后悔值原则是属于保守的一类决策原则，决策者选定一个系数 α（$0 \leqslant \alpha \leqslant 1$）来表示乐观程度，计算各方案的最大收益 M_i 和最小收益 m_i，通过计算加权平均值 L_{Ai}，$L_{Ai} = \alpha M_i + (1-\alpha) m_i$，求各 L_{Ai} 中的最大值。

3.6.3 风险型决策

风险型决策是指决策者对未来事件的状态作出预测，可根据经验估计各种情况可能发生的概率，然后再采用期望效果值最好的方案作为最优决策。这种决策要求存在希望达到的一个或多个明确的决策目标，决策者可以主动选择两个及两个以上的行动方案，估计或计算各种自然状态出现的概率，应用不同状态发生概率计算各方案的收益值。常用的风险决策方法有如下几种：

1）期望值计算，在确定决策目标的基础上，设计项目各种可能的备选方案，分析各种可行的方案实施后可能遇到的自然状态，并预测每种状态可能出现的概率，计算各行动方案的收益期望值 E，根据 E 的大小，选择最佳的行动方案。

2）利用决策，将决策问题可能出现的自然状态，针对状态的方案及方案带来收益损失值绘制成树。

3）除了用事件可能发生的先验概率来计算期望值外，还可以通过科学实验，抽样调查统计对先验概率进行修正得到后验概率，并用后验概率来确定各备选方案的期望值，帮助决策者做出好的决策。这种决策过程弥补了无法搜集新信息而方案不准确的缺点。

4）用期望值作为方案决策的依据，决策过程中重视了客观数据，而忽略了决策者在决策过程中的主观因素。对于相近期望值的方案，不同决策者由于个人的价值判断依据不同，对方案的取舍各不相同。

3.6.4 模糊决策

聚类分析是对决策方案按一定要求进行分类的方法，不同的人对多个方案的判断也是一种模糊判断，因此将模糊数学引入聚类分析，就能使分类更切实际。在实践中人们总结了多种模糊聚类分析方法，大致分为两类：一种是系统聚类分析方法，另一种是非系统聚类分析法。在项目决策过程中使用系统聚类分析法，如λ截矩阵法。

λ截矩阵法。彼此等价的元素属于同一类。利用等价矩阵可以进行模糊聚类分析。因为模糊等价关系确定之后，对给定的$\lambda \in [0, 1]$，用普通等价关系R_λ对所得到一个元素在λ水平上的分类。当λ由1到0的过程，分类就由细变粗，形成一个动态的分类形成过程。进行模糊聚类分析的方法按以下三步：

第一步，首先要将各分类样本的统计指标数据标准化处理，标准化按以下公式计算：

$x_i' = \frac{x_i - \bar{x}}{s}(i = 1,2,\cdots,m)$；$m$为分类样本的统计指标个数，$x_i$为原始数据，$\bar{x}$为原始数据的平均值，按$\bar{x} = \frac{1}{m}\sum_{i=1}^{m} x_i$计算，$s$为原始数据的标准差，按$s = \sqrt{\frac{1}{m}\sum_{i=1}^{m} (x_i - \bar{x})^2}$计算。如果要将原始数据标准化到［0，1］区间，必须按下面的公式进行极值标准化：

$$x_i' = \frac{x_i - x_{\min}}{x_{\max} - x_{\min}}(i = 1,2,\cdots,m)$$

第二步，计算出衡量被分类样本之间相似程度的统计量，从而建立起模糊相似矩阵。

第三步，聚类，将关系改造成模糊等价关系，用适当的阀值进行截取，便可得到所需的分类。①

3.6.5 灰色系统预测与决策

灰色系统是我国邓聚龙教授创建的新学科，这门学科专门处理数据不完整、信息不完全的决策问题。灰色决策对多个对策有不同效果，用判断优劣标准去衡量挑选一个效果最佳的对策。②

在灰色决策中，发生某事件 a_i ，用某种对策 b_j 去解决，就构成一个局势 $S_{ij}(a_i,b_j)$ ，称为二元组合，二元组合与效果测度称为决策元，对于事件 a_i 有对策 b_j 的决策元 $\frac{r_{ij}}{(a_i,b_j)}$ 。若对多个事件 $a_1,a_2,\cdots,a_n$ ，有 $b_1,b_2,\cdots,b_m m$ 种对策，则对于同一个事件 a_i 有 m 种解决对策，构成 m 个决策元 $(a_i,b_1),(a_i,b_2),\cdots(a_i,b_m)$ ，将对应的决策元排成一行，就构成事件 i 的决策行 $\delta_i=[\frac{r_{i1}}{(a_i,b_1)},\frac{r_{i2}}{(a_i,b_2)},\cdots,\frac{r_{im}}{(a_i,b_m)}]$ ，对 n 个事件存在着 n 行决策行，对同一个对策 b_j 与不同的事件匹配，最后得到决策矩阵 D，记为

$$D(\delta_i,q_j)=\begin{vmatrix} \frac{r_{11}}{(a_1,b_1)} & \frac{r_{12}}{(a_1,b_2)} & \cdots & \frac{r_{1m}}{(a_1,b_m)} \\ \frac{r_{21}}{(a_2,b_1)} & \frac{r_{22}}{(a_2,b_2)} & \cdots & \frac{r_{2m}}{(a_2,b_m)} \\ \cdots & \cdots & \cdots & \cdots \\ \frac{r_{n1}}{(a_n,b_1)} & \frac{r_{n2}}{(a_n,b_2)} & \cdots & \frac{r_{nm}}{(a_n,b_m)} \end{vmatrix}$$

对这个决策矩阵有两种决策准则。行决策，在决策行 δ_i 中取最优决策元，若 $r_{i*}=\max\limits_j\{r_{ij}\}=\max\{r_{i1},r_{i2},\cdots,r_{im}\}$，则 $\frac{r_{i*}}{(a_i,b_j*)}$ 为事件 i 的最优选择，即处理事件 i 采用 b_{j*} 最为有效。列决策，在决策列 q_i 中取出最优决策元，若 $r_{*j}=\max\limits_i\{r_{ij}\}=\max\{r_{1j},r_{2j},\cdots,r_{nj}\}$，则 $\frac{r_{*j}}{(a_{i*},b_j)}$ 为最优决策元，即对策 b_j 是处理事件 a_{i*} 最适合的方案，一个对策在不同事件中寻找最适合事件。

当决策目标有 1 ~ n 个时，则对每个决策事件采用多种对策时，对目标 K, $K\in\{1,2,\cdots,n\}$ 的效果测度 $r_{ij}^{(k)}$ 的相应决策元为 $r_{ij}^{(k)}/(a_i,b_j)$ ，形成对应 K 目标

① 肖筱南．现代信息决策方法．北京：北京大学出版社，2006.

② 党耀国，等．灰色预测与决策模型研究．北京：科学出版社，2009.

的决策行、决策列与对应决策矩阵 $M^{(k)}$

$$M^{(k)}=\begin{bmatrix}\frac{r_{11}^{(k)}}{(a_1,b_1)} & \frac{r_{12}^{(k)}}{(a_1,b_2)} & \cdots & \frac{r_{1m}^{(k)}}{(a_1,b_m)}\\ \frac{r_{21}^{(k)}}{(a_2,b_1)} & \frac{r_{22}^{(k)}}{(a_2,b_2)} & \cdots & \frac{r_{2m}^{(k)}}{(a_2,b_m)}\\ \cdots & \cdots & \cdots & \cdots \\ \frac{r_{n1}^{(k)}}{(a_n,b_1)} & \frac{r_{n2}^{(k)}}{(a_n,b_2)} & \cdots & \frac{r_{nm}^{(k)}}{(a_n,b_m)}\end{bmatrix}$$

$(k=1,\ 2,\ \cdots,\ N)$ $M^{(k)}$ 称为第 K 个目标的决策矩阵，如果有 N 个决策目标，则应该先将 N 个决策矩阵先综合成一个决策矩阵 $M^{(\Sigma)}$，然后再用单目标决策准则，找出最优局势，$M^{(\Sigma)}$ 的形式同单个 $M^{(k)}$ 一样，$M^{(\Sigma)}$ 中的元素与各个单目标决策矩阵 $M^{(k)}$ 间的元素有以下对应关系：$r_{ij}^{(\Sigma)} = \frac{1}{N}\sum_{i=1}^{N} r_{ij}^{(k)}$ 。

用 m 个对策去处理同一事件，会有 m 个不同测量效果，不同的目的就有不同的评价准则。要将 m 个评价效果统一，可以采用上限效果测度，s_{ij} 记为事件 a_i 和对策 b_j 的局势 $s_{ij} = (a_i, b_j)$，若 s_{ij} 在目标 P 下有效果白化值为 $u_{ij}^{(p)}$，则局势 s_{ij} 的上限效果测度 r_{ij} 为 $r_{ij}^{(p)} = \frac{u_{ij}^{(p)}}{\max\limits_{i,j}(u_{ij}^{(p)})}(i=1,2,\cdots,n;j=1,2,\cdots,m)$，下限效果测度的一般为 $r_{ij}^{(p)} = \frac{\min\limits_{i,j}(u_{ij}^{(p)})}{u_{ij}^{(p)}}(i=1,2,\cdots,n;j=1,2,\cdots,m)$，按上述步骤，再根据前面各个公式就可以进行灰色决策。

3.6.6　灰色层次决策

灰色层次决策又叫模糊层次决策，这类决策决策者人数众多，按决策者的决策意向、信息来源、态度、职责分为群众层、专家层、领导层。层次决策主要用于大型开发计划的确定和综合大型投资决策。①

群众层主要是提出广泛的决策意见，决策意见通过信息渠道，为专家层提供进一步咨询决策的参考；专家层主要从专业层次提出技术性与业务性的信息和看法，使决策意向相对比较集中，认识更明确；领导层主要是将专家的意见进一步加工筛选。从灰色层次决策角度来看，群众层可以通过灰色统计用白化

① 孙宏才，田平，王莲芬．网络层次分析法与决策科学．北京：国防工业出版社，2011.

数表示意向，权数大者表示总的意向；专家层可以用灰色预测模型 GM（1，1）来分析各项决策方案的效益及权重；领导层可以用灰色聚类来确定各决策方案的权数，当三个层次决策权向量得到后，计算群众、专家与领导层联合加权决策值，根据大小判断最优决策。

3.7 相关理论给予本书的支持

图 3.2 说明了阐述理论与本书主体部分的对应关系，为了实现城市公共项目决策目标：首先，对提高项目满意度与减少项目失败率，基于程序正义理论，决策程序上就要有所保证。其次，根据有限理性决策理论、多元参与理论，政府、公众、专家多元参与是决策程序的完备以及在决策过程中信息的充足的保证。再次，基于决策论、信息科学构建了信息技术支持下的多元参与多阶段参与框架。最后，政府、专家、公众作为决策过程中最重要参与者，他们在模型中有不同理论支撑。政府以电子治理理论来指导公共项目电子政务化，以信息目录体系方法来实现项目信息的闭环流动。专家以信息系统支撑，灰色决策和模糊决策方法来完成项目研讨聚类。公众以公民参与理论指导，数据挖掘方法完成与政府在信息目录中的信息交互。

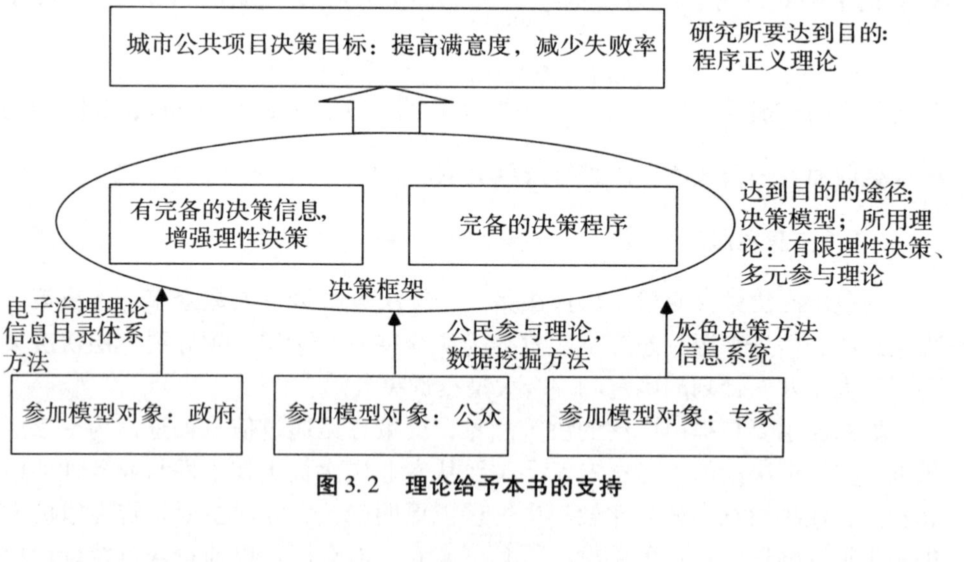

图 3.2 理论给予本书的支持

第 4 章 我国城市重大公共项目决策现状和存在问题分析

4.1 我国现行公共项目决策主体与决策过程

整理各省省级公共项目建设流程，绘制得到图 4.1。现行省级公共项目审核建设过程经过项目建议书、可行性研究报告、初步设计、资金申请报告和竣工验收五步。

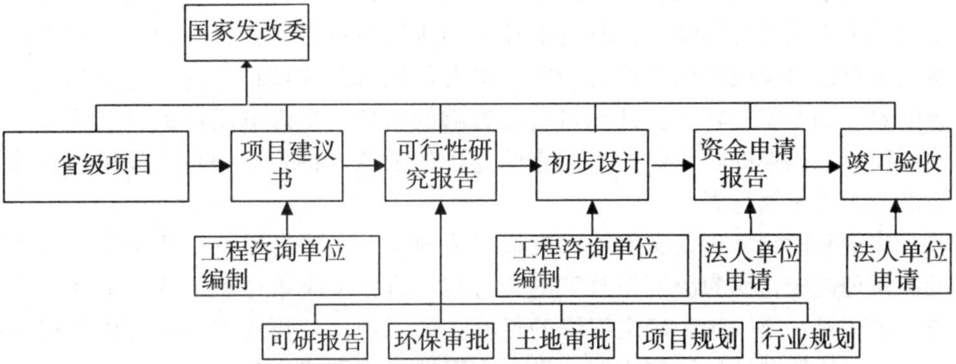

图 4.1 省级公共项目决策建设完整过程

第一步，项目建议书，对项目建设必要性和可行性初步分析，由项目法人自己编制，上报后，必须经过论证环节。

第二步，可行性研究报告，对项目的产业政策、市场需求、建设外部条件、生产条件、工艺技术条件、投资效果、环境影响方面可行性和合理性论证。必须要委托有评估资质单位组织专家进行评估论证；环境部门负责环境评估；土地部门负责项目用地预审；新建项目还需通过节能审查；电力、煤炭和矿山等设计产业发展和布局，还需与行业发展规划相衔接。

第三步，初步设计，要求有相应工程设计资质的设计单位编制。初步设计在批准之前，也要由专家和政府部门进行审查。

第四步，资金申请报告，根据项目单位的基本情况和财政状况，附上政府投资项目的可行性研究报告批准文件；城市规划部门出具的城市规划选址意见；国土资源部门出具的项目用地预审意见；申请贴息的项目出具与金融机构签订的贷款协议；环保部门出具的环境影响评价文件。①

第五步，竣工验收，项目建成并投产运行后，由项目法人单位编制竣工验收报告，由项目审批部门对项目进行全面检查、测试和鉴定。

4.2 城市公共项目决策问卷

4.2.1 问卷设计

4.2.1.1 问卷中决策主体与决策阶段设计依据

本书第2章将决策主体分为决策发起者、决策执行者、咨询者、公众及社会团体。目前我国城市公共项目主要是由政府主导发起，专门机构进行项目建设，所以本书中将城市公共项目发起者归类为政府。咨询者包括政府内部进行项目决策事项研究的部门，政府委托专门进行决策方案设计的智囊团，以独立研究者身份对决策提出意见的专家。本书将城市公共项目中这三类都归类为调查问卷中的专家。将受公共项目直接影响的人群、受影响团体的公共代表、其他对项目感兴趣的团体归类为调查问卷中的公众。将公共项目建设指挥者或建设者归为决策执行者。

决策阶段划分理论文献中，决策理论的代表人物赫伯特·西蒙在他所倡导的决策理论中，认为决策是管理的全过程。将整个决策过程分为了五步。全部决策过程是：第一步，确定组织的目标；第二步，寻找达到目标可供选择的各种方案，比较并评价这些方案，进行方案选择直到确定最后方案；第三步，执行最终方案；第四步，对方案执行过程进行检查和控制；第五步，方案执行完成后，对决策过程进行评估整理。欧文·詹尼斯从认清挑战、接受挑战、挑战与选择的匹配、选择一种方案、维持正确的实施五个方面分析决策过程。哈利森则在1995年提出了划分为六个阶段的决策过程，分为确定管理目标、寻找解决方案、比较评价方案、选择最佳方案、实施方案、评价方案。以上观点的共同点：认为决策至少是包括三个不可缺少的阶段：（1）问题发现阶段；（2）方案选择阶段；（3）方案实施阶段。本书认为，不能将城市公共项目决策简单地认为是方案设计、选择与确定，而是包含了从项目问题发现到项目评价完成的

① 李开孟．投资体制改革与工程咨询（十）．中国工程咨询，2005（12）：45~47.

整个周期。整个项目决策过程细分为六个阶段，问题发现阶段，将方案选择阶段细分为项目备选方案提出、方案比较、最优方案选择三个阶段，将方案阶段分为项目实施、项目评价两个阶段。

4.2.1.2　问卷设计及发放步骤

希望通过问卷对阅读文献获得的城市公共项目问题进行确认，明确问题是否真实存在，严重程度。并获得城市公共项目决策六个阶段四个主体决策权力分配的现状与调查对象认为合理的分阶段各主体权力配置，为后面信息技术支持下的城市公共项目决策框架模型设计提供目标。

问卷的设计经过以下步骤：

第一阶段：文献阅读。通过阅读相关文献资料，分析了决策主体与决策阶段，初步设计出问卷的初稿，重点针对现有城市公共项目决策三方面问题调查。

第二阶段：同导师探讨设计，对问卷的初稿进行了问题的审核，查找是否有遗漏的问题，问卷结构是否合理，被调查者是否能在 10 分钟内完成填表。修改形成调查问卷第二稿。

第三阶段：以电子邮件的形式将问卷小范围发送给笔者 20 位在政府部门工作的朋友，让他们试填问卷，询问他们是否对整个问卷的内容有疑问，对问题是否能理解清楚。根据他们提的建议对问卷再次进行小的修改，形成第三稿。

第四阶段：印制问卷，通过笔者项目渠道将问卷发放到云南省昆明市及云南另外几个地级城市。在发放问卷时，对发放问卷人员进行培训，在现场指导被调查者填写。

4.2.1.3　问卷调查对象

本次问卷调查的对象为政府部门工作人员、事业单位工作人员、建筑公司职员、教师、医生、公司职员、学生，年龄段为 22 ~ 45 岁。调查对象分布于云南省的 16 个地级市。受调查者为各地级市的城镇居民，都是至少参加工作 3 年以上人员，他们对身边与自己利益相关的公共项目或多或少都关注过，对城市公共项目建设过程中的问题有自己的看法。

4.2.1.4　问卷内容设计

问卷详细内容请见本书附录一。这里只是简要介绍调查问卷调查问题的内容。

本书第 2 章将城市公共项目失误问题产生的原因主要归为三大类，第一，项目决策参与主体不足，项目决策是由政府部门主导，项目制定和执行忽视公众的偏好；第二，项目决策没有一套完整决策程序，由于六个决策阶段随意缩减，造成项目制定与执行质量下降；第三，没有完整统一的项目信息，缺乏不同利益诉求进入的渠道，造成专家咨询时无法全面考虑各方面对项目的要求，不能提出科学的项目方案并从中选出较优方案。①

调查问卷中设立不同调查项目问题对应这三个是造成项目决策失败率高的主要原因，问卷题号与调查内容对应关系如表 4.1。主要为验证文献总结问题的真实可靠性。

表 4.1 问卷题目与调查内容关系表

问题归属范围	具体问题	对应问卷题目号
公共项目决策中主体	少数精英主导	11、12、27
	多元主体参与情况	10、13、16
	政府内部决策素质	21、22、23、24、28
公共项目决策研制程序	公共项目问题确认	2、3、4、5、6、18、19、20
	公共项目目标验证	2、3、4、5、6、18、19、20
	公共项目方案设计	2、3、4、5、6
	公共项目方案监督	2、3、4、5、6、8、25
	公共项目方案评估	2、3、4、5、6、7、26
公共项目决策外部环境	公共项目信息是否公开	17
	决策是否能看到不同利益诉求	19、20
	是否有不同利益诉求进入渠道	9

同时本书根据自己对参与对象、项目决策过程的划分，在第 14、15 道题中利用 4×6 的表格进行分阶段主体参与度的调查。第 14 题是被调查者认为的四个参与主体在六个公共项目阶段的现实参与状况。在每格中填写 1～5 不同的数字，代表每个被调查者认可的不同参与力度。第 15 题是向被调查对象调查四个参与主体应该在哪些公共项目阶段中发挥作用，如果一格填写 1 则表示被调查者认为行对应的主体应该参与列对应阶段的项目活动；如果不填写则表示被调查者认为行对应的主体不应该参与列对应阶段的项目活动中。第 15 题调查得到理想的各主体各阶段参与力。

第 14 题的调查目的：从行的角度出发，进行同一个主体不同阶段参与度的比较，可以通过不同阶段参与度均值是否相等的 t 值检验，验证一个主体在不同阶段的参与度是否存在巨大差异。也可以从列的角度出发，进行同一阶段不同主体参与度差异比较，是否存在差异也是通过 t 值检验来进行。

---

① 王瑞丰．政府决策失误多发现象．理论导刊，2005（12）：16～18.

第 15 题的调查目的为调查被调查者心目中各主体在六个阶段中发挥什么作用。清楚实际决策过程与公众期望的差距，也为我们第 5 章清楚模型要解决的参与问题奠定基础。

4.2.2　调查问卷的发放

问卷的发放采取了两种形式：

第一种由笔者培训的工作人员将问卷带至云南省内其他地级城市，利用其他项目集中调研时将纸质问卷发放给调查对象。问卷希望获得城市公共项目决策中存在的共同问题，在信息技术环境中构建一套几个主体六个阶段协同工作的决策机制。

工作人员对受调查者解释问卷填写规则后，由调查对象填写 15 ~ 20 分钟，将问卷交还工作人员。此种方式共发出问卷 400 份，共收回 336 份，其中有效问卷 235 份。问卷回收率为 84%，有效问卷率为 58.8%。

第二种以电子邮件发送给问卷调查者。发送的对象为笔者的朋友与同事，基本是政府工作人员和事业单位人员，共发送问卷 20 份，收回 18 份，有效问卷 15 份，问卷回收率为 90%，有效问卷率为 75%。

4.2.3 问卷回收

两种不同的方式总共发出 420 份问卷，回收有效问卷 250 份。利用 excel 文件进行问卷数据整理，再利用 Spss13.0 对数据进行进一步分析。对被调查者的职业背景进行分析，得到调查人员职业构成表格。

表 4.2　受访者职业分布表

职业分布	人 数	所占比例（%）
政府工作人员	39	15.6
事业单位人员	85	34.0
企业工作人员（含建筑公司）	67	26.8
自由职业者	33	13.2
其他职业	26	10.4
总人数	250	100.0

问卷不集中对某一类人群进行调查，而是尽量对整个社会人群进行调查，在样本的采集上近似于随机抽样，样本来源具有广泛性和代表性，人群职业分

布广泛，使研究结论更具有一般性和更强的客观真实性。①

4.3 问卷结果的统计分析

本书将城市公共项目决策过程分为了问题提出、分析提出备选方案、比较评价方案、选择方案、实施阶段、评价六个阶段，将参与者简单分为政府（决策者，一个广义的概念，包含内部的不同机构）、专家、民众、执行者四个部分。对现实中每个环节参与者参与的程度及理想中每个环节参与者应发挥的程度，以及各环节现在最主要的问题进行调查。从 4.3.1 到 4.3.5 节对公共项目存在的问题进行描述性统计分析（Descriptive Analysis），希望通过统计分析从数据频数、基本统计图表，发现数据内在特点，解读出现阶段公共项目决策在决策阶段和参与对象上存在的问题，为研究确定方向。4.3.6 节对公共项目同一参与主体各阶段自身参与度和不同参与主体同一阶段参与度是否有显著性差异进行检验性统计分析。4.3.7 节是根据第 15 题进行的理想参与度研究。

4.3.1 公共项目决策失误主要原因

问卷第 6 题是对城市公共项目决策失误的原因调查，问卷调查要求调查者对这六个原因排序。进行数据分析时，表头的第一至第六代表在一份问卷中该失误原因排序中所处位置。进行结果统计分析，选项排第一位的权重为六分，依次递减，最后一位的权重为一分，对每个失误原因分别加权计算得出受调查对象对城市公共项目决策失误原因的主观得分，得到表 4.3。

表 4.3 城市公共项目决策失误原因

失误原因	第一	第二	第三	第四	第五	第六	合计
缺乏科学论证	56	43	55	42	37	17	988
领导个人决策	69	59	44	36	19	23	1054
分权机制不健全	31	24	42	50	57	46	784
缺乏多方参与	45	65	45	39	32	24	980
违反决策程序	21	18	24	40	72	75	651
决策信息不足	28	41	40	43	33	65	793

在表 4.3 中，“领导个人决策”“缺乏科学论证”“缺乏多方参与”被全体

① 风笑天．现代社会调查方法．武汉：华中理工大学出版社，1996.

受调查者认为是造成失误的排名前三的原因。如果将调查对象中的政府工作人员、事业单位人员作为一类群体，其他职业的调查对象作为另一群体。对两个群体失误原因加权计算后得到表 4.4、表 4.5。在表 4.4 与表 4.5 中“领导个人决策”“缺乏科学论证”“缺乏多方参与”这三个原因仍为排名前三的原因，只是在排名顺序上稍有区别。通过 t 检验 95% 程度上验证了分群体后对失误原因的看法无差异。表明了问卷结果客观性与有效性。

表 4.4　体制内受调查者认为的公共项目决策失误原因

失误原因	第一	第二	第三	第四	第五	第六	合计
缺乏科学论证	34	24	28	21	11	6	527
领导个人决策	41	29	22	18	7	7	554
分权机制不健全	14	7	21	24	34	24	367
缺乏多方参与	17	35	23	23	17	9	481
违反决策程序	6	10	7	15	38	48	283
决策信息不足	12	19	23	23	17	30	392

表 4.5　体制外受调查者认为的公共项目决策失误原因

失误原因	第一	第二	第三	第四	第五	第六	合计
缺乏科学论证	22	19	27	21	26	11	461
领导个人决策	28	30	22	18	12	16	500
分权机制不健全	17	17	21	26	23	22	417
缺乏多方参与	28	30	22	16	15	15	499
违反决策程序	15	8	17	25	34	27	368
决策信息不足	16	22	17	20	16	35	401

从这三个主要原因，可以看出本书利用信息技术作为黏合剂，构建体现程序正义的决策程序。引进领导以外尽可能多的利益相关者，将领导个人决策向多元参与决策转变。建立多方参与，各司其职的决策程序，公众对政府监督并提出建设性意见，政府通过信息技术手段与公众信息交互，形成考虑比较全面的决策信息，专家充当项目决策外脑，利用决策信息对决策方案进行充分论证，能较好解决当前城市公共项目决策存在的主要问题。

4.3.2　公共项目产生过程存在问题

问卷第 18 题针对城市公共项目立项原因的调查，根据问卷选择整理得到

表4.6。

表4.6 城市公共项目产生渠道

原因	人数	所占比例（%）
完成上级的任务	80	32.0
部门领导自己提出	54	21.6
群众反映问题	51	20.4
实际工作中发现	65	26.0
总人数	250	100.0

从表4.6反映了目前城市公共项目建设起因，现阶段西部地区过半的城市公共项目是根据上级政府布置的工作任务或本部门领导的意志形成的。由群众的意见或在实际工作中发现问题而引出公共项目的需要所占比例还比较小，大部分还是领导意志决定。

问卷第19题中在“一个公共项目决策问题产生前是否征求群众的意见”，根据问卷选择整理得到表4.7。

表4.7 公共项目开始前征求群众意见比例

	人数	所占比例（%）
经常	45	18.0
偶尔	152	60.8
从不	53	21.2
总人数	250	100.0

表4.7表明，被调查者中认为政府在确立公共项目后经常征求人民群众意见人数只占到了总人数的18%。八成多的人认为政府只是偶尔或从不进行群众意见征求。这说明当前很多政府决策前并没有进行深入的调查研究，充分听取不同意见，所以当前公共项目没让人民群众感觉到参与的力量，缺乏参与热情。

问卷第2题中“在我国城市政府公共项目中，您认为在哪个环节中最有待加强改善”的调查，根据问卷选择整理得到表4.8。

表 4.8 公共项目中最应加强环节

	人数	所占比例（%）
决策过程和执行过程不够严密	38	15.2
决策过程完整，执行力度不够	39	15.6
决策过程没有形成全方位的监督体制	66	26.4
决策过程中很少听取来自民众的声音	86	34.4
未充分发挥专家和第三方咨询的作用	21	8.4
总人数	250	100.0

表 4.8 中调查对象认为现有城市公共项目决策过程存在的最大问题是很少听取来自民众的声音与决策过程中缺乏全方位的监督。这是提高项目成功率急需解决的环节。本书希望借助信息化手段实现城市公共项目公开、透明，从而通过听取民众意愿来实现对项目决策的科学性，也通过项目过程中民众持续参与，保证项目过程的公平正义。

问卷第 8 题是目前城市公共投资建设项目监督机制的效果调查，共提供了很差、较差、一般、较好、很好五个选项。根据问卷选择整理得到表 4.9。

表 4.9 公共投资建设项目监督效果

	人数	所占比例（%）
很差	57	22.8
较差	53	21.2
一般	127	50.8
较好	7	2.8
很好	6	2.4
总人数	250	100.0

表 4.9 采用李克特五点计量法，对项目监督结果分很差到很好五种程度。仅有 5.2% 的人对监督结果持肯定态度，如果以态度平均分布来计算，那应该 3 分为中位数，计算加权平均分为 2.4。在频数图上峰值将向左靠拢，表明大多数人对现在的监管效果不满意。

4.3.3 公共项目决策专家咨询存在问题

多方参与可保证城市公共项目决策中的民主化，城市公共项目决策科学化则取决于在决策过程中能否发挥研究机构和各学科专家的参谋作用。专家咨询的主要责任在于为决断者提供建议，包括决策信息收集、利用信息与模型提出解决方案，对供选择的方案进行评价、修正，对决策实施过程进行监督，对实施效果进行评估。

问卷第21题城市公共项目“决策中是否听取专家的意见”的调查，根据问卷选择整理得到表4.10。

表4.10 城市公共项目决策听取专家意见比例

	人数	所占比例（%）
经常	119	47.6
偶尔	122	48.8
从不	9	3.6
总人数	250	100.0

在表4.10中占47.6%的人选择经常听取专家的意见，有48.8%的人选择偶尔听取专家的意见，有3.6%的选择从不听取专家的意见。表明专家咨询已经成为城市项目决策中不可缺少的环节，大多数调查对象认可至少形式上存在。

问卷第22题对如何处理专家提出意见的调查，根据问卷选择整理得到表4.11。

表4.11 专家意见如何处理比例

	人数	所占比例（%）
决策一个步骤，对决策没有任何影响	63	25.2
根据意见，修正决策内容	160	64.0
重新决策	27	10.8
总人数	250	100.0

有25.2%的被调查者认为专家提出意见只是决策过程中要求的一个步骤，专家提出的异议并不会对结果产生影响，有64%的人认为对专家提出的意见会

对决策内容产生影响，表现出对决策纠偏的积极态度。其余10.8%的人认为专家意见能够促使项目从项目提议重新开始。总体来说人们还是对决策咨询对政府决策起重要作用认可，但决策咨询究竟起到什么作用，是不是搞形式，走过场，因为缺乏专家咨询过程的记录也不得而知。

问卷第23题对项目专家的挑选方式调查，根据问卷结果整理得到表4.12。

表4.12　专家挑选方式

	人数	所占比例（%）
根据临时需要挑选	105	42.0
固定专家库	89	35.6
其他方式	56	22.4
总人数	250	100.0

35.6%的人选择从固定的专家库中挑选，这说明有部分城市政府部门已经有意识针对本部门业务，建立本部门固定智囊库，在需要咨询的时候从中挑选合适的专家。但仍然有42%的人根据自己了解的决策现状认为专家是根据临时的需要挑选。缺乏对咨询者管理，很难保证咨询者的专业水平，咨询的质量也不会高。

问卷第24题对项目专家的来源调查，根据问卷结果整理得到表4.13。

表4.13　项目专家地域来源

	人数	所占比例（%）
本地	62	24.8
本省	64	25.6
全国	124	49.6
总人数	250	100.0

50.4%的人根据自己参加过的专家论证会，选择专家主要来源于本地区或本省范围内。专家来源于本省本地区首先优势是利于专家集中，专家对本地项目了解，缺点是专家来源比较单一，专家不容易从多个角度去思考问题，可能对项目新技术、前沿理论缺乏了解；其次专家互相了解，在进行咨询的时候，专家的意见容易互相影响；最后，城市政府决策咨询委员会成员几乎都是由各

个学科的专家和公务员代表组成，缺乏普通公众中产生的行业精英作为独立专家的声音。也有 49.6% 的人从自己经历过的论证会，选择专家来自全国。专家来自全国的优缺点正好与来自本省市相反。

4.3.4 公共项目决策监督和评价存在问题

在问卷第 25 题：在您认为合适的决策结果执行监督方式的调查中，将调查结果统计汇总得到表 4.14。

表 4.14 合理的决策结果监督方式

	人数	所占比例（%）
有专门部门负责	72	28.8
绩效评估	53	21.2
听取汇报	44	17.6
全程监控	81	32.4
总人数	250	100.0

有 28.8% 的人认为决策结果执行过程应该有专门的部门来实现。有 21.2% 的人认为通过对投入——产出的经济效益来对整个方案进行监督。仅有 17.6% 的人把听取执行机构的汇报作为监督手段。有 32.4% 认为不能等到最后决策结果已经完成才监督，应该把控制过程提前，用现代技术手段对整个过程实施制度化监督和科学监控。

问卷的第 26 题对决策结果的评价方式调查，将调查结果统计汇总得到表 4.15。

表 4.15 合适的决策结果评价方式

	人数	所占比例（%）
上级评价	62	24.8
专门评估机构	49	19.6
专家评价	64	25.6
公众意见	64	25.6
其他	11	4.4
总人数	250	100.0

选择“上级评价”“专门机构评估”“专家评价”和“公众意见”这四个调查项分别占到了 24.8%、19.6%、25.6%、25.6%。说明被调查者认为衡量公共项目决策成败不能由特定的群体来评价，评价应该由多个主体共同进行，同时要有专业的机构进行客观评价。这进一步坚定了本书通过信息技术构造多元参与平台，来监督保证决策过程的正义性，进而城市公共项目决策结果的公正、科学得到大多数人的认可。

问卷第 9 题“除了依靠政府部门外，你知道的还有哪些措施”多选题中，根据调查结果汇总得到表 4.16。

表 4.16　合适的决策结果的监管方式

监督措施	提到次数
通过专家委员会反映民意	64
向公众公布项目情况，召开听证会	133
通过新闻媒体及时报道“问题项目”	95
通过政府热线反映意见	73
通过网络提出意见	71

总共有 64 人次选择了通过专家委员会反映民意，提出意见；有 133 人次选择政府召开听证会，公众在听证会上提出意见；有 95 人次选择了通过各种新闻媒体反映问题，引起政府的注意；有 73 人次选择了通过政府热线进行问题反映与建议；有 71 人次选择在网络上发帖阐述自己的意见。在共 250 份问卷中希望政府主动召开听证会是现在参与的主要方式。通过网络新闻媒体反映问题，在网络上形成意见，通过政府热线参与讨论是有益的补充，但获得的认同度还不太高。

4.3.5　公共项目方案选择中群体决策存在问题

问卷第 27 题对政府决策时群体成员是否能充分表达进行调查。结果中显示，只有 18% 的人认为政府决策中班子成员经常能充分表达个人意见，高达 82% 的人认为只是偶尔或没有机会表达自己的意见。被调查者也仅有 25.6% 的人认为在决策的时候，其他班子成员能够充分地表达意见。第 28 题当决策过程中出现不同意见的时候，有 31.6% 的人选择一把手最后决定，36.8% 的人选择采取进行投票，采取大多数人的意见，有 22.4% 的人选择了由上级部门决断。当最后意见不一致的时候并没有将行政首长负责制和集体决策制度结合起来，错误地把首长负责制等同于一把手决策。遇到问题的时候有将问题推给上级解决的倾向。在对公共决策由谁做出最后决定的调查中，被调查者中 76% 的认为只有少部分项目的决策经过了民众意见、专家咨询、科学论证的过程。

4.3.6 公共项目决策中的各主体参与问题

在第 14 题中将公共项目决策过程分为了六个阶段，参与者简化为政府、实施者、专家、公众。第 14 题进行调查对象对现实中四主体六阶段参与程度主观感受打分。采用 5 级分制，调查对象对每个主体每一阶段的参与程度按：1 分为完全不知情；2 分为决策完成后，才被单方告知结果；3 分为可以提出自己的意见，但意见有无影响不知；4 分为意见可以对结果产生一定的影响；5 分为意见对结果产生绝对影响的标准进行给分。对调查结果进行检验性分析：（1）通过均值，方差分析，对四个主体在六个阶段决策影响力的差异进行描述数据分析。（2）对城市公共项目决策过程中各参与主体自身六个阶段决策影响力相关度分析。（3）对城市公共项目决策过程中四个参与主体在同一阶段决策影响力相关度分析。（4）通过 t 检验验证各参与主体在六个阶段中自身影响力是否存在显著差异。

4.3.6.1 公共决策过程中参与度直方图分析

四个决策主体在六个阶段按 5 级影响力得分汇总统计，用分组直方图给出图示。

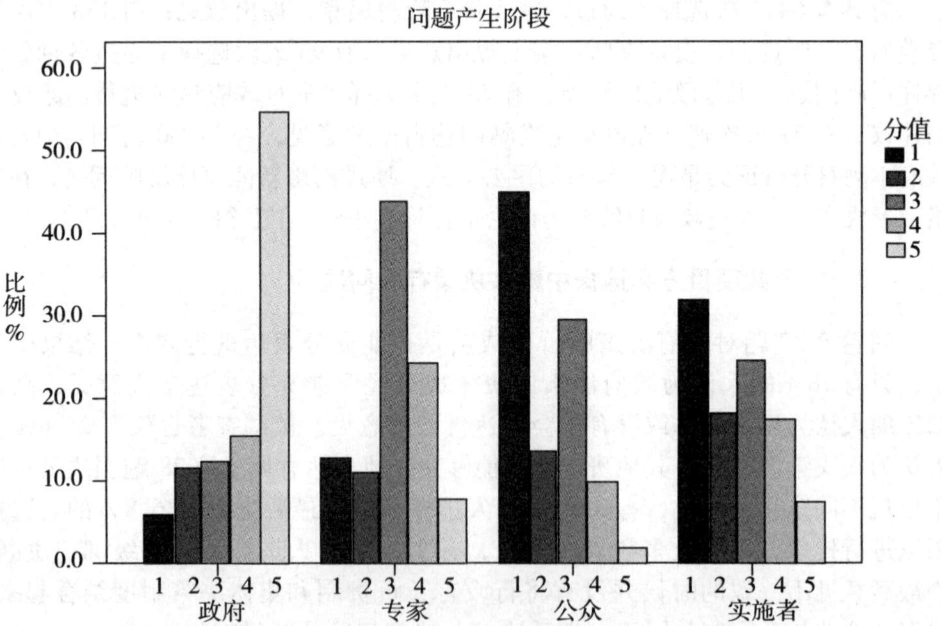

图 4.2 四个参与主体问题产生阶段影响力得分图

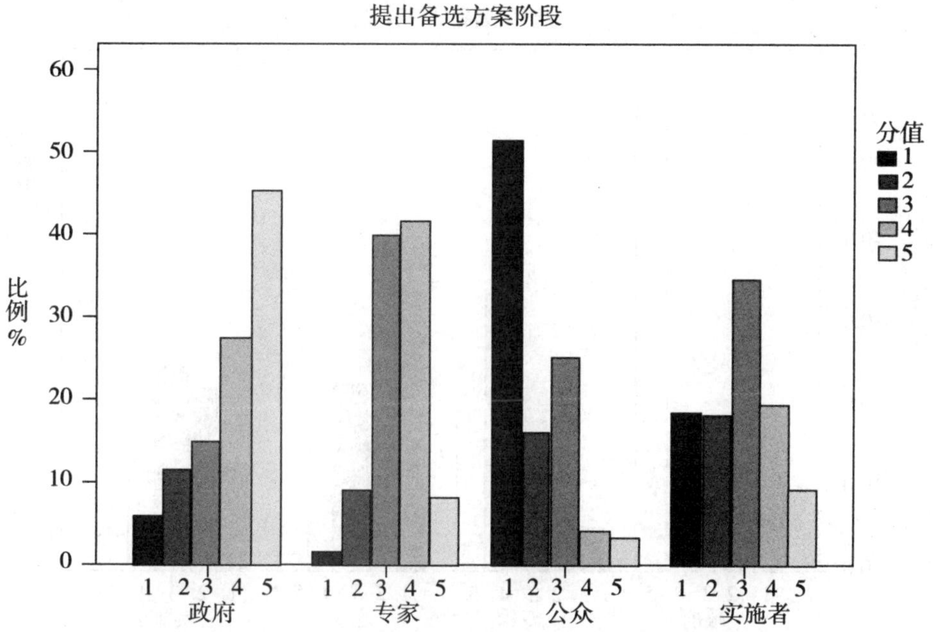

图 4.3　四个参与主体提出备选方案阶段影响力得分图

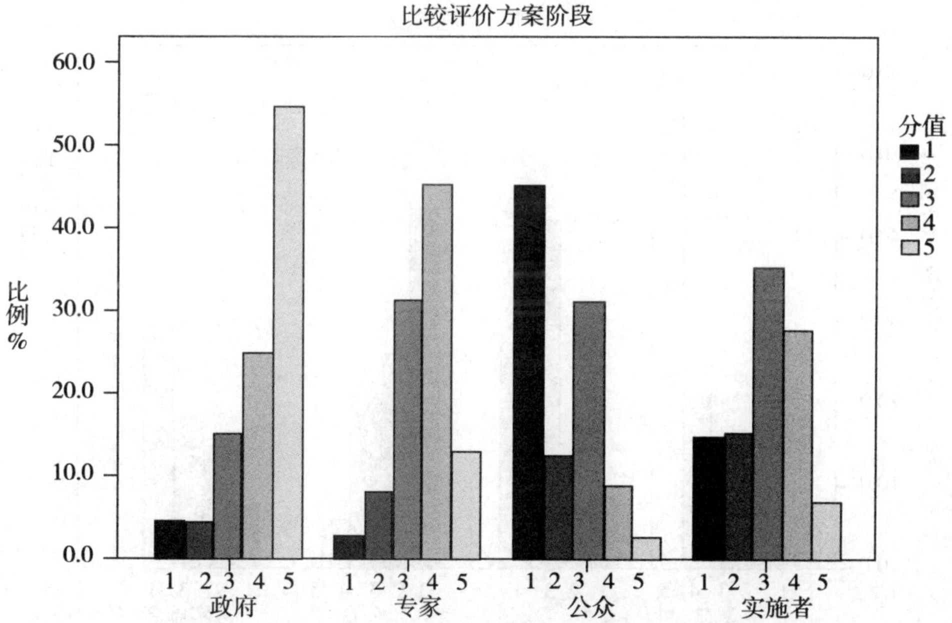

图 4.4　四个参与主体比较评价方案阶段影响力得分图

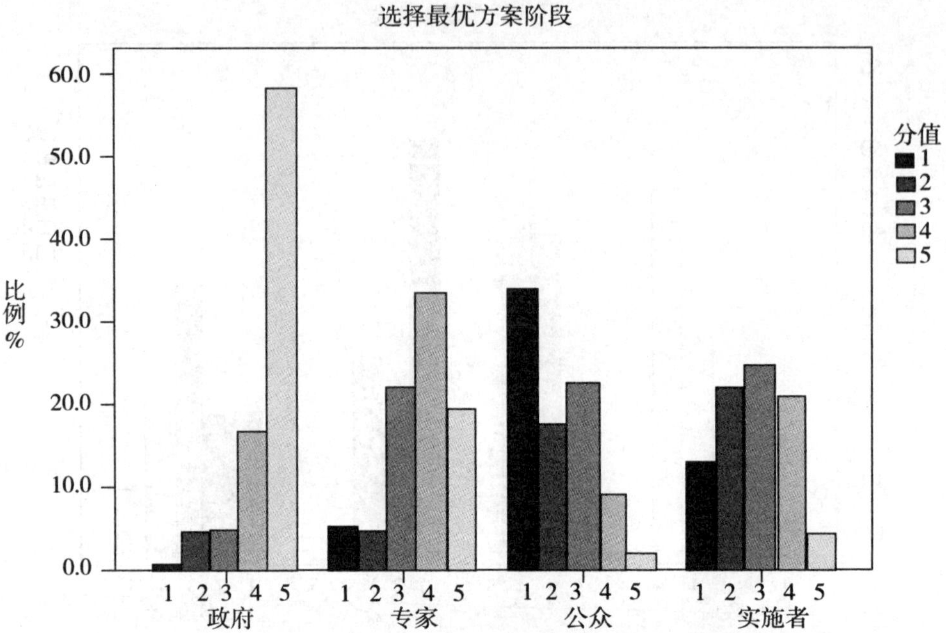

图 4.5 四个参与主体选择最优方案阶段影响力得分图

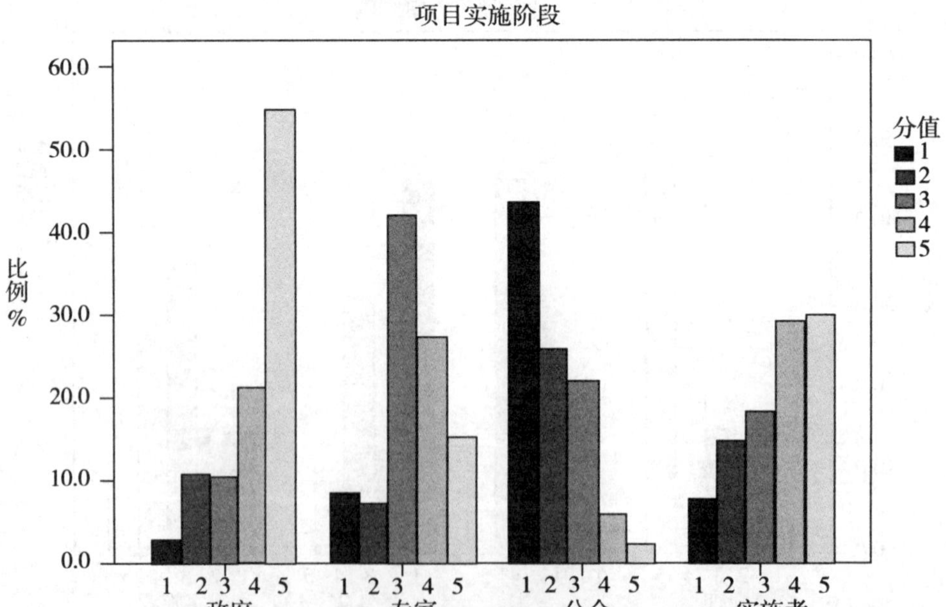

图 4.6 四个参与主体项目实施阶段影响力得分图

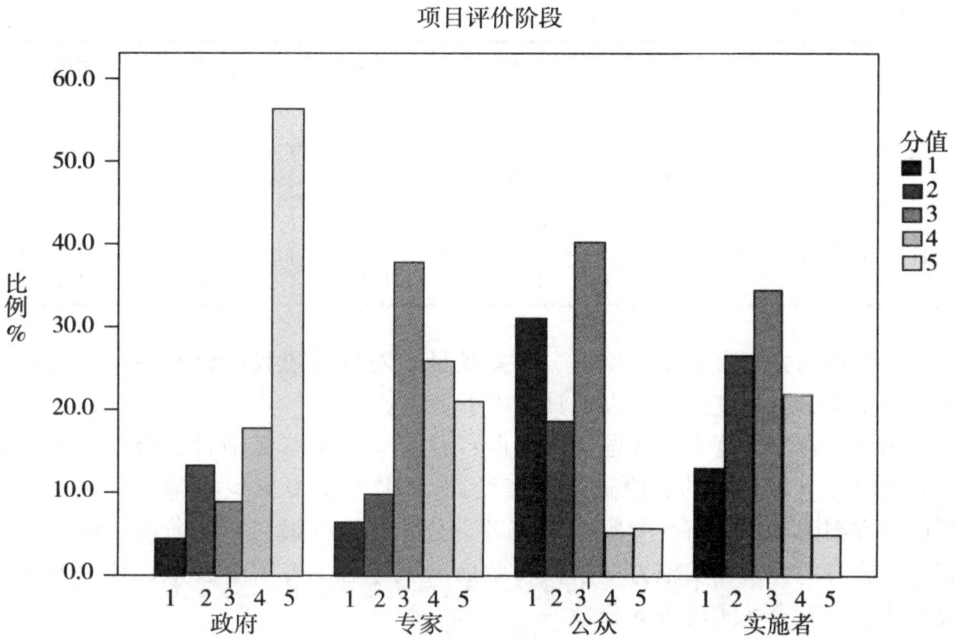

图 4.7　四个参与主体项目评价阶段影响力得分图

计算各决策主体在六个阶段参与影响力所得的分数的均值与方差值，得表4.17：

表 4.17　各主体六阶段参与程度均值与方差

		政府	专家	公众	实施者
问题产生阶段	均值	4.02	3.03	2.09	2.5
	方差	1.28	1.08	1.14	1.31
备选方案阶段	均值	4.05	3.46	1.91	2.83
	方差	1.09	0.83	1.10	1.21
比较方案阶段	均值	4.27	3.57	2.11	2.96
	方差	0.95	0.91	1.15	1.14
选择最优方案阶段	均值	4.48	3.67	2.16	2.78
	方差	0.92	1.09	1.14	1.13

续　表

		政府	专家	公众	实施者
实施方案阶段	均值	4.14	3.34	1.98	3.59
	方差	1.15	1.09	1.06	1.26
评价方案阶段	均值	4.08	3.45	2.36	2.79
	方差	1.25	1.12	1.14	1.07

结合参与力度直方图和均值、方差统计表对现阶段我国政府城市公共项目各决策主体参与程度分析，发现具有以下特点：

第一，在参与度上，问题产生阶段：政府 > 专家 > 实施者 > 公众；提出备选方案阶段（以政府的意愿进行方案设计）：政府 > 专家 > 实施者 > 公众；比较评价方案阶段：政府 > 专家 > 实施者 > 公众；选择最佳方案阶段：政府 > 专家 > 实施者 > 公众；实施方案阶段：政府 > 实施者 > 专家 > 公众；评价方案阶段：政府 > 专家 > 实施者 > 公众。

总体上，政府始终处于决策的主导者地位，专家除在实施方案阶段不如实施者外，基本处于第二，公众的决策参与度始终是最低的。六个阶段平均得分在 2 分左右。

第二，问题产生阶段、比较评价方案阶段、选择最优方案阶段、实施方案阶段、评价方案阶段都有超过 55% 的被调查者认为政府影响力过大，影响了其他主体的参与程度。

第三，专家的得分大概在 3 分到 3.7 分之间，介于提意见和参与决策之间。较大影响力出现在选择最优方案阶段和评价方案阶段。

第四，实施者的得分在 2.5 分到 3.6 分之间，介于通告决策结果与可以提意见和参与决策之间。其中较大影响力出现在比较方案阶段和实施方案阶段。

第五，公众在每个阶段的得分都不强，平均值分布在 1.91 ~ 2.36 之间，绝大部分被调查者认为公众对决策过程和决策结果完全不知情，有少量被调查者认为公众在某些阶段可以提出意见，只有极少数的被调查者认为公众可以参与到决策中并在决策中有一定的决策权。这也与调查问卷中对决策信息公开程度调查的结果一致。

4.3.6.2　公共项目决策过程中四个参与主体各阶段相关度分析

本节对决策同一阶段四个主体参与相关度进行分析，如果两者之间相关度为正数，说明这阶段两者参与程度接近，要么共同参与，要么都没有参与，数值越大，则说明两者参与程度越接近；如两者之间相关度为负数，表示两者参与程度相差巨大。

表4.18　四个主体问题产生阶段参与相关度

	政府	专家	公众	实施者
政府	1	0.1756	-0.189	-0.0192
专家		1	0.1447	0.3588
公众			1	0.023
实施者				1

表4.19　四个主体提出备选方案阶段参与相关度

	政府	专家	公众	实施者
政府	1	0.0827	-0.2241	-0.0732
专家		1	0.0796	-0.0195
公众			1	-0.0444
实施者				1

表4.20　四个主体比较分析方案阶段参与相关度

	政府	专家	公众	实施者
政府	1	0.0815	-0.3187	-0.0539
专家		1	-0.0246	0.047
公众			1	0.101
实施者				1

表4.21　四个主体选择最优方案阶段参与相关度

	政府	专家	公众	实施者
政府	1	0.1488	-0.1446	0.053
专家		1	-0.1202	0.1434
公众			1	0.0483
实施者				1

表 4.22 四个主体实施方案阶段参与相关度

	政府	专家	公众	实施者
政府	1	0.1702	-0.1956	0.0489
专家		1	-0.0419	0.1469
公众			1	-0.2087
实施者				1

表 4.23 四个主体评价方案阶段参与相关度

	政府	专家	公众	实施者
政府	1	0.1105	-0.0984	0.1734
专家		1	0.1781	0.1625
公众			1	0.0229
实施者				1

分析表 4.18~4.23，对现实各主体六阶段参与程度得出以下结论：

第一，政府与专家始终存在参与正相关性，这表明在现在的公共项目决策中，政府已经意识到专家论证是保证决策科学化的重要措施。政府与专家最紧密的阶段在问题产生阶段和项目实施阶段。

第二，政府与公众的相关性，在六个阶段都表现出负相关性，这表明在整个公共项目决策中，公众参与程度与政府相比差距过大，特别是在比较分析方案阶段，这本是充分听取多方意见的阶段，但却是六阶段中公众与政府参与程度差距最大的阶段，项目评价阶段反而是政府与公众参与力较为相近的阶段。

第三，政府与实施者的参与相关性中，两者在后三个阶段表现出正相关性，前三个阶段表现出负相关性。说明在开始的阶段，政府没让实施者参与进来，参与力度很有限。在决策方案进行建设时，实施者参与度提高。

第四，专家与公众相关性分析，在问题产生阶段、提出备选方案阶段、评价阶段，两者的相关性表现为正相关，其余阶段为负相关，表明很多时候专家咨询并不知道公众的需求，而仅仅考虑的是政府的意愿。在问题产生阶段、提出备选方案阶段是思维发散阶段，需要尽可能多的意见，但不论从业余角度的公众，还是从专业角度的专家，参与程度均值都很低，即使专家能看到公众意见，也只是其中很少一部分，不利于掌握公众的需求。

4.3.6.3 公共决策过程中各阶段自身影响力差异检验

计算各主体在决策六阶段参与度均值差异检验 t 值，得到表 4.24。

表 4.24 各主体六阶段参与度差异 t 校验值（双端 $p=0.05$）

各阶段	政府	专家	公众	实施者
阶段一与二	-0.29	***-5.71***	***2.14***	***-4.06***
阶段一与三	***-2.68***	***-6.43***	-0.18	***-5.48***
阶段一与四	***-4.82***	***-6.64***	-0.73	***-3.22***
阶段一与五	-1.22	***-3.37***	1.29	***-9.53***
阶段一与六	-0.50	***-4.69***	***-3.33***	***-3.02***
阶段二与三	***-3.47***	-1.85	***-2.89***	-1.76
阶段二与四	***-5.41***	***-2.62***	***-3.59***	0.58
阶段二与五	-1.29	1.57	-0.94	***-7.59***
阶段二与六	-0.35	0.11	***-5.45***	0.47
阶段三与四	***-2.95***	-1.41	-0.80	0.71
阶段三与五	1.61	***2.94***	1.64	***-6.41***
阶段三与六	***2.21***	1.52	***-2.92***	1.26
阶段四与五	***4.13***	***4.46***	***2.53***	***-8.75***
阶段四与六	***5.22***	***2.46***	***-2.67***	-0.11
阶段五与六	0.80	-1.51	***-4.70***	***9.07***

表 4.24 中每个数值代表一个主体两个阶段参与度的差异度计算，在样本数为 250 的样本中，假设样本服从正态分布，在表 4.24 中，$n=250$，可信度为 95% 的双端检验，如果两个数据有显著差异，t 值的绝对值必须大于 1.97。在表 4.24 中用黑斜体标出大于 1.97 数值。本书原假设为：各主体两两阶段参与度无显著差异；备选假设：各主体两阶段参与度有显著差异。黑色字体表示同一主体在两阶段的参与度有显著差异。

从表 4.24 显著性数值得到以下结论：

1）政府参与度以阶段三、阶段四参与度最高，一、二、五、六阶段的参与度没有显著差异，在比较分析方案及选择最优方案阶段政府起决定性作用。

2）专家参与度以第四阶段最高，二、三、五、六阶段的参与度没有显著差异，第一个阶段参与度最弱。

3）公众参与度以第六阶段最高，一、二、三、四、五阶段的参与度没有显著差异。项目成为既成事实，公众反而参与最多，无法为项目成功提供保障。

4）实施者参与度以第五阶段最高，二、三、四、六阶段的参与度没有显著差异，第一阶段参与度最低。符合实施者应起的作用。

4.3.7 公众理想的四个主体各阶段参与度

问卷第15题，调查公众理想的四个主体应该分别在哪些阶段参与项目决策。每个调查对象如果认为该主体在此决策阶段应该参与，则标注1，否则空着不填。如果全体一致认为应该参与，则将得到250票，如果一致认为不应该参与，则将得到0票。根据问卷结果汇总得到表4.25。

表4.25 调查对象认为各主体应参与比例

主体 阶段	政府	专家	公众	实施者
项目问题产生阶段	174（69.6%）	156（62.4%）	211（84.4%）	81（32.4%）
方案备选阶段	163（65.2%）	227（90.8%）	117（46.8%）	142（56.8%）
方案比较阶段	171（68.4%）	224（89.6%）	168（67.2%）	113（45.2%）
最优方案选择阶段	196（78.4%）	212（84.8%）	141（56.4%）	124（49.6%）
项目实施阶段	152（60.8%）	161（64.4%）	101（40.4%）	226（90.4%）
项目评价阶段	142（56.8%）	202（80.8%）	217（86.8%）	106（42.4%）

调查对象理想的决策过程中，政府六个阶段的参与度都在56.8%以上，表明公众认可城市公共项目决策是政府部门应尽的职能，应当承担整个项目从发起到结束的组织工作，特别在第四阶段为78.4%，最终的决策方案选择还是要由政府来决定。本书的城市公共项目决策模型也是在政府信息基础下才能构建。

对专家六个阶段的参与度要求都很高，在四个主体中排第一。这说明项目决策是专业性很强的工作，调查对象意识到缺少了内行指导，项目很难成功。特别是在备选方案产生、方案比较阶段认为专家应参与的比例达到90%，由此专家信息技术支持下的群决策是本书研究的重要部分。

调查对象认可的公众自身参与度高的阶段集中在项目问题产生阶段、方案比较阶段以及最后的项目评价阶段。项目问题产生阶段公众中的利益相关者充分表达意愿，推选出最能提高社会福利的项目；在方案比较阶段，通过监督，提出修改建议，保证项目方案产生过程的公正性；在项目评价阶段总结项目决策工程、效果，保证决策程序进一步科学、民主。

调查对象认可的实施者参与度最高阶段是项目实施阶段，实施者应能将项目信息实时维护，提供项目信息有助于其他主体掌握项目实施是否与设计方案一致，进行有效监督。

4.4　对城市公共项目决策存在问题的提炼与分析

根据 4. 3. 6 中受调查者对各参与主体现实中参与度情况与 4. 3. 7 受调查者理想中的各参与主体参与度对比，分别具有表 4. 26 的特征：

表 4. 26　参与主体现实与理想参与力对比表

参与主体	现实参与度较高阶段	理想参与度较高阶段
政府	方案比较阶段，最优方案选择阶段	最优方案选择阶段
专家	最优方案选择阶段	方案备选阶段，方案比较阶段，最优方案选择阶段
公众	项目评价阶段	项目问题产生阶段，项目评价阶段
实施者	项目实施阶段	项目实施阶段

对实施者而言，现实参与度较高阶段与理想参与度较高阶段是吻合的，所以在本书后续研究中，不作为重点研究内容。

对政府而言，现实方案比较阶段政府替代专家，成为判断项目方案优劣的主体，而对政府决策最后如何决定的调查中，清楚地显示很大比例是由一把手决定，无法保证决策的科学性。问卷受访者理想中政府参与度最高的阶段应为最优方案选择阶段，专家在方案比较阶段充分论证后，将几种方案优劣呈现，政府作出最后选择。

对专家而言，现实中专家参与度最大阶段为项目最优方案选择阶段，这时即使专家对某个方案提出异议，也无法遵循专家意见进行修改，专家的作用只是对一个方案提出注意事项。问卷受访者多数认为专家参与行为应提前，并从开始备选方案阶段延续到最优方案被选出阶段。

对公众而言，现实中公众参与力度最大阶段为项目评估阶段，这个阶段项目实施已经完成，即使公众意见被听取也不能对项目结果有任何影响，对提高项目成功率与公众满意度于事无补。问卷受访者认为公众应在项目开始时就参与进来，由群众来提出项目要求，这样才能使项目变成民心项目。

结合理想与现实参与力之间差距与对当前城市公共项目问题做的问卷分析。清楚了云南省城市公共项目决策现状存在的问题主要是：没有固定完整的城市公共项目决策程序，造成在项目目标确认时，缺乏对目标全面的论证；整个项目过程中缺少一个面对各个主体的完备的信息资源库，不便各主体了解各自想法；在项目产生、方案选择阶段公众极少参与到项目过程中，造成项目不符合群众的真实意愿；在项目方案研讨阶段缺乏专业人士集中讨论环境。这些问题的确定，为用信息技术搭建多主体参与城市公共项目决策模式提供了目标。

1）政府权力过大，缺乏其他参与主体，特别是公众监督，缺少一个完整平台统一面对城市公共项目各参与主体，进行决策知识与信息支撑。在现行体制中，省级发展改革委组织职能部门对各自负责业务范围进行可行性评估，例如环保、规划部门，有规定要经过公示，但其他部门往往不按程序走，直接跳过公示阶段。部门各自负责评估，仅仅从自己掌握信息资源做出判断。对决策结果的监督，也缺乏对整个决策过程的监督，忽略事前监督与中间过程的监督。坚定了运用多元参与理论指导，构建基于信息技术的多主体决策框架模型。

2）城市公共项目专家论证过程短，专家挑选方式、来源、咨询方式存在问题。专家论证集中于方案选择阶段，对项目缺少深入理解。专家的论证缺乏监督，是否进行？如何进行论证？全部由职能部门随机决定，程序可以随意改变。没有具体可以遵循的规范。应用灰色决策方法与信息系统结合，构建规范的专家研讨环境与方案选择程式。

3）城市公共项目决策信息中缺乏公众意见，公众未能在合适的阶段参与，项目决策中程序公平无法保证。例如在发现问题项目立项阶段，现行听证制度参与者的代表性不足，不能充分接纳主要利益相关者的代表。在项目实施阶段，缺少信息平台导致公共项目决策缺乏有效的自下而上的监督，到公众对项目有认识的时候，往往项目已成为既成事实。所以应用公民参与理论，采取合适的技术挖掘公众民间项目意见是解决问题的途径，将政府听取公众意见的时间提前。

本书将在第五章针对这三点主要问题，构建基于信息技术的城市公共项目决策模型，模型涵盖项目问题产生至项目结束评估整个过程，模型中对政府、专家、以公众为代表的政府以外参与者六个决策阶段中所发挥作用进行设置，完整描述了多元主体在信息技术条件协同工作的整个流程。针对模型回答如何建设统一项目决策信息库，如何将专家群决策系统与决策信息库相结合工作，如何在互联网时代将政府之外以公众为主体的意见采集、与政府信息不断迭代等问题。将政府听取公众意见的时间由项目结束提前到项目开始及项目建设过程。三个支撑模型存在的技术分别在第六、七、八章进行讨论。第九章将决策模型应用到一个具体案例，模拟出应用模型与传统决策产生的不同后果。

第5章 基于IT的城市公共项目决策总体框架

上章通过问卷调查定量定性地分析出我国政府城市公共项目决策中多主体参与过程中存在的问题，本章针对这些问题，从决策对象、决策主体、决策过程三个维度进行设计考虑，着重从笔者所学专业——“信息系统和信息管理”的角度，探寻如何在信息技术支撑下来解决这些问题。本章遵循系统工程思路，先从总体着手，建立一个多方参与的推进框架，从决策体制、决策程序和决策方法这几个层面来设计总体框架，讨论了有关信息技术支持下的多主体参与模式；然后从顶往下分解，探讨在此总体框架下信息技术如何分别对政府、专家、公众给出支持，将在后续第6、7、8章详细论述。应该说明，本书并非全面研究城市公共项目决策的全部机理和过程，而仅是从信息技术角度探讨如何支持决策，因此，内容上不牵涉更多的影响决策的如法律、社会伦理、文化、经济学等其他因素。

5.1 公共项目决策的对象—主体—过程模式

项目决策过程是由不同决策主体对不同决策对象在不同阶段完成特定的工作，这些工作都是由行为主体（决策参与主体）在某段时间（决策过程阶段）对决策客体（决策对象）进行操作，完成产生的操作结果又成为新的行为主体在新的时间段的决策客体。① 所以本书将从决策参与主体、决策过程、决策对象三个维度进行基于信息技术的城市公共项目决策模型设计。

第一维从时间上考虑为决策过程维。城市公共项目决策不是简单的项目方案选择，本书第一维为项目规划、项目方案选择（包含提出备选方案阶段、方案比较、方案选择）、项目实施、项目评估等阶段。这个维度为项目生命周期。

第二维是城市公共项目决策参与主体维。第二维研究政府、专家、公众三

① 郭华巍．基于SOP模型的城市创新能力评价指标构建研究．科技管理研究，2011(31)：50～52.

个主体。

第三维是城市公共项目中决策对象。第三维包括项目背景信息，结合了公众意见的项目信息，初步形成的多种项目方案，优化后的项目方案，项目具体实施。

三个维度形成了一个城市公共项目决策工作三维坐标（主体、阶段、对象）。坐标确定某主体在某阶段针对某对象的工作，在本书中讨论的是信息技术，在对象维的对象就固定为信息。例如（政府、项目规划、政府各部门项目信息），对应工作为涉及项目的政府部门对部门项目背景信息的采集。又如（专家、提出备选、信息），这里的信息为政府与公众交互形成的以及政府部门背景信息。对应工作是专家在此阶段利用信息资源为项目设计出不同方案。

决策模型应能完成以下具体要求：

1）政府各职能部门将本部门资料放入项目信息库供其他主体使用。公开的信息主题，应该按照“谁主管、谁负责发布”的原则，项目管理单位如滇池管理局完成信息发布组织工作，下属单位做好本部门信息收集、发布、维护等工作。

2）专家参与在项目决策已是项目决策中不能忽视的环节，但专家决策缺少项目全面信息，做出咨询不能全盘考虑，这是需要改进的地方。

3）项目决策过程中应建立公众参与渠道，并能有效发现公众对项目关注话题，并能将信息归入项目信息库。保证信息库信息囊括大部分利益群体意见。

4）建立以城市公共项目为中心，项目的审批流程为主线，面对所有主体的项目信息公开平台，便于各主体监督。

5.2　IT支持下的城市公共项目多主体决策框架

5.2.1　IT支持下城市公共项目决策模型设计依据

本节将在决策对象、决策主体、决策过程三个维度，利用信息技术作为黏合剂构建公众理想中的城市公共项目决策模型，希望能为提高城市公共项目决策的科学化提供有效的解决路径。

应用对象—主体—过程三维模式分析见第四章调查问卷结果，现有公共项目决策过程存在以下问题：

第一，本文划分的六个决策阶段中，有决策主体在应发挥作用时缺失。

第二，缺少对任何主体统一的决策对象，缺乏一个开放的平台。

第三，现实决策过程中同一个主体参与度在各个阶段差异很大，不同参与主体在同一个阶段参与度差异也很大。

第四，调查对象认可没有一个决策对象可以在六个阶段一直参与，各主体决策过程中会出现参与中断。

借鉴已有信息技术下决策路径、决策模型、决策方案品质研究的文献，[①] 结合被调查对象期望的决策主体参与的阶段，笔者进行了信息技术下公共项目决策框架设计，试图来解决这些问题。下一节对设计的依据进行讨论，框架设计依据主要从图 5.1 进行考虑。

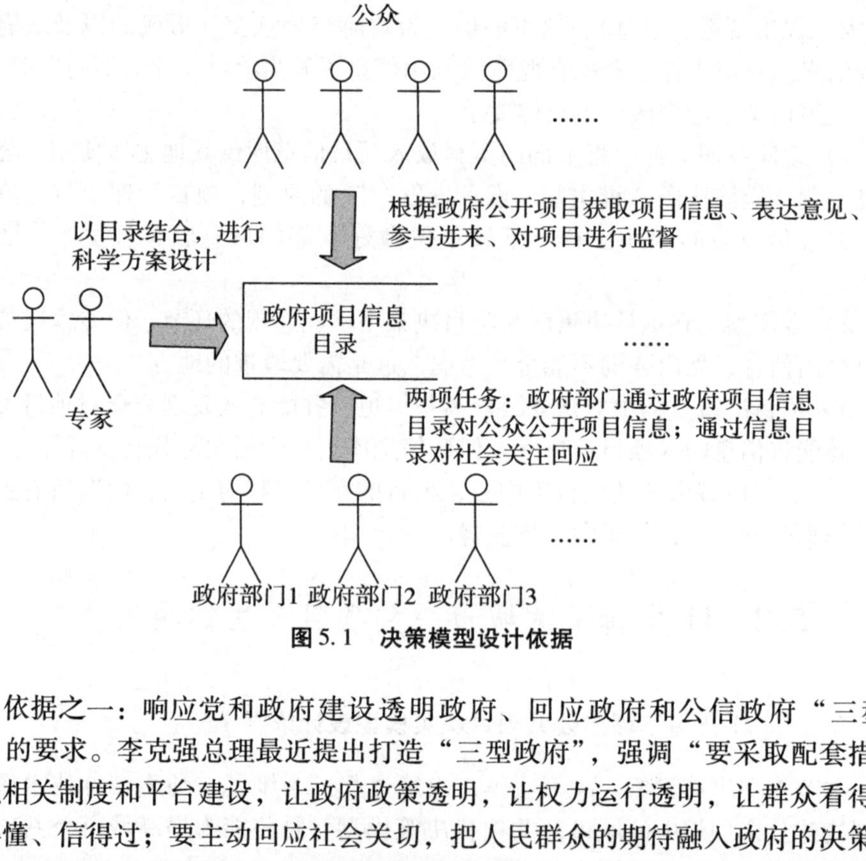

图 5.1　决策模型设计依据

依据之一：响应党和政府建设透明政府、回应政府和公信政府“三型政府”的要求。李克强总理最近提出打造“三型政府”，强调“要采取配套措施，加强相关制度和平台建设，让政府政策透明，让权力运行透明，让群众看得到、听得懂、信得过；要主动回应社会关切，把人民群众的期待融入政府的决策中，努力增强提升政府公信力、社会凝聚力的软实力”（2013 年 9 月 18 日国务院常务会议）。本书正是试图通过信息技术来构建一个对政府之外主体公开、透明的项目决策平台，保障人民群众的知情权、参与权、表达权和监督权。在平台上

① 徐晓林，刘勇．信息化与当代中国城市政府决策模型研究．管理世界，2006（7）：139 ~ 140.

汇集群众的需求及政府对群众的回应，整个项目决策将平台中的信息作为决策对象，将人民群众的期待融入项目决策。

依据之二：现代信息技术能够支撑决策模型。数据库、xml的信息编码技术、网络能为所有的主体产生的信息提供统一数据存储平台，最新信息编码技术和网络能方便地为不同主体在不同终端提供相同的内容。公众与政府不断交互，形成数据存储平台中最新内容。专家使用信息进行方案设计决策。技术可以保障每一个主体都有相同的信息基础来参与项目。这种数据开放平台不仅是简单的项目纵向决策过程链中数据的开放，甚至要形成项目决策过程链和项目决策主体之间纵横交错的开放，最后形成一张巨大的、关系交错的价值网络。

依据之三：决策主体知晓了项目信息是有效参与的保障。如果有模型中的数据平台，不同主体面对整个项目周期中反复迭代循环形成的统一信息资源，各阶段产生的项目信息通过公共项目信息目录这条主线串联在一起。即使没有持续参与项目决策的主体，也能在自己参与的阶段中通过信息目录迅速厘清项目之前的决策过程，快速在项目中发挥自己的作用。

依据之四：信息技术成为现代生活的基础，为模型的实施提供支撑。信息技术已经深入我们的生活，政府应顺应这一趋势。分析最近十多年的《中国互联网络发展状况统计报告》，总结出中国网民开始从精英阶层步向草根阶层，全国的网民数量也达到6.5亿人，城市网民数量达到了城市人口的60%以上。[①]通过手机终端进行网络连接成为网民的日常生活，可以通过便捷的访问方式保证模型中的信息对每个主体都是公开的，每个主体既是信息的使用者，同时也要成为提供者。利益相关者都有充分的机会参与其中。政府应借助现代信息技术提供多种途径对信息源进行访问。Web2.0技术为公众为中心的社交信息收集提供了可能。

依据之五：减少决策失误带来损失，增加收益。建设一个这样的公共项目平台，虽然初期政府会为平台的IT投入买单，并且要成立专门部门来负责系统的运转，感觉需要进行一笔大的投入，但却可以减少因为项目决策失误带来的巨大损失，同时能使公众满意度得到提高。每个城市公共项目平台一旦建立，今后重大项目都可以在该平台运行。后期在平台运行的项目越多，摊到每个项目的费用越是低廉。

---

① http://www.cnnic.net.cn/dtygg/dtgg/201201/t20120116_23667.html.

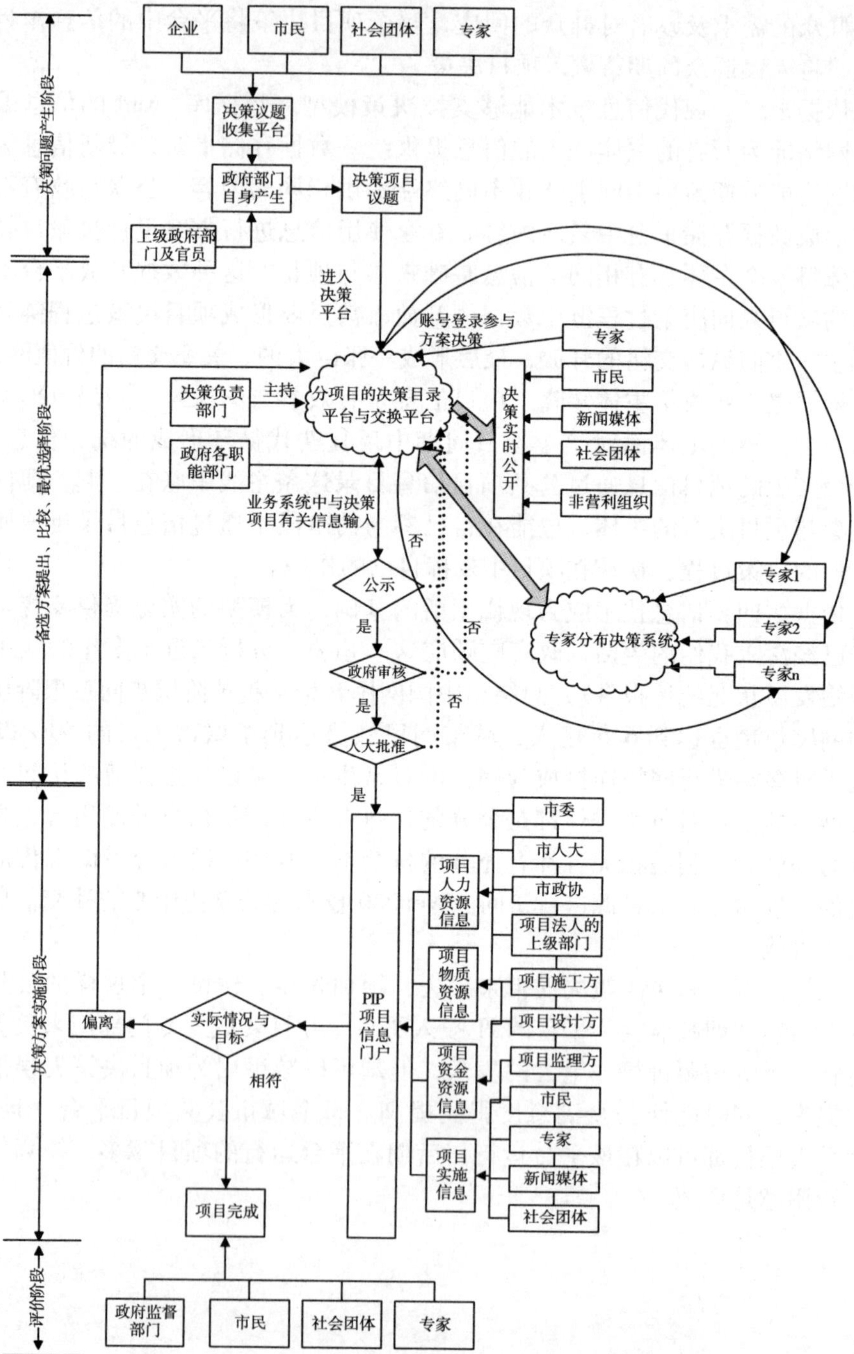

图 5.2 IT 支持下城市公共项目多主体分阶段决策总模型

5.2.2　IT支持下城市公共项目决策模型

图5.2为本书定义的IT支持下的基于城市公共项目多主体决策模型，即MAMSDM。模型中政府之外的受项目影响、对项目感兴趣的个人或团体都属于公众这个参与主体。模型图中政府部门也进行了细分，根据不同政府部门职责出现在不同的阶段，并没有简单地用政府两个字来表示。因为项目方案产生、选择与优化阶段政府与其他参与主体的交互过程是环环相扣的，产生、选择与优化形成一个循环，所以在模型中将这三个阶段合到一起设计。模型中有三个主要部分：多主体参与的项目问题形成；基于信息目录的项目方案产生、选择与优化过程；项目实施过程的监督。以下章节分别进行阐述。

5.2.2.1　MAMSDM多主体参与项目问题的产生

第4章对公共项目产生原因及是否体现社会需求进行了问卷调查，显示项目未能考虑客观实际，也是公共项目满意度低的重要原因。图5.3项目信息收集平台就是希望除了要由政府部门根据城市需要产生可能的城市公共项目，还应通过政府门户网站、报纸、有线电视等途径来征询公众意见，收集其他决策主体对政府准备开始的城市公共项目的意见，这些意见将对提高项目成功率有很大帮助，同时政府从项目论坛、项目各部门政务微博上收集公众感兴趣、关注热度高的论题，往往由这些论题可以产生与民生密切相关的城市公共项目。

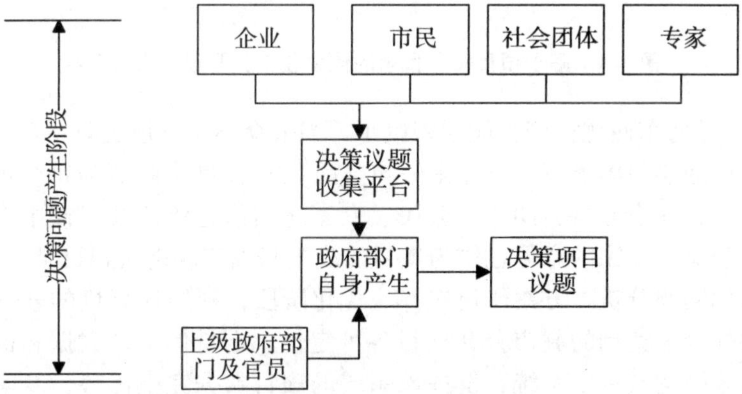

图5.3　多主体参与项目信息收集平台

5.2.2.2　MAMSDM项目信息采集、交互及方案产生

图5.4展示一个城市公共项目确定后，政府项目涉及职能部门应先将部门业务系统中涉及的项目背景信息按项目主持部门设定信息标准纳入项目新平台。同时项目信息平台主管部门在目录体系中加入项目总体介绍、项目预期等内容，

并主动通过信息技术手段发起与公众的互动，通过论坛、政府部门微博抽取其他主体的意见。将意见归类总结后放入目录体系中公众意见对应位置。第 6 章对模型中政府主导的项目信息目录的构建，如何进行信息注册、分类管理进行研究。

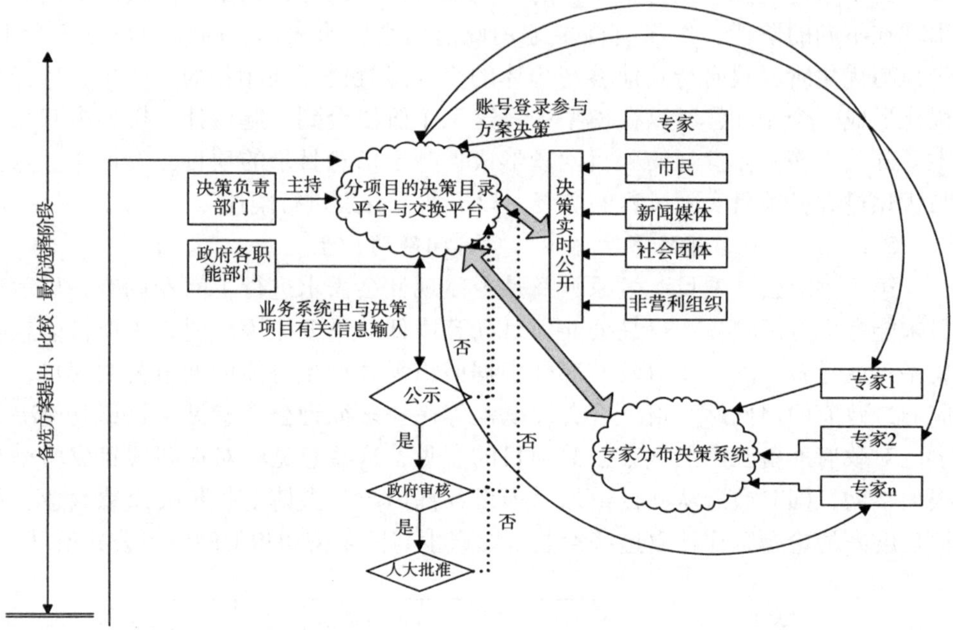

图 5.4　基于项目信息目录的信息收集、管理、决策平台

“没有任何东西比秘密更能损害民主，当公众不了解情况时，自治即所谓公民最大限度地参与国家事务只能是一句空话”。[①] 模型中政府为每个项目建立信息目录，作为政府与社会团体、公民、专家之间信息传达及反馈中介。同时社会团体、公民、专家的意见也作为项目的决策基础信息进入到目录。

项目的问题分析，方案研讨选择、优化阶段，利用计算机的软硬件将从众多社会主体处采集到的城市公共项目各种定性、定量信息及数据和群体专家有机结合起来，构成一个系统，发挥该系统的项目数据完整优势、专家群体优势去研究和解决各种复杂问题。[②]

信息目录中信息采集及使用步骤：第一，参照国家政务信息目录建设的要

① Barber, B. R. Strong Democracy: Participatory Politics for a New Age. Berkeley and Los Angeles: University of California Press, 1984.

② 钱学森. 创建系统学. 太原：山西科学技术出版社，2001.

求，建立城市公共项目政务信息资源标识编码方案。第二，参与城市公共项目决策的政府部门从自己的业务角度，提供项目背景资料。再一次，分项目分部门建立项目信息资源分类目录结构，然后将信息通过各部门账号登录信息目录平台放入结构对应的位置。第四，在项目信息共享目录的基础上建立信息交换目录，供政府决策部门、专家、公众依照不同的权限查询、浏览到自己关心的项目信息，下载项目背景数据。如图 5.5：

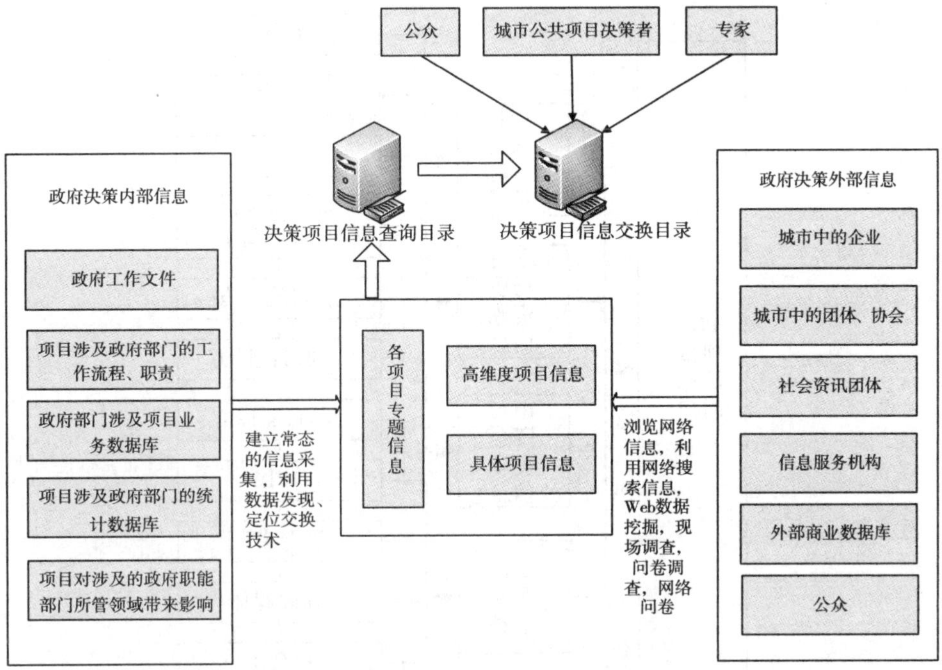

图 5.5　信息目录、信息采集及使用流程图

图 5.5 的左边方框代表的是以项目审批、决策流程为主线，按照项目涉及单位“谁主管、谁发布”的原则进行项目信息收集、发布和维护工作，信息来自政府内部。城市公共项目信息按照统一的编码规则进行编码，方便其他用户的定位。

图 5.5 的右边方框代表的是政府外部的项目信息，是政府部门通过浏览官方和民间论坛，利用网络的搜索功能形成关于项目的公众信息。项目收集部门将项目公众意见按两段编码规则编码，放入项目信息目录。公众与政府面对同一个信息源，公众在理解政府要做什么的基础上，不断有针对性地提出自己的意见；政府对公众意见总结并纳入信息目录，不断回应公众的意见。这样专家在咨询时就能在全面了解项目实际情况和公众意愿的基础上，做出科学的方案

设计。第 7 章将对基于政府项目信息目录的专家群决策进行详细研究。

5.2.2.3 MAMSDM 中项目过程监督平台

图 5.6 展示在城市公共项目信息平台下，实施单位作为实施阶段的信息提供者。实施单位将项目进展信息公布门户网站；政府、专家、公众从平台获得项目执行进展信息，将项目情况与计划对比，进行监督，同时通过信息平台对项目在实施过程中需要公众讨论的议题征求意见，对项目做出修正。

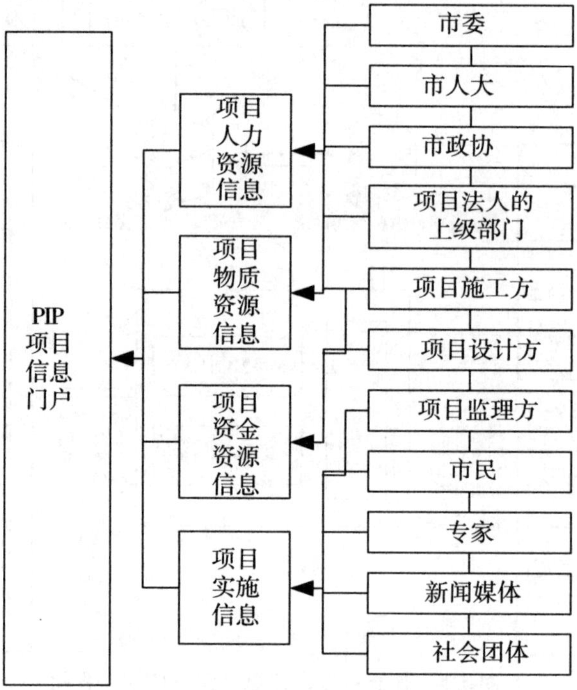

图 5.6 项目即时信息监督平台

城市公共项目在决策过程中，经常会在执行过程中出现偏差，最后导致结果与当初设计预期不一致，这主要是因为在执行过程中的监督不力。以往的监督主要是靠政府的内部部门进行监督，这是远远不够的。信息技术的发展尤其是网络的普及将强化多角度的监督，直接将广大民众、新闻媒体、社会团体和政府城市公共项目负责部门结合在一起，将决策监督反馈中的中间环节省略。传统的监督主要是通过举报电话、传真、举报信等渠道进行，只涉及举报人的个人观点，并不能引起足够的重视。而在网络上，一个观点很快就被放大，形成不可不重视的力量。在信息技术支持下，可通过项目门户网站对项目要求强制公开，公众可以将自己对项目的质疑跳过中间环节直接向项目实施部门的监管部门反映。让执行过程接受群众的监督，保证以公众满不满意、高不高兴、赞成不赞成作为判断决策质量的标准，才能使公共项目决策最大限度地符合广大群众的利益。例如：北京至沈阳高铁项目在 2009 年获得国家发展和改革委员会批复，但 2009 年、2010 年两次环评均未获环保部的审核通过。而在 2012 年该项目的第三次环保评估时，在环保部网站上公布《新建铁路北京至沈阳客运专线工程影响报告书简本》。报告称，向沿线小区总共发放 2782 份调查问卷，只有 138 份反对。居民在网站获悉消息后，对数字表示怀疑，通过自己独立调查，得到 80% 的居民反对在人口密集区域修建高铁。对环评报告的真伪质疑，促使北京市规划委表示“方案研究好，还会和老百姓见面的，一定直到大家满意为止，这个方案才能过得去”，体现了公众的监督能力。

5.2.3　MAMSDM 可行性验证

模型设计出来，本书采用了两种方式对模型的可行性进行验证。第一种方式，找到完成第 4 章关于城市政府重大公共项目决策问卷调查的 35 名昆明市被调查者。由笔者向他们介绍整个模型的框架，决策运行流程，各阶段参与主体及采用的参与技术，最后让他们完成附录三：调查问卷模型实施效果调查，问卷每个题的答案均采用李克特量表，从非常同意到非常不同意，依次记 1 到 5 分，问卷每题平均得分均在 1 ~ 2 之间。总结他们的看法得到表 5.1。

表 5.1　受访者认可的模型对问题的解决

问题归属范围	具体问题	模型是否能解决问题
公共项目决策中主体	少数精英主导	扩大参与面，项目面向参与主体公开、透明
	多元主体参与情况	扩大多元参与范围
	政府内部决策素质	专家在对项目全面了解的基础上提供咨询
公共项目决策中研制程序	公共项目问题确认	将公众的参与时间提前，由项目结束后参与变为开始时就参与
	公共项目目标验证	听取公众对项目的意义评论
	公共项目方案设计	专家基于全面的意见进行方案设计
	公共项目方案监督	由分阶段监督变为全过程监督
	公共项目方案评估	由政府主导评估变为多元评估

续 表

问题归属范围	具体问题	模型是否能解决问题
公共项目决策外部环境	公共项目信息是否公开	不同主体通过信息目录了解信息，政府真正变为“三型政府”
	决策是否能看到不同利益诉求	由看到一部分变为全面了解
	是否有不同利益诉求进入渠道	计算机与网络成为公众日常生活一部分，按模型极大扩宽诉求进入渠道

第二种方式笔者通过在云南省环境保护厅以及滇池管理委员会的朋友，召集他们身边的同事，组织了一个小型的研讨会。会议人员为云南省环保厅污染防治处、环境影响评价处、湖泊保护与治理处工作人员，还有云南省十二五期间省科技厅滇池水治理项目组成员，总共12人。环境影响评价处的工作职责主要是负责协调规划和建设项目的环境影响评价工作。污染防治处负责监督城市水体、大气、土壤、固体废物、危险废物以及机动车尾气污染防治工作。湖泊保护与治理处负责拟定九大高原湖泊水污染综合防治规划，组织指导九大湖泊的水污染保护与治理的试点示范。治理项目组的主要研究内容为如何将多种技术（生物、物理、化学）一起使用于改善滇池水质。他们对公共项目立项、设计、批准、实施的整个过程有着相当的实际经验。采用座谈的方式，由笔者向他们介绍本书所做的前期调研工作，通过问卷提取出公众认可的项目问题，设计这个模型想要解决这些存在的问题。

介绍完模型后，对参会人员提出三个问题：第一，对模型的结构是否已经清楚，明白模型要完成什么工作；第二，如果将整个模型应用到环境治理项目中是否会对项目质量提高有帮助；第三，您认为模型在实际使用中会面临哪些问题。

12位参会人员均表示理解模型是针对信息技术条件如何联系群众，做到项目决策体现公平、公正的好方法，在笔者的讲解下都能清楚模型设计实施的过程。针对第二个问题，参会人员一致认为模型的优点在于从整个过程来考虑项目决策，如果能够按照整个过程进行决策，能避免由于考虑不全造成项目好心办坏事，必然能提高项目水平。现实情况在现代社会中公众通过传统的报纸、政府公告、电视来获取资讯的比例已经很低，越来越多的人是通过电脑终端、移动终端来进行自己日常生活、工作、娱乐的。政府如果还采用传统方式对公共事务进行管理，则无法有效地让目标人群知晓政府的项目主张，政府同样不能有效获得公众观点，无法使公众真正参与到项目中，对公众观点进行有的放矢的回应，使项目成为真正的民心工程。

针对第三个问题与会人员质疑最多的在于：如果项目决策阶段全部走一遍，工作量太大，在实际工作中似乎不可能。对此，笔者向他们解释模型是根据完整的项目决策过程划分对应设计，在实际应用中可以根据项目需要，对不同阶段采取不同的重视程度。例如项目非常需要公众的支持才能顺利开展，就需要在问题提出阶段就广泛利用信息技术手段与公众深入交流，确实摸准项目要解决的问题。又比如当项目存在两种争执较大的实施方案，方案又各有利弊时，就需要专家在基于全面意见的项目资源库的专家群决策系统进行反复讨论，逐步对两种方案优劣形成全面、客观的看法，最后供政府部门作出最后抉择。阶段实施周期长短是可以根据项目实际需要进行调整的。因为有项目信息目录的存在，可以保证将信息在不同阶段以不同形式向不同主体展示，不会出现因在前面某阶段未参与而造成后面阶段无法参与进来。整个模型真正不可缺少的是一个面向所有决策主体的统一的项目信息资源库，一个通过现代信息技术面向公众的项目信息采集机制，一个基于项目资源库的专家群决策。

此外，本书在第 9 章中的水葫芦治理滇池应用模型对云南省昆明市水葫芦治理滇池污染项目 2011 ~2012 年度项目过程进行模拟，在模拟过程中，通过论坛帖子聚类挖掘出了公众对项目的意见。诸如：水葫芦打捞时间要提前；种植量不能超出实际打捞能力；防护栏过低或圈养装置损坏可能造成水葫芦逃逸出圈养区域。这些意见在 2011 ~2012 年度项目实际过程中都出现，在 2012 ~2013 年度项目实施过程中特别注意，避免了这些问题的出现。2013 年 9 月 6 日云南生态农业研究所所长那中元喝下了滇池紫根水葫芦核心治理区清澈的滇池水后，现场观测水中无颗粒物，但感觉瓶子里的水有一层淡淡的绿色，经研究人员仪器检测实验区水质已达到三类标准。说明经过两年的水葫芦生物治理，水质改善明显。如果当时在 2011 ~2012 年度项目实施过程中，就应用信息技术来采集各方预先提出的对项目实施过程中可能出现的问题，那么在第一年治理过程中就不会出现那么多考虑遗漏的地方，项目既会有显著的治理效果，又会使项目的公众支持提高。

5.3　MAMSDM 对于政府公共项目决策的改进探讨

5.3.1　MAMSDM 模型体现“善治”理论

“善治”理论是指政府机关或者拥有公共权力的机关和组织如何管理自己、提供公共服务的问题。

善治的基本要素包括以下六个方面：①

1）合法性。主要是指社会秩序和权威被自觉认可和服从的性质和状态。

2）透明性。它是指政治信息的公开性。每一个公民都有权获得与自己的利益相关的政府政策信息。

3）责任性。在社会公共管理活动中，政府部门管理人员要对他们所做出的决策活动负有一定的职责和义务。

4）法治。法治是“善治”的基础，必须有健全的法制来对公共项目决策参与主体的权利进行保障，对政府行为进行制约。

5）回应。政府部门的公共管理人员必须对公民的诉求作出及时的回应。

6）有效。这里主要指管理的效率。一是管理机构设置合理、管理程序科学、管理活动灵动；二是最大限度地降低管理成本。

信息技术下的城市公共项目决策模型是“善治”理论的具体体现。

第一，必然实现了参与主体比传统行政管理增多。

第二，实现了政府部门在城市公共项目决策中的作用转变。

第三，改变了信息存储、查询、获取方式。满足了善治理论的透明性、责任性、法治要素。

第四，有助于为城市公共项目各决策主体知情权的实现提供了物质基础。使决策权力的运行过程公开化、透明化。

第五，扩大决策者对信息的掌控能力，提高处理的速度，信息的综合分析能力。

5.3.2 MAMSDM 模型建立统一信息资源

基于信息资源中心的组织信息共享机制理论认为知识管理可让组织做出快速的、信息充分的、有效的决策。而信息资源中心是物理组织的信息存储中心，是组织知识管理和资源共享的战略框架，城市公共项目决策中要建立这种共享机制。②

首先，城市政府公共项目参照国家政务信息目录建设的要求，建立本城市公共项目信息资源标识编码方案。其次，参与城市公共项目决策的不同政府部

① 俞可平．治理与善治．北京：社会科学文献出版社，2000：46～55；张湘宜．善治理论视角下的政府公共关系中公共信息共享模式研究．前沿，2013（6）：27～28；许磊．基于政府与公民社会关系视角推进我国行政决策的民主化．管理观察，2013（21）：93～94.

② Edward B. Stear & Joel Wecksell. Information Resource Center Management（IRCM），American Society for Information Science. Bulletin of the American Society for Information Science, vol. 23, Iss. 4, 1997.

门可以从项目与自己的业务有关的角度出发，提供项目方案设计所需要的资料。再次，分项目分部门建立项目信息资源分类目录，然后将信息通过各部门账号登录信息目录平台填到对应的位置。最后，在项目信息共享目录的基础上建立信息交换目录，供政府决策部门、专家、公众依照不同的权限查询、浏览到自己关心的项目信息，下载项目背景数据，为项目决策方案出台贡献自己的力量。

决策知识目录共享交换树与传统的决策支持系统中的知识库的概念有着本质的不同。传统的决策系统的知识库是以数据库作为存储方式，所以存储的信息和数据主要是描述性信息，而在知识目录树中可以提供形式更为多样的存储格式，可以有描述性知识、推断性知识，以音频、视频记录的知识。

5.3.3　MAMSDM 模型改进公共项目决策全过程

传统的城市公共项目决策的模式是图 5.7 的一个封闭过程。

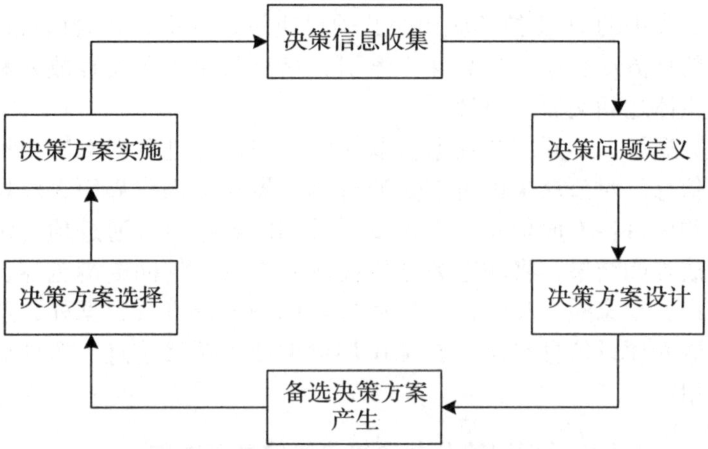

图 5.7　传统的城市公共项目决策过程

在传统的公共项目决策过程中，参与的主体始终集中于政府部门。没有充分利用政府、公众、咨询者和实施者自身的优势，决策过程封闭，各主体缺少信息交换的场所。

改进后的决策模型中按项目建立信息目录体系，项目决策的政府主管部门负责定义各主体获取项目信息的权限。政府内部人员将本部门关于项目日常工作的信息、文档、数据和政策规定进行信息编码，注册到目录相应位置。主动或被动地进行公众建议采集，由项目决策部门工作人员分类，在信息目录中编码，注册到目录相应位置。而专家则可以利用信息的查找、定位，在信息目录中获取自己关注的数据，并从原始数据中挖掘预测新的知识，用政府内外部信息支持自己在决策平台中的意见，做出正确的判断。

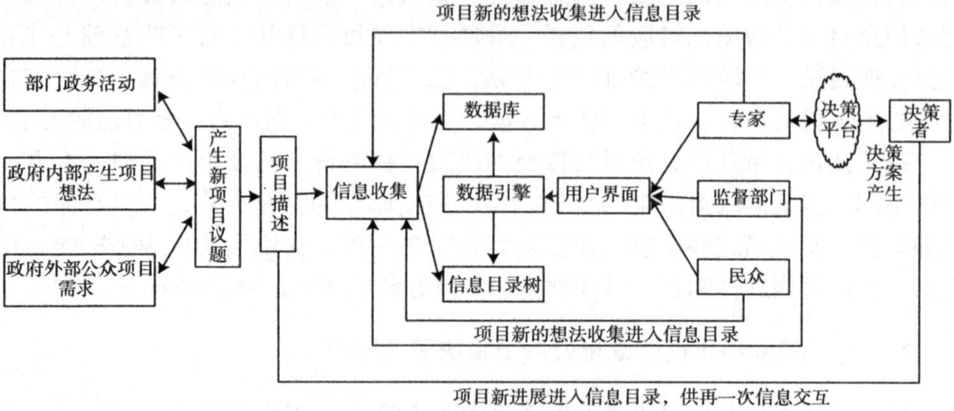

图 5.8 IT 支持的城市公共项目决策过程

在图 5.8 改进的 IT 支持的城市公共项目决策过程中，政府信息由内部封闭变为内外部信息流动交换、信息建立索引在信息目录中分类存放，利用信息目录作为参与主体之间交流的纽带。

同一个数据源，不同用户数据获取权限不同，通过数据引擎根据用户服务申请来提取信息。对公众来说可能是通过浏览器作为操作界面，以树的形式展示在建的公共项目各方面信息，点击要查看的内容条目，通过预先定义好的服务接口，生成查询结果，将动态数据拼接成静态页面传回给浏览器，再由浏览器呈现给用户。专家除了和公众一样通过调用浏览器查看数据外，还可以利用决策平台中嵌入项目信息目录，在工作环境中使用项目信息，实现对数据的深层次开发利用。

5.3.4 MAMSDM 模型消除公共项目决策信息不对称

信息不对称理论是由美国的三位诺贝尔奖获得者提出：乔治·阿克洛夫（George Akerlof）研究了产品市场上的信息不对称；斯宾塞（Michael Spence）研究的是劳动力市场的信息不对称，拥有者主动发布信息，使自己从同类中被识别出来；斯蒂格利茨从如何建立机制使得不具备信息一方来筛选有信息的一方，获得信息，实现市场效率，分析了由于信息的缺乏，买方的逆向选择造成了劣币驱逐良币，导致市场供给产品质量恶化的案例。通过设立中间机构公布信息来减少由于信息不对称引起的逆向选择和道德风险。采取信息共享目录是设立中间机构的一种形式。①

在对信息的掌握上，决策问题提出阶段，一些利益集团处于信息的优势地位。在决策方案的制定、选择、优化阶段，决策层的主要决策者与专家则处于信息的优势地位。在政府决策执行阶段，具体的执行者和政府机构的工作人员处于信息的优势地位。在决策的评估阶段，社会公众处于信息的优势地位。各主体间始终存在信息不对称的现象，决策过程能否体现科学性、民主性，有赖于是否能让各方发挥自己掌握的信息，将决策权力与信息相结合，制定和完善各类主体参与机制，提供确实有效的参与措施，减少信息的代理成本。通过项目信息目录消除各主体信息的不对称问题。

5.3.5　MAMSDM 模型改善公共项目决策政府失灵现象

政府公共项目的建设也是公众委托政府代理提供公共物品的一种实现方式，但由于代理人与委托人之间信息的不对称，缺乏对代理人有效监督，就会出现政府失灵现象。②

城市公共项目政府失灵的现象从信息方面有以下原因：

1）信息不足，政府不一定知道其政策的全部成本和收益，也不清楚项目执行后果，公众无法从政府处获取到公共事务的信息。

2）官僚主义，政府决策过程中缺乏监督，造成决策过程僵化与不透明。

3）代理机制下，政府缺乏项目公众利益表达体系，无法获取公众真实喜好。

在 MAMSDM 模型中专家借助目录群决策系统，能对项目不同方案的优劣进行细致分析，对执行结果预计，公众、政府能在模型中了解项目实际进展；政府的决策过程也可以接受其他主体监督；信息目录中包含的是公众切身意见，公众意见有了直接的收集渠道与方法。信息技术创建了多主体发挥作用的虚拟空间。

5.4　MAMSDM 模型中各阶段参与主体配置

本书将完整的政府公共项目决策过程划分为六个环节，在先进的信息技术支撑下对原有的相关制度进行调整与完善，把原来封闭的决策过程变为开放的

① Stiglitz, Joseph E. & Weiss, Amdrew. Credit Rationing in Markets with Imperfect Information. American Economic Review, vol. 71, Iss 3, 393 ~ 410.

② Stephen A. Ross. The Economic Theory of Agency: the Principal's Problem. The American Economic Review, vol. 63, No. 2 (may, 1973), 134 ~ 139.

决策过程，将原来一条线的决策过程变为一个时时监控，政府与公众不断互动反馈，具有“公开性”“透明性”“互动性”“回应性”“监督性”的决策过程。

首先，哈耶克从企业创新决策的角度，从“不完全理性”的思想出发，提出了企业创新决策的正确取决于决策权和对决策起支撑作用的知识之间匹配的观点。公共项目中决策权配置是一个复杂的问题，基于信息技术的项目决策模型中政府、专家、执行者和公众共同决策是在治理理论下共同参与模型。各主体在不同阶段参与程度不同。

表5.2中政府是作为组织者，信息的主要提供者，方案的最终决策者，需要全程参与；专家在可以发挥自身优势的方案选优阶段与评估阶段，需要积极参与；公众在问题产生阶段积极参与，可以完善项目的需求，在不断完善的过程中的参与，可以保证项目与实际需求的符合；实施者则在备选方案提出阶段积极参与进来，以丰富的实际现场经验提出尽可能多的可行方案。

表5.2　四个主体各阶段理想参与配置表

	政府	专家	公众	实施者
问题产生阶段	组织		积极参与	
备选方案阶段	组织，信息提供	参与		积极参与
比较方案阶段	组织，信息提供	积极参与	参与	
最优方案阶段	组织，决定权	积极参与	参与	
方案实施阶段	组织，参与	参与	参与	实施
方案评估阶段	组织，参与	积极参与	参与	

5.4.1　问题产生阶段参与主体配置

在公共项目的问题产生阶段里，政府应对项目方案无喜好之分，应该通过信息技术将监督政府的权力合理地分摊给其他参与者，丰富他们在整个项目决策过程发言的途径，让他们有充分的空间来表达自己的利益诉求和价值偏好。政府听到的声音越多，做出的项目决策会就越有群众基础，就越能得到民意的支持。所以在决策的第一阶段中，政府应把自己放在一个倾听者的角度，而不是一个决断者的角度，让民众、专家能以一种自由的心态参与进来。政府的作用表现为集中听取各方的意见，将各方的利益诉求有效的汇集起来，以确定项目的立项，立项为这阶段的结束。

5.4.2　提出备选方案阶段参与主体配置

在公共项目决策的第二阶段提出备选方案阶段里，决策的核心任务是政府根据第一阶段形成的项目需求，组织专家、项目实施者根据实际的情况和适用的技术，提出尽可能多的解决方案。

因此在此阶段，政府的角色应该是一个项目组织者。专家可以作为独立的人员提出尽可能多的成功方案应考虑的方面，公众在这个阶段的任务是表达自己对项目方案的多角度关注点。在这个阶段项目实施者要发挥重要作用，尽可能以自己对项目的了解，以自己的观点全面考虑问题，设计出多种实施方案。

5.4.3　比较方案与选择最优方案阶段参与主体配置

在比较方案与选择最优方案阶段，需要专家的积极参与。在多种备选方案的基础上，利用专家在自己从事行业具有的专业知识和丰富的实践经验，对多个备选方案进行设计和评价，找出各自的优缺点，经过专家的集体研讨，形成一致性意见，选择出较好的方案，供政府部门做决断。

在方案比较选择阶段，也应该维护公民的知情权，保障公民的参与权。政府除了收集公众的呼声，还应该进行积极的回应，在项目最后要拍板的时候，再次听取公众的建议，公众这时候可以从供选择的方案中是否考虑了公众意见，看出政府对公众需求和所提出的问题的重视程度。

因此在此阶段，政府的角色应该是一个主要信息收集者与整理者，专家和公众参与信息提供。专家利用系统的信息目录，对提出的方案进行评价、打分，将多个专家不同决策方案选择联结，得到供政府选择的方案；公众在这个阶段任务是表达自己对方案的喜好，作为专家、政府评判的依据。

5.4.4　公共项目决策方案实施阶段参与主体配置

在决策方案实施阶段，对项目实施的监督是决策过程中不可或缺的重要一环，是保证决策方案的目标是否能取得预期效果的重要保障。在多元参与的决策模型中，政府职能部门、政府内部监督机构、社会非政府组织、民间组织、专家以及广大公众所组成的多元参与网络，通过实施部门定期将项目信息公开以及在现场对工程项目的监督，强化对城市公共项目决策执行的监督。对于偏离决策目标的执行情况，可以通过新闻媒体、网络舆论、电子邮箱、市长信箱、新闻论坛向有关部门进行及时的信息反馈，政府也可以主动通过网络，以网上咨询的方式，由政府职能部门及时进行修正，保证公共项目决策结果的执行力。

5.4.5 公共项目方案评估阶段参与主体配置

公共项目评估是决策项目完成后，评估者运用科学的方法和手段，对政府决策的制定过程、执行过程及其实施效果进行分析、打分、给出评价的一种活动过程。为项目找出成功的经验与失败的教训，这些经验教训加入到项目信息目录中的案例目录中，供此后的城市公共项目决策借鉴。对决策过程的评估可以在问题提出阶段、制定方案阶段、决策方案执行阶段进行阶段评估，或等项目完成进行统一的评估。信息技术的广泛运用能对决策的整个过程便利的跟踪，加强阶段评估，根据上一阶段评估对下一阶段决策结果进行调整。信息技术的运用使得采集到专家、学者及市民对决策过程的评价数据准确及时。在信息技术的支撑下，评价者范围得以扩大，评价者可以足不出户，通过互联网终端模拟得到评估。

5.5 本章小结

本章从治理角度讨论上章通过问卷调查定量定性地分析出我国政府城市公共项目决策中多主体参与过程中存在的问题。本章针对这些问题，从决策对象、决策主体、决策过程三个维度进行设计考虑，着重从笔者所学专业——“信息系统和信息管理”的角度，探寻如何在信息技术支撑下来解决这些问题。本章遵循系统工程思路，先从总体着手，建立一个多方参与的推进框架（MAMS-DM），从决策体制、决策程序和决策方法这几个层面来设计总体框架，讨论了信息技术支持下的多主体参与模式对政府公共项目决策改进，模型中各阶段参与主体配置；然后从顶往下分解，探讨在此总体框架下政府、专家、公众完成什么工作，如何在信息技术基础上完成，将分别在后续第 6、7、8 章详细论述。模型中实施者参与城市重大公共项目的重心在项目实施阶段，而保证一个项目正确更需要在前期政府与公众的充分交流，所以在本书中限于篇幅未对实施者参与进行详细研究。

第6章 城市公共项目决策中IT对政府的支持

第5章提出了一个完整的IT支持城市公共项目决策的多元多阶段参与总模型（MAMSDM）。在该模型中，需要有一个完整的项目信息库才能将多主体在整个决策过程中聚合在一起。因此，本章从IT对政府支持的视角出发，首先，研究建立城市公共项目信息库，这是实现整个城市公共项目应用信息技术的基础；其次，进行了城市公共项目决策信息资源共享时的属性分类研究，解决激励政府部门信息共享问题；再次，按照目录共享体系与交换体系标准，探讨了一个完整的城市公共项目信息资源目录建立过程，并在体系基础上进行交换模式、标准研究；最后，研究了城市公共项目目录体系中静态、动态信息资源的采集模式。以城市公共项目信息目录作为整个公共项目决策模型的核心，保证各主体顺利进行项目信息检索、访问、利用，是对城市公共项目进行监督，保证项目决策过程程序正义的关键。

6.1 从政府责任和目前决策存在问题两方面分析IT改进举措

利用MAMSDM模型中的项目信息目录解决各方信息沟通渠道问题、项目监督问题。能做到：第一，要收集各方面的意见，听取各方面意见，对问题的过去、现状及未来趋势有全面了解，确保决策目标科学正确。第二，将有关部门项目数据、公众项目意见有序组织到信息目录中，供各主体能全面考虑，公众与政府进行看得到回应的交互，公众授予项目合法性，政府部门决策过程受到监督。第三，将熟悉这类项目的专家、咨询组，利用网络聚集到一起的平台，用全面的数据工作。①

① 胡小明．多视角看信息资源开发利用．电子政务，2013（1）：61~66.

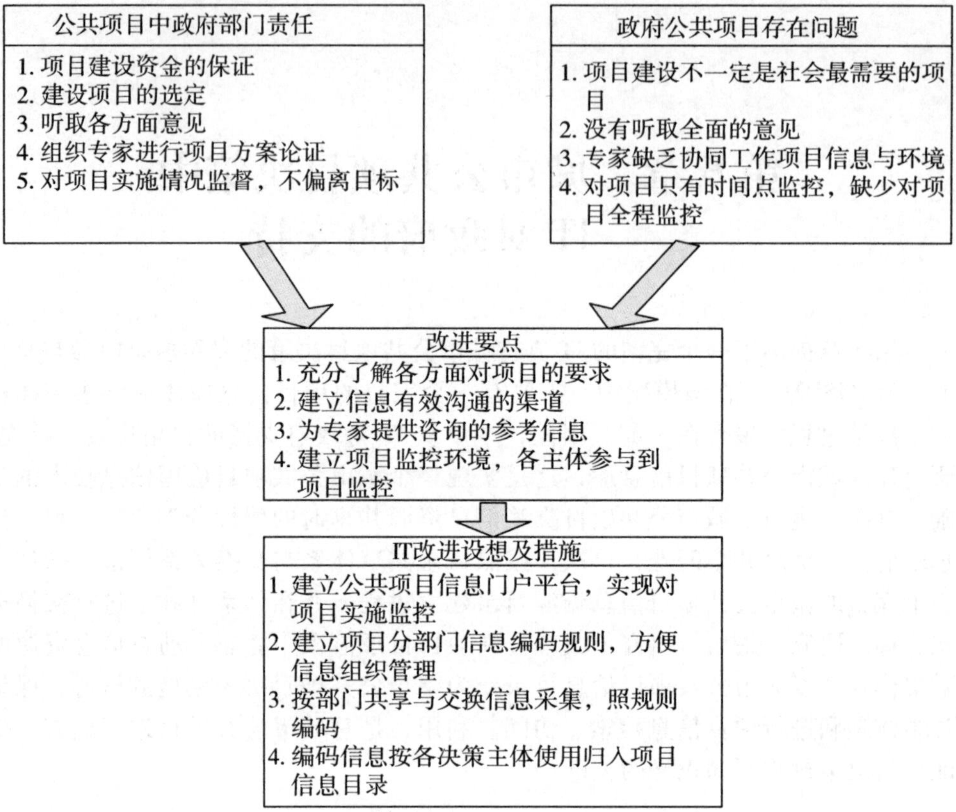

图 6.1　政府责任及 IT 对政府工作改进措施

所以对政府而言利用信息技术要做以下工作。

第一，建立城市公共项目信息公开决策平台，项目决策过程能在平台上找到痕迹。

第二，研究项目信息编码规则与组织形式，按项目涉及的部门与公众建立决策信息目录。

第三，建立信息查询、交换规则，方便各方信息集成、流动。

第四，做好信息收集、发布和维护工作。

6.2　公共项目决策信息平台

对项目的决策提供信息，影响决策方案设计的多个政府组织部门，它们分别提供不同方面的信息，有的提供项目地理方面的信息，有的提供项目经过区域的电路路线图、地下管道图，有的提供项目涉及区域的人口数据，有的负责项目实施的环境评估。

这些政府部门有的信息化程度已经很高，有的才步入信息化阶段。

例如：A 单位建立起了本单位的办公网络，采用客户机/服务器结构，单位的公文流转，包括信息门户上的部分数据也是从工作系统获取。

B 单位是内部有若干的管理信息系统，各管理系统数据之间无联系，部门通过网站共享基本的单位规定和允许上网的业务数据。

C 单位是有统一数据库为基础的业务系统，但是由于数据源采集的信息不可靠，只有部分业务使用，除了少部分数据可以从系统中直接应用，其余部分则处于闲置状态。单位有多个业务系统都是独立运行的，彼此之间无数据接口。

D 单位是目前未使用信息系统，所有的信息的收集、整理工作基本是由个人使用办公软件完成。

我们可以大概将政府部门信息系统的使用状况分为三类：第一类，已经较好应用信息网络平台进行办公，如 B 部门。第二类，没有自己单独的信息网络，其信息的收集、整理工作仍然停留在手工阶段，如 D 部门。第三类，由于历史系统建设的原因，各个系统之间没有联系、独立运行，彼此之间没有接口，如 C 部门。

集成多个部门的信息是建立政府项目信息目录的基础，也是公共项目科学决策的信息基础，其信息提供方式也必然要由各部门独立转变为各部门系统化的提供项目信息，供各主体完全共享。

多部门城市公共项目决策信息平台是指这样一种结构：首先，众多涉及城市公共项目的政府部门拥有一个共同的集成项目决策信息平台。在信息平台上，用户从自己的专门渠道提供本部门关于公共项目的信息。每个政府部门都是向城市公共项目决策信息平台提供基础数据的部门级数据模型。其次，信息的访问由用户所处地位决定。专家、公众、政府部门的上级部门、媒体对数据访问是根据角色、通过不同界面获取不同信息。最后，除了从各部门数据模型中提取政府项目信息外，还要获取政府外部主体（公众、专家、媒体）对项目的看法，以及将类似项目的项目解决案例放入信息库中作参考。

6.2.1　城市公共项目决策信息门户

笔者认为应用 IT 技术搭建一个不受时间、空间限制的各主体协同工作的环境，能够在项目决策过程中消除未知性，其他主体对政府采取项目行动提供监控，在项目决策过程有效传递数据、资料、情报和知识。

城市公共项目决策信息门户的概念借鉴了企业信息门户概念。先回顾企业信息门户发展历程：

第一阶段，在 Internet 兴起的初期，部门企业通过建立 Web 网站来进行企业宣传，供互联网用户浏览，这一时期的信息流动是单向的，用户与网站、网站中企业之间缺乏信息流动。

第二阶段，随着 Web 技术和数据库技术的结合，企业信息门户涵盖了企业业务活动，成为企业的主要信息产生源，信息门户也成为企业员工工作场所。

第三阶段，企业门户在自身业务活动基础上，企业业务单位也借助信息接口加入门户的业务，形成企业群门户。对政府部门类似城市公共项目的工作人员、公众、办事人员、媒体也可以如同企业业务单位一样加入政府公共项目信息门户，只不过获得信息范围不同。①

现在手机等各种移动终端越来越强大，全国使用智能终端上网的用户已经占到上网用户数的半数以上，移动互联网具有高便携性、隐私性高、应用轻便等特点。移动商务的人性化和互动性可以实现以人为本的个性化服务，通过移动互联网实现对企业自身内部信息化系统的接入，拓展企业信息化平台的功能性、实用性和便捷性。②

6.2.1.1　城市公共项目信息门户构成

城市公共项目信息门户是利用电子手段实现多主体共同参与城市公共项目决策的一种实现模式，是一个基于网络的信息集成系统，将关于城市公共项目各决策主体贡献的信息分门别类，集成到统一的目录上，根据目录信息进行决策，决策得到的信息又进入目录影响下一步决策。

城市公共项目决策信息门户还可以连接各个城市公共项目信息门户，形成多个城市公共项目网站组成的信息门户群。

图 6.2 是本书总模型下用户访问项目信息流程图，在图的右边是项目政府各部门与公众项目信息的采集节点，信息采集后按编码规则进入项目目录体系。信息目录体系在信息门户网页上展示，各参与主体可以在 Web 页面查看项目。专家系统可以嵌入信息目录，除了查看还可获取数据进行一定的计算。

---

① 郭少友．企业门户发展初探．现代情报，2003（5）：158～159.

② 杨义恒．企业移动互联网的构建与发展．中国电子商务，2012（10）：254.

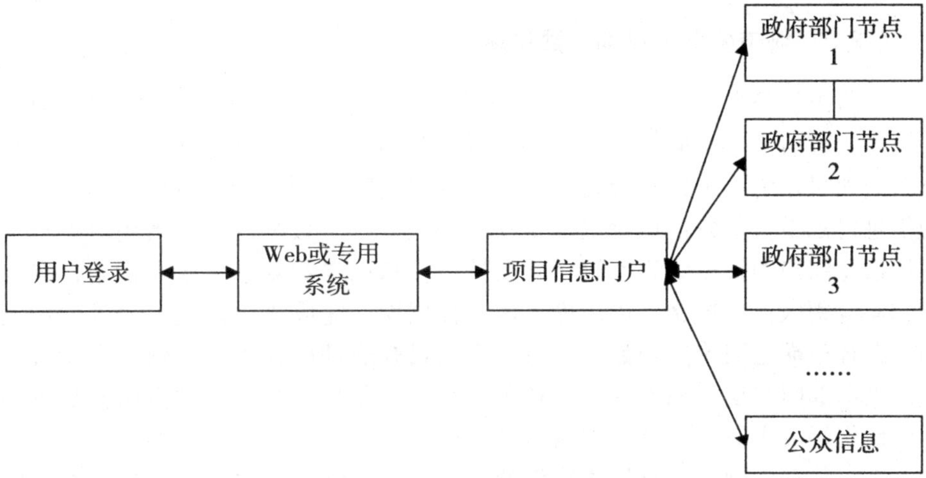

图6.2　用户访问项目信息门户流程

6.2.1.2　城市公共项目信息门户特点

（1）统一的访问方式

用户使用自己的账号或匿名方式访问城市公共项目信息平台主页，按自己权限获取访问公共信息。对于决策信息维护部门来说，数据维护只需在中央后台服务器上进行，或是由加入项目决策信息门户的政府部门来维护自己的信息。

（2）集成项目涉及政府部门

项目决策信息平台将项目涉及部门的信息目录予以展示，能全面了解客观制约项目因素和民意的情况，信息平台消除了决策信息的滞后性与片面性。

（3）可集成嵌入其他系统

项目决策信息平台除了供用户进行Web查询，还可以通过数据接口进行连接，调用原始数据做高层次的数据分析。例如第7章基于平台专家分布系统就是在一个专门决策系统中，专家通过服务申请、服务调用来获取信息平台的信息。通过将信息目录嵌入专家系统，构成一个基于项目全面信息的专家工作数字平台。

（4）个性化的信息服务

项目决策信息平台的数据是根据不同用户提取，每个用户看到不同等级的信息，公共项目决策过程信息门户是政府公共项目信息系统与电子政务两大应用的结合，既可以完成对外业务办理，又可完成内部业务流程。通过与项目涉及政府部门的业务信息系统的集成，整个集成信息链优化整合和发布存储在内部和外部的各种信息，使各决策主体能够个性化访问其所需要信息。

6.2.2 城市公共项目部门数据库

项目决策信息门户在参与项目决策的用户之间提供了一个统一访问界面，将众多的政府部门、监督部门、决策者、参与专家和公众等联系在一起，把城市公共项目作为一个共同管理的对象纳入了决策平台。在项目决策信息门户上的信息目录中，每条信息对应一个政府部门的一个数据源。每当用户点击项目决策信息门户的某项信息连接，就会按照接口的参数要求传入点击者，查询条件，向应用服务器提交申请，进入信息数据库，完成该用户权限允许的信息查询，在客户端返回希望的数据。每一个项目政府部门作为一个数据产生源，一是提供本部门与项目相关的实时业务数据；二是负责数据分类索引，负责为信息申请代码放入信息目录供其他用户访问。①

部门数据模型是针对具体操作的数据，进入城市公共项目决策数据仓库时有三种类型：第一是部门业务数据简单的导入；第二是在部门数据的关键字结构中增加时间字段，使不同时间产生的业务数据能进入数据仓库中同一张表；第三是将部门数据模型中的数据关系进行分组聚类统计后，放入数据仓库。

6.2.3 城市公共项目决策信息数据仓库

美国著名信息工程学家 Williamn Imon 博士在 20 世纪 90 年代初提出了数据仓库的定义。他认为“一个数据仓库有面向主题的、集成的、随时间变化的、但信息本身相对稳定几个特点，它用于对管理决策过程的支持”。②

项目信息在决策过程中经过了图 6.3 的几个层次转换。

第一层次是政府各部门的各种业务数据库，文本文件，通过数据转换将操作型数据等外部零散的信息聚集形成项目相关决策数据。通过提取、清理、转换。放入项目决策主管部门负责的项目数据仓库。

第二层次是数据目录体系。通过数据目录体系，将分散数据库、数据仓库组织起来，建立索引，方便查找访问。同时由数据仓库管理人员将公众的反馈意见在目录体系里建立索引，其具体内容同时更新进数据仓库。

第三层次是多类参与主体通过数据目录体系访问项目信息。

---

① 胡浩．集成供应链中的一体化物流、信息平台、群决策和系统集成的理论研究［硕士学位论文］．武汉：武汉理工大学，2004.

② William H. Inmon. 数据仓库（Building the Data Warehouse）. Wiley，2005.

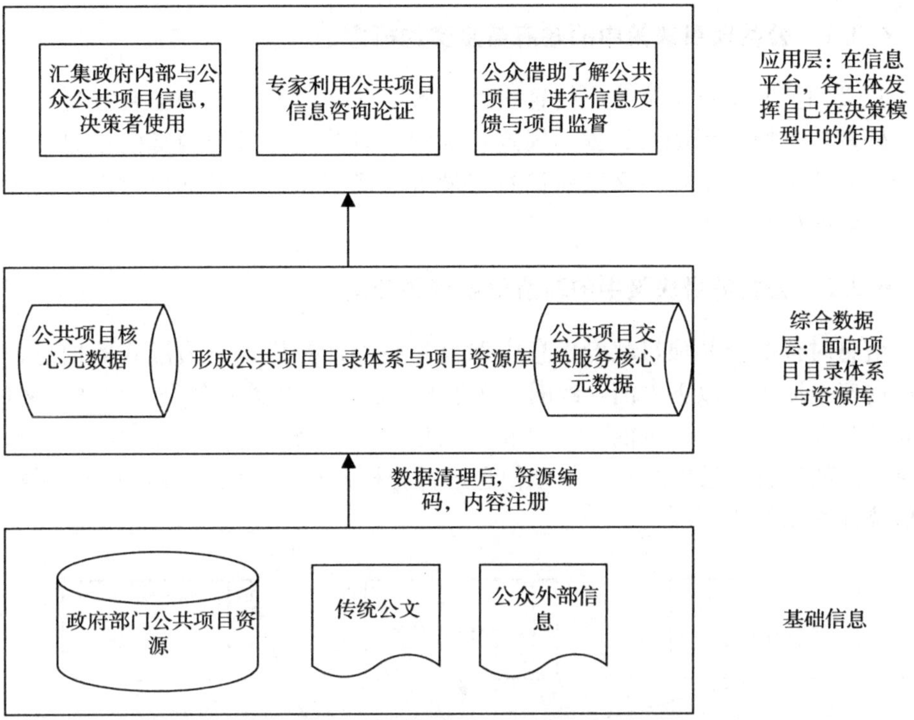

图 6.3　公共项目决策信息应用层次图

数据目录体系建立过程经历两个步骤：

第一步，建设一个数据仓库，统一存储项目信息，避免各个部门之间的数据信息不一致，造成在决策平台新的信息混乱。要充分考虑从已有的系统中抽取什么数据，以及抽取中的数据转换原则。

第二步，在决策平台中注意信息技术发展带来的政府部门外的新的信息源，如网络上公共论坛中的民意，社会公共商业数据库资源，它们往往能提供和政府信息不一致的信息资源，也应该把它们作为公共项目决策数据的重要组成部分。

6.3　公共项目决策中的政府信息资源

政府是公共项目信息资源产生的核心机构，在信息技术的支持下，涉及城市公共项目的政府部门提供自己的决策支撑资源是决策开始的基础。

6.3.1 公共项目决策中的政府信息资源概念

狭义的公共项目决策政府信息资源是政府各职能部门在自己业务进行中产生、处理、交换、利用的数据、规定、章程，只关注于系统内部的信息。而广义的政府信息资源是除狭义政府信息资源外，产生于政府外部但对政府决策行动有影响的信息资源。

6.3.2 公共项目决策中的政府信息资源分类

信息时代的公共项目政府信息资源首先是以计算机编码为形式的信息，其次在内容上涵盖了以下方面：政府发布的与公共项目有关的公告、法规及文件；政府部门业务活动中产生的与项目相关的信息；从公共范围采集到的、有助于项目决策的信息；政府组织将基础信息进行分析、加工、组合得到的汇总数据、分析统计数据等。①

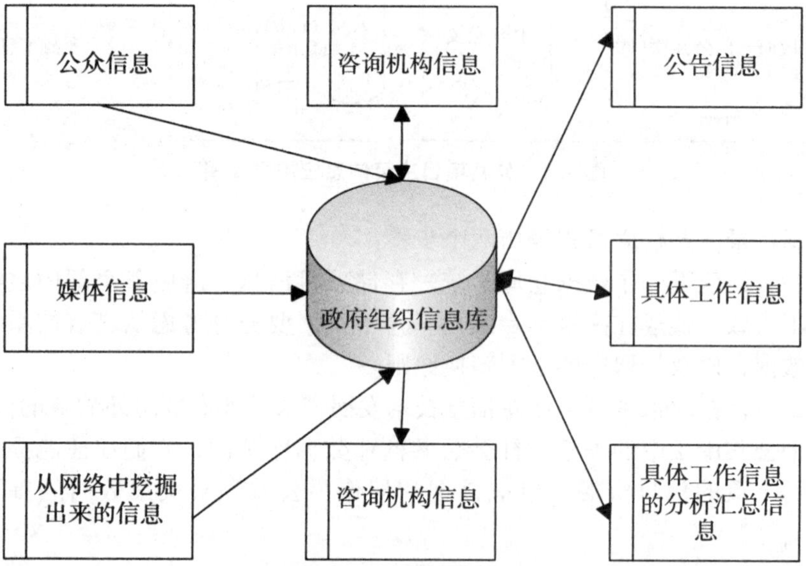

图 6.4 政府组织信息构成情况

图 6.4 中为一个政府组织部门公共项目的信息来源。信息来源基本分为内部和外部。内部信息是从政府组织日常工作产生，如部门文件、管理规定、通知；电子政务系统中的数据；具体业务信息数据挖掘产生的新知识；政府部门

---

① 苏新宁．电子政务环境下政务信息资源研究．情报学报，2006（1）：100～105.

之间的业务数据。外部信息则是通过公众参与获取的社会舆论，比如公众对项目的需求，现有方案的满意度等。政府主动收集项目公众意见。

6.4　公共项目中政府信息共享

6.4.1　公共项目政府信息资源分类

在讨论各政府部门共享项目信息之前，先探讨政府信息的一些属性，讨论如何激励政府部门进行信息共享。

信息产品与物质产品有四大区别：① 信息产品固定成本高于物质产品，但信息产品复制的边际成本又极其低廉。② 信息产品具有更强的时效性，信息更新的周期很短，同一功能的信息产品一出现，老的产品将失去价值只有退出。③ 信息产品容易被复制，便于共享。④ 信息产品如果能第一个获得，就能得到高回报，如果产品生产失败，或不对路则面临没有回报的困境。[①]

而政府公共项目信息产品除具备普通信息产品的以上特性外，同其他信息产品最大的差别在于由于政府公共项目的公共性使信息具有公共产品属性。[②]

按照公共物品竞争强度，政府公共信息产品除了纯公共信息产品，还有弱竞争信息产品和强竞争信息产品。

部分社会成员在消费纯公共信息产品时，边际成本不为零，但又很低，竞争性表现较弱，被称为弱竞争信息产品。

强竞争信息产品是与弱竞争信息产品相对应的概念，信息产品一般认为无边际成本。但是在实际中政府的某些信息产品具有增值效用，这种增值效用使用的企业需要将信息进行分析、加工和重组体现出来。[③]

通过分析政府信息产品三种类别，政府对应不同政府信息产品在进行信息共享时，各个部门就会有不同的博弈策略：

1）纯公共信息产品无偿提供。这类信息产品要求政府部门共享时，政府部门不能从中获得额外的收益，政府部门一般会主动信息公开。

2）政府部门提供弱竞争信息产品时，都是按成本费用收费。信息提供部门

---

① 徐晔．信息产品的市场交易研究．江西财经大学学报，2004（5）：80 ~ 82.

② 马费成，等．信息商品和服务的公共物品理论．情报理论与实践，2002（5）：398 ~ 400；何彦彬，等．从公共产品视角分析电子政务建设的成本效益．情报杂志，2007（11）：97 ~ 100.

③ 刘强，吴江．政府信息资源分类共享方式的研究．中国行政管理，2004，22（10）：77 ~ 83.

在共享时应按成本获得一定补偿。

在这类信息产品电子化后，如果希望信息共享意味着拥有它的单位需要做出利益上的牺牲，政府就应该为拥有这项信息产品的单位提供补贴，使其由弱竞争信息产品过渡到纯公共产品，促进共享，实现免费提供。

3）强竞争信息产品是采用市场定价的方式决定价格。强竞争信息产品采用市场定价是由于信息产品本身具有商业价值，并可能给信息消费者带来经济利益。所以这类信息并不具有公共性，所以强竞争信息产品有进行信息共享的要求时，可以按消费者平均支付的意愿进行政府补贴。强竞争信息也不应对所有的决策主体无偿公开，可以在专家研讨时作为有密级信息出现。①

6.4.2 公共项目中政府部门信息共享博弈行为分析

由于各部门进行项目信息收集时，都相应有投入，在要求部门公开信息目录时，需要建立一套补偿约束机制，这才会激励各部门积极共享。下面建立博弈模型分析信息共享难点及对应解决策略。

政府部门之间的信息共享博弈过程是相邻个体的相互学习和相互反应的反复博弈，各方策略调整适用“选择策略——演化——选择新策略——再演化”的演化博弈复制动态机制来模拟。下面本书将用演化博弈复制动态来分析政府两部门公共项目信息共享博弈行为的演化路径和稳定策略。②

假设两政府组织之间，如果一组织因从其他组织获得一单位信息将得到 A 的共享收益，而自己提供一单位信息，则相当于支付 B 的成本，为了简化，设 A，B 都是一个正常数，即 $A>0$，$B>0$。

当两政府组织进行信息共享时，政府组织 i 将获取共享收益：$U_i=AQ_i-BP_i$。其中 Q_i 为政府组织 i 接受到的共享信息总量，P_i 为政府组织 i 提供共享信息总量。由公式可以得出，当 P_i 等于 0，而 Q_i 为其他政府部门提供的最大信息量，政府部门 i 将得到最大的共享收益。

为了简化讨论，本书假设两政府组织，获得一单位信息资源得到 5 元的收益，共享支付 2 元的成本。假设政府组织 1 和政府组织 2 互有 1000 单位的信息资源共享的额度，则如果双方都毫无保留地将共享额度全部用完，两个单位各有共享收益都为 3000 元（$1000\times5-1000\times2$）。然而这个均衡并不稳定，如果政府组织 1 认为在政府组织 2 不察觉的情况下，自己依然享受着政府组织 2 提

① 何彦彬，等．对政府信息产品定价问题研究．价格理论与实践，2008（5）：73～74.

② 谢识予．经济博弈论．上海：复旦大学出版社，2002；王立平．赃车市场形成的动态博弈分析．合肥工业大学学报（自然科学版），2004，27（6）：659～661.

供的信息，而自己缩减对政府组织 2 共享信息资源到 500 单位，则这时政府组织 1 的收益为 4000 元（1000 ×5 －500 ×2）。而政府组织 2 的收益只有 500 元（500 ×5 －1000 ×2）。当政府组织 1 继续缩减信息资源到 400 单位以下，政府组织 2 的收益将为负。当一方享受着对方共享的信息资源，而另一方不完全共享甚至不共享信息资源时，共享方会蒙受巨大的损失，而不完全共享方或者完全不共享方将获取高的收益。政府组织都是由具有社会属性的人组成，当政府组织 2 在发现政府组织 1 只享受不付出的行为后，也会调整自己的策略，最终是两者不共享，形成一个纳什均衡。即一个政府组织的“不共享”策略都是针对其他政府组织的信息策略或策略组合的最优对策，任何偏离这个最优对策的策略都不会得到好处，见表 6. 1。

表 6. 1　两政府组织信息资源共享博弈的得益矩阵

单位：元

		政府组织 2	
政府组织 1		共享	不共享
	共享	（3000，3000）	（－2000，5000）
	不共享	（5000，－2000）	（0，0）

这个博弈本来是有两个均衡，明显的左上角的均衡优于右下角的均衡，双方都可以获得正收益。但最终却只能达成（0，0）劣势纳什均衡。博弈双方起初为了实现各自最大利益，从本来最大总体利益到达最小利益，自身也未实现个体最大利益。

用逆推归纳法来考察博弈双方会采取的行动类型。第二个阶段依然是一个“囚徒困境”。因为此时前一阶段的结果已经成为事实，在第二阶段实现自身当前的最大利益是博弈双方决策的原则，在第二阶段双方还是希望其中一方单独承担成本，而自己得益，最后的结果双方都不共享。第二阶段的唯一结果仍是原博弈的纳什均衡（不共享，不共享），双方的得益仍然是（0，0）；倒退到第一阶段，由于双方都能预测到对方在第二阶段会采取的策略，知道对方必然采取不共享的策略，自己在第二阶段也必然对应不共享策略。所以第二阶段的收益对整个收益没有影响，有限次数博弈的一阶段博弈和单次博弈是一样的，多次博弈相当于一个单次博弈。最后有限次数博弈达到的结果也是（不共享，不共享）。

如果博弈开始双方采取了信息共享的策略；在没有一方改变策略的情况下，双方会一直共享下去。在 t 阶段，如果前 $t-1$ 阶段的结果都是（共享，共享），也就是说双方在无限次重复博弈中都以合作的态度开始，第一次均衡的达成，如何维护这个均衡是问题的关键。

如果政府部门2在第一阶段就采用不共享的策略，那么引起政府部门1一直采用不共享的报复策略。如果政府部门2在第一阶段采用共享的策略，则在第一阶段它将得3000元，下一阶段又面临同样的选择。设U为政府部门2在该重复博弈中每阶段都采用最佳选择的总得益现值，那么从第二阶段开始的无限次重复博弈因为与从第一阶段开始的只差一阶段，因而在无限次重复时可看作是相同的，其总得益的现值折算成第一阶段的得益为δU，因此当第一阶段的最佳选择是共享时，整个无限次重复博弈总得益的现值为：

$U_2 = 3000 + \delta \cdot U_2$；

$U_2 = 3000/(1-\delta)$；

对比$U_1 = U_2$ 得 $5000 = 3000/(1-\delta)$；

即$\delta > 0.4$时，政府部门2会采用共享，否则会采用不共享。即当$\delta > 0.4$时，政府部门2对政府部门1触发策略的最佳反应是第一阶段采用共享。由于从第二阶段开始的无限次重复博弈，与从第一阶段开始的无限次重复博弈是完全相同的，因此政府部门2第二阶段的选择必然也是共享，第三阶段也同样。依此类推，只要政府部门1采用前述触发策略，那么政府部门2的最优选择就始终是共享。如果政府部门1偏离共享策略，政府部门2也必然用不共享策略来报复。因此政府部门2对政府部门1触发策略的完整反应策略是同样的触发策略。这就证明了双方都采取上述触发策略是一个纳什均衡。①

由于政府利益内在性的驱使，政府不积极信息共享获得的收益往往大于积极共享获得的收益，政府一般都采用信息不共享的策略。要改变这一状态，使演化博弈最终达到多个政府部门积极共享信息资源的状态，只有从外部建立制度，给政府部门负责人以压力，改变博弈的影响因素，使不共享的部门收益为负，部门会选择共享这个行为，最终达到左上角的优势纳什均衡，因此，笔者参考文献并结合自己思考提出以下建议。②

1）建立消极信息共享的政府部门领导的问责、惩罚机制，将信息共享成果纳入领导的重要指标，加大消极信息共享的成本。实际在一个部门中一把手一旦重视涉及本部门的公共项目的信息提供，则信息共享的效果就会相对好很多。

建立健全信息不公开、不共享的问责、惩罚机制将加大政府官员不作为的

---

① 陈亮．图书馆信息资源共享的博弈分析．情报理论与实践，2004（6）：616～617.

② 陈兰杰，王丽英，等．论电子政务信息共享的障碍及对策．经济论坛，2006（20）：51～53.

成本，从内因上推动政府的主动积极信息公开。由人大、政协和公众对信息门户中各涉及部门项目信息公开情况打分，对不及时公开部门给予行政处罚。

2）加快推进政府行政方式变革的进程，加大政府信息公开力度和政府决策透明化，减少政府的隐藏利益和公众的参与成本。

公众根据自己获取的信息量情况，便利程度，付出的时间成本，能否想要看到希望的信息，对每个城市公共项目的信息公开情况打分，公开程度作为评价项目的一个指标，这样才能慢慢地提高信息透明度。

3）负责项目决策的政府部门进行适当的干预和协调。因为合适的信息资源是确保下一步决策正确的基础保证，所以项目的前期可行性研究阶段的费用可以按各部门项目信息提供的信息量支取一定的费用，引入一种补偿机制。使政府项目信息资源在共享过程中信息提供方获得一定的收益，而决策方也能得到自己想要的信息，双方都能得益，保证共享可以长期稳定地进行下去。

6.5　城市公共项目信息资源目录建立

早在 1975 年，美国图书馆协会（ALA）就开始研究如何在计算机上查找政府出版物。[①] 1996 年，Dena Holiman Hutto 建议图书馆界、政府信息提供商、自动化专家合作研究目录标准，把政府信息资源目录的目录数据库与图书馆目录链接起来，甚至通过因特网资源编目以展示物理馆藏与各种远程获取政府信息方式之间的关系。[②]

本节研究如何通过目录方式获取城市公共项目信息资源。城市公共项目信息资源目录建立在参与公共项目各个部门的信息资源的基础上。

在建设进度上，采取自上而下的系统框架设计法和若干部门带头实现的原型法。选择一个典型的城市公共项目进行推进，以该项目整理政府公共项目信息资源目录架构为主线，各单位建设为支线，以基础比较好的单位做试点，走通单位项目信息进入公共项目信息资源目录的流程，将其成功经验向其他单位推广。

---

① American Library Association, The Use of the Computer for Bibliographic Control of Government Documents. LosAngeles, Calif.; CREDR Corporation in Cooperation with the American Library Association, 1975.

② Dena Holiman Hutto. Old Solutions in a New Age: Cataloging and the Future of Access to Government Information, Journal of Government Information, 1996, 23 (3): 335 ~344; 谭必勇. 国内外政府信息资源目录控制研究进展. 档案管理, 2010 (6): 33 ~35.

6.5.1 城市公共项目信息资源分类

公共项目决策信息资源组成一个具有等级性、层次性的科学分类体系。即按照信息的内涵、分属部门、类别及管理的要求，将系统内所有信息按一定的结构体系，加以分门别类的集合，从而使得每个信息在相应的分类体系中都有一个对应的位置。①

要能让决策主体根据自己的需要准确找到信息需要依赖于信息分类，对各类信息编出具有含义的唯一信息编码。分类与编码是信息采集、加工、存储、保护和使用的基础性工作。②

国家电子政务标准化总体组已编制了《政务信息资源目录体系》系列标准，包括《总体框架》《技术要求》《核心元数据》《政务信息资源分类》《政务信息资源标识符编码方案》和《技术管理要求》。该标准规定了政府信息资源的分类原则和方法，提供分类方案，为政府信息资源分类体系的建立和维护提供了依据。其中资源分类标准与核心元数据、标识符编码规则相结合，可以对政府信息资源进行识别、导航和定位，以支持政府信息资源的交换与共享，③本书的公共项目信息编码是在此标准基础上进行的。

参加公共项目信息共享的部门依托业务系统提取出与公共项目有关的信息，按注册到目录需要的特征属性，填写注册表格，将能提供的信息服务注册到公共项目信息目录。使用者根据需求信息特征，对目录信息查询访问。④

公共项目信息资源目录中，从主题内涵、产生行业部门、提供的服务和资源的物理形态等四个角度进行刻画，形成了以主题分类为核心，以服务分类、行业分类和资源形态分类为辅助的分类方案。⑤

主题分类、行业分类和服务分类属于内容特征的分类。主题分类揭示了公共项目信息资源内容主题的不同，是基础性分类。行业分类体现了政府部门行业的特点。服务分类则描述了政府信息资源面向用户提供功能服务的划分。资源形态分类则根据信息资源的外表特征进行划分。

---

① 吴晓敏，刘晓白．基于目录体系的政务信息资源整合．中国计算机报，2006：1 ~ 3；贺军．从目录体系建设突破政务信息共享．中国计算机报，2007：7 ~ 8.

② 陈宏晓．政府信息资源目录体系研究［硕士学位论文］．上海：同济大学，2008.

③ 政务信息资源目录体系．第 4 部分政务信息资源分类．GB/T21063. 4 – 2007.

④ 王仁武，等．电子政务信息资源元数据标准的设计与实现．情报资料工作，2007（4）：52 ~ 55.

⑤ 许跃军，等．宁波市政府信息资源目录体系建设实践．信息化建设，2008（1）：28 ~ 30；穆勇，彭凯，谢力民．政务信息资源目录体系建设理论与实践．北京：北京大学出版社，2009.

在图6.5中公共项目信息资源的资源形态分类是信息资源的表现形式上的区别（表格、文本或图表）；服务分类、行业分类和主题分类是公共项目信息资源内容上的区别。公共项目信息目录实施人员按四大类标准对公共项目信息资源进行注册，产生相应的元数据项，保证用户使用时可以按四种类别进行资源定位，或者采用四种类别组合进行资源定位。

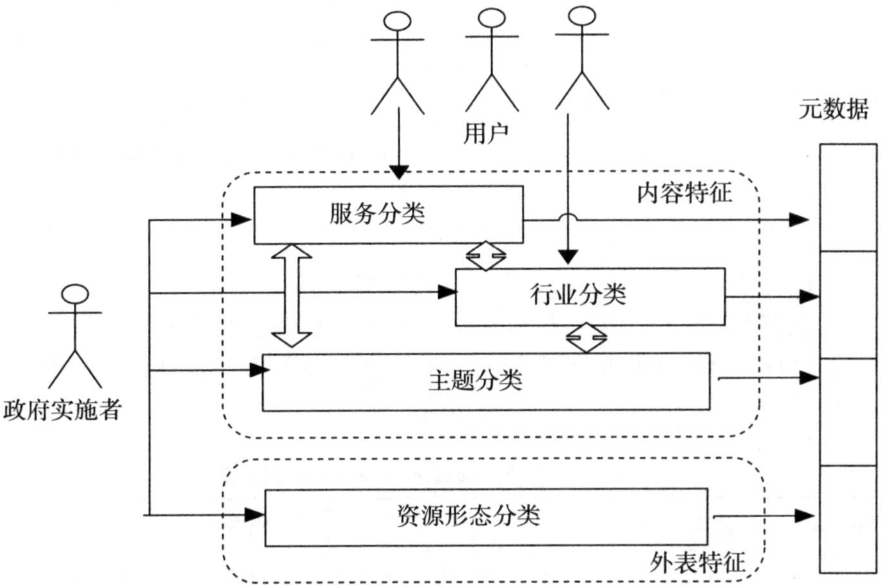

图6.5 公共项目信息资源分类体系图

在城市公共项目决策信息目录中，有多个城市公共项目，所以有必要在这四类划分标准的基础上，增加按城市公共项目名称分类的一级分类。分类采用字母或数字混合编码，首先要确定一级分类最多数，需要几位数来区分该类。如果一级目录有10类以上，那么就需要由两位阿拉伯数字表示，如果目录项数不超过10个，那么可以用一位数字表示。

6.5.1.1 城市公共项目分类编码

城市公共项目可以采用混合分类法，分为两级三位代码，第一级的宽度为一位，代表城市公共项目的分类，第二级的宽度为两位，代表在这个大项下面的具体小项。例如：

表 6.2 城市公共项目分类编码表

代码	名称	描述和说明
1	城市公共交通项目	关于城市公共交通的项目状况和发展规划
101	城市三环项目	关于城市三环交通系统项目建设资料
102	城市地下交通系统	关于城市轨道交通系统项目建设资料
2	城市公共绿化项目	关于城市环境绿化方面的项目状况和发展规划
201	席子营社区小游园建设项目	关于社区小游园建设的项目建设资料
202	××街道两旁绿化工作项目	关于××街道两旁绿化工作建设资料及进展
……	……	……

6.5.1.2　城市公共项目政府部门分类编码

按信息资源提供部门进行代码分类，表 6.3 举例了 9 个部门，如果有更多的部门，例如统计局提供项目决策的背景信息，以及人口信息；管道部门提供项目区域管网线路分布信息图，则继续编码就可以。

表 6.3 城市公共项目涉及部门分类编码表

编码	决策部门	职责
01	发改委	编制年度投资计划，组织有关部门审批公共投资项目
02	财政局	负责资金的拨付
03	审计局	对资金的使用情况审计
04	建委	负责建筑业的行业管理
05	国土资源与房地产管理局	负责国有土地使用权的出让、管理
06	规划局	负责建设工程的规划方案设计
07	环境保护局	对工程的环境影响进行评估
08	水利局	对水利工程项目进行审批
09	交通委员会	对交通工程项目进行审批
10	……	……

6.5.1.3　城市公共项目信息类别编码

城市公共项目类别中的信息类别分类，首先确定这层分类的数目，然后采用数字与字母混合编码，例如：

表 6.4　城市公共项目信息类别分类编码表

代码	名称	描述和说明
01	综合政务	关于城市管理方面当前状况和发展规划
01A	方针政策	政府制定指导专题政策的方针政策
01AA	专题政策	某一专题领域的方针和政策，还可再继续分层编码
01AB	政策理论研究	政策理论研究包括：国家政府机构和组织围绕专题政策所展开的理论研究与计划
01AC	组织机构	组织机构包括：参与制定、贯彻各专题政策的政府机构和政策研究组织，可以在下面继续分层，也是提供信息的基础单位
01B	中共党务	关于中国共产党的规章制度、组织机构建设和发展，以及工作职责等相关信息
……	……	……

6.5.1.4　城市公共项目资源形态分类

城市公共项目资源形态分类同样采用字母与数字混合分类法，分成四级代码，一级代码指定资源的类型；二级代码指定资源的文件类型，如数据库，word 文件，excel 文件，文本文件，xml 文件等；三级代码指定资源的媒体形式；四级代码是资源来源渠道，如是上级传递来信息，还是下级上报信息，还是自己部门产生信息。各级编码宽度由类别数目决定。

表 6.5　城市公共项目资源型态分类表

代码	名称	描述和说明
1	电子化资源	用二进制存储的信息资源
101	数据库	具有层次关系的有组织数据集合
10101	文档数据库	以文档为单位的数据库
101011	发文库	上级单位下发文件数据库
10102	关系型数据	基于关系模型建立的数据库
10103	其他数据库	不属于以上各类的数据库
……	……	……

6.5.1.5 元数据为核心的城市公共项目信息目录

完成信息资源的四种分类编码后，一个政府城市公共项目中的资源都能通过编码找到。核心元数据是政府信息资源内容中必选的描述数据，可用于编目、描述和数据交换。引用宁波市政府办公厅2006年制发的公文为例，建立以元数据为核心的政府公文目录，① 如表6.6。核心元数据内容有六项，包括信息资源名称、信息资源摘要、信息资源提供方、信息资源分类（主题分类、项目分类和资源形态分类）、信息资源标识符和元数据标识符。

表6.6 具体信息资源编码样表

信息资源名称	信息资源摘要	信息资源提供方	主题分类	项目分类	资源形态分类	信息资源标识符	元数据标识符
关于邀请省政府领导出席2006年中国食品博览会的请示	邀请领导出席	市政府办公厅	09AC	301	10201		
关于公布2006年度政府系统十五佳网站评比结果的通知	公布2006年度政府系统十五佳网站评比结果	同上	05EA	302	10201		
……	……						

信息资源标识符由两部分组成，前部分由前段码的管理中心给出，后段码由系统顺序生成。元数据标识符系统随机唯一产生。

6.5.2 城市公共项目决策信息资源的编码

每一项政务信息资源在目录体系中都有唯一不变的标识符，通过对政务信息资源的有序编目、注册、发布、查询、维护和管理，从而实现政务信息资源的共享、服务和应用。

在对信息资源标识方面，美国的数字对象标识体系（DOI）和英国的信息资产登记注册库标识码（Information Assets Register Number，IRAN）有较强的影响力。

① 孙文峰．信息资源唯一标识标准化研究．世界标准化与质量管理，2008（3）：33～35.

DOI 的主要思想也是唯一标识信息资源实体，通过对唯一标示的查找、访问来定位信息资源。DOI 是从统一资源定位符（Uniform Resource Locator）发展而来，被称为“下一代 URL”。

DOI 前缀由两部分组成，一个是目录代码，另一个是登记机构代码，这和中国的信息编码方式是一致的，前缀的主要目的是查找是什么机构发出的信息资源，在公共项目目录体系中也是第一步查找到什么政府部门提供的在哪个方面的信息。DOI 后缀是由登记机构自己确定的编码方案。

IRAN 是英国皇家文书局制定的一套信息资源标识体系，IRAN 标识码由机构码和内部码两部分组成，IRAN 机构码是由 HMSO 分配给每个政府机构的机构代码，如“CA000”是分配给内阁办公室的机构代码。[①] 机构内部码是由某个机构为信息资源分配的内部标识码，内部标识码在分配给它的机构内部是唯一的。

本书在编制信息标识编码时，也采用两段式结构，5 位长度字母数字混合前段码加上不定格式的后段码，前段码与后段码中间采用“/”分割。其语法格式如下：

标识符 = 前段码/后段码。

城市公共项目信息目录中信息编码中的前段码的分配与管理流程：

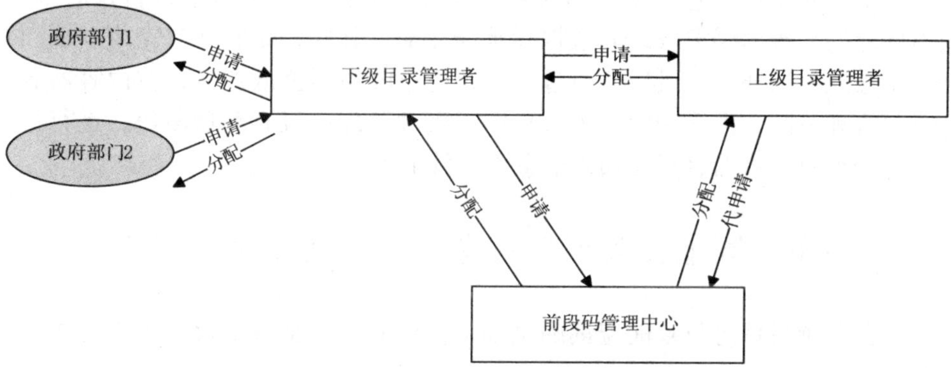

图 6.6　城市公共项目前段码分配与管理

信息资源前段码的具体申请分配流程：（1）下级目录信息资源管理者申请前段码。下级目录管理者首先向上级目录者申请新的信息资源需要编码；（2）上级目录管理者认定下级申请符合所属公共项目要求，代其向前段码管理中心提出申请；（3）管理中心按照规定前段码生成规则生成前段码，经上级目录管理者传给下级管理者，同时将前段码保存在上级目录管理者的系统里。下级管

① 何彦彬，等．对政府信息产品定价问题研究．价格理论与实践，2008（5）：73～74.

理者将前段码加载到自己的信息资源系统中。

如下级目录管理者直接受公共项目前段码的管理中心管理，可以直接提出申请，公共项目管理中心认定符合条件后，可以直接为下级目录管理者分配前段码。①

后段码由拥有前段码的政务部门自行分配，原则上保证在本部门范围内的唯一性。后段码原则上采用字母与数字混合编码，也可以直接采用流水号。②

前段码加上自己分配的后段码，即构成了一个城市公共项目目录范围内该部门完整唯一的信息资源标识符。

6.5.3 城市公共项目决策信息资源的注册与发布

城市公共项目政府各部门的公共项目信息资源完成分类编码后，需要将编码统一注册到元数据系统上。这样才能让其他主体在目录上对信息资源进行查找。注册流程：各个部门发出元数据注册的请求，元数据注册系统在审核注册成功后，目录体系就有该部门信息资源的元数据。如果各政府部门的信息资源进行过修改，则必须根据最新信息进行元数据的再次注册。

首先，管理人员根据核心元数据注册情况，提取与具体公共项目相关信息，生成每个公共项目信息目录。同时管理人员要对信息资源目录进行及时维护，对有问题的元数据要求修改元数据后重新注册。其次，政府部门完成本部门对项目支撑元数据补充。最后，通过网站，论坛收集到公众意见，按内容所属职能部门管理范围，由管理中心为公众电子资源分配前段码和后段码，进行信息资源标识编码，将信息资源加入信息资源目录。③

6.6 城市公共项目信息资源交换目录的建立

在公共项目信息目录能查询的基础上，还能通过交换平台获得查询到的决策信息。

---

① 政务信息资源目录体系．第5部分政务信息资源标识符编码方案．GB/T21063.4－2007.

② 张越．电子政务信息共享平台的规划与设计［硕士学位论文］．上海：复旦大学，2008.

③ 戴艳清，等．公共图书馆与公共信息资源管理．图书馆工作与研究，2009（6）：9～11.

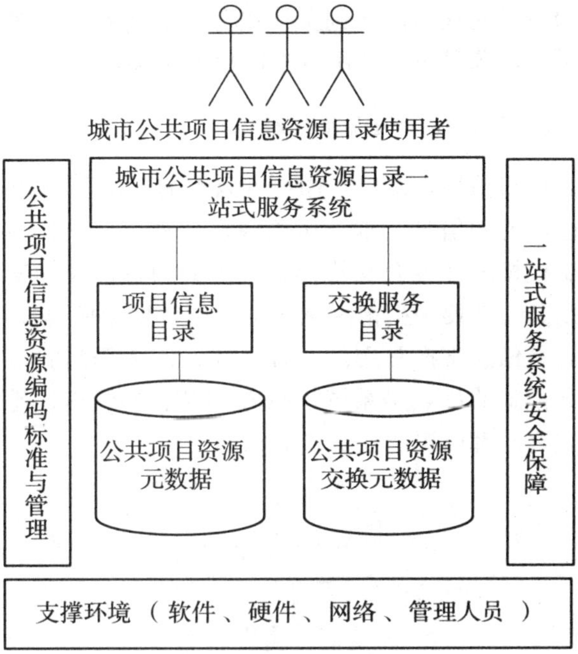

图 6.7　城市公共项目信息资源框架图

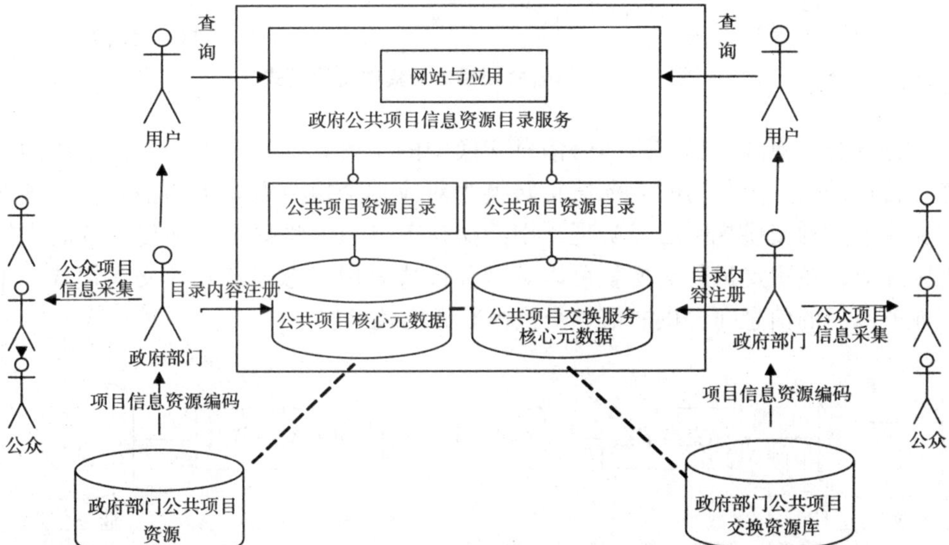

图 6.8　城市公共项目信息资源注册与查询

各决策主体同时将元数据注册到交换服务核心元数据库中，生成交换服务目录。通过公共项目资源目录，使用者进行数据交换。

6.6.1 城市公共项目信息资源交换模式

建立城市公共项目信息目录后，用户可以查询到自己需要的公共项目信息，如何交换获得自己需要的信息？本节讨论现有三种数据交换模式，分别为集中交换模式、分布交换模式和混合交换模式。公共项目涉及的交换部门很多，两两交换情况比较复杂，需要根据情况采用不同的数据交换模式。①

集中交换模式是信息交换常用的一种模式，两个部门的信息直接在中心交换节点转换。这种模式的优点是系统运行效率高、易管理、易维护，缺点是每两种新的数据格式之间都要再建立交换规则。

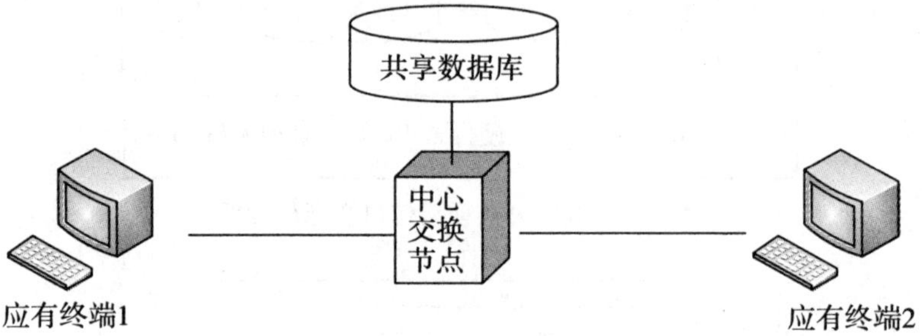

图 6.9 城市公共项目信息集中交换模式

分布交换模式是目前跨部门信息交换中的主要方式，多用于异构系统的互连。特点是每一个部门的业务信息转换为对应端交换节点要求的格式，而这两端交换节点的交换规则已经实现，中心交换节点只需将提供者和使用者的交换规则配对，按规定进行交换就可以。这种模式只用考虑固定几种交换模式，不同业务部门的信息向提供的信息交换标准靠拢就可以。

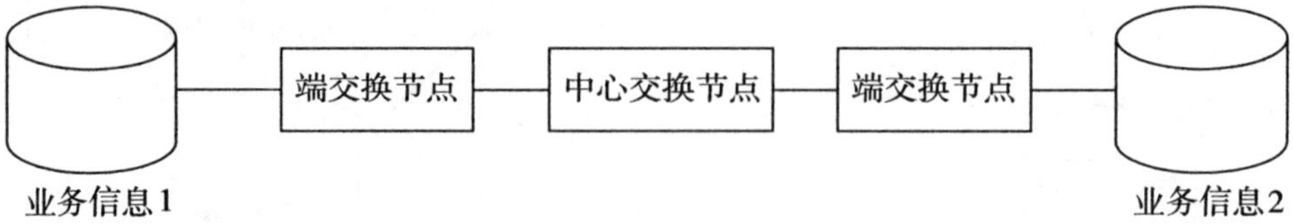

图 6.10 城市公共项目信息分布交换模式

---

① 秦滔，等. 基于 XML 消息中间件的公文传递模型研究. 电脑与信息技术，2006 (3)：58～60.

混合模式是集中交换模式和分布交换模式的组合。由于政务部门间信息化发展水平的差异和信息交换支持应用需求的差异，对于业务信息同时采用分布式交换与集中式交换模式。①

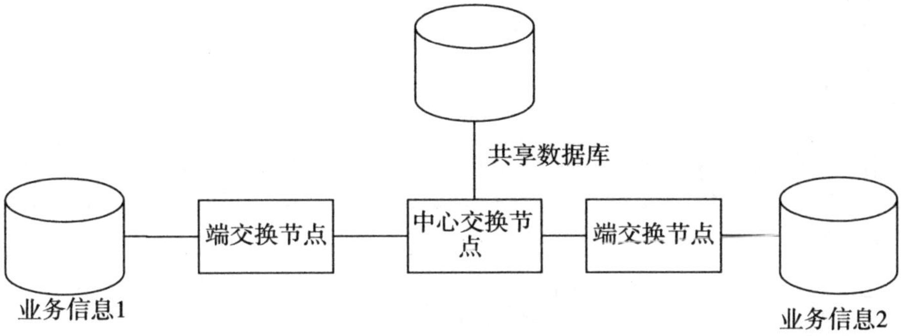

图6.11　城市公共项目信息混合交换模式

6.6.2　城市公共项目信息资源交换平台建立步骤

城市公共项目信息资源查询与交换目录平台建立步骤。

1）在政务内网建立一个面向政府内网部门的私有UDDI注册系统，采用上一节的编码规则对政府部门信息资源进行识别码分配，然后在内网注册系统重注册，使内网用户直接在内网进行信息资源的查询。②

2）业务部门提取出公开给其他部门的项目政务信息，封装到相应的Web数据服务。

3）项目业务部门在内网UDDI系统中查找需要的信息服务，若能够找到，则向信息服务提供方提出调用服务，经批准后可以使用该服务；若未能找到，则向相关信息发布部门提出新的信息服务申请，信息发布部门或定制适用的新Web服务或者拒绝信息服务请求。

4）将政务内网中建立的UDDI放入公网，公网UDDI中信息不存在涉密信息。政府各部门根据其信息公开的责任，基于本部门业务系统，生成区别于内网的Web信息服务，在公共UDDI上进行注册，供其他主体查询。③

---

① 罗海弛．基于Web Service构建政务信息资源共享体系．电脑与信息技术，2006(3)：74~76.

② 罗海弛．基于Web Service构建政务信息资源共享体系．电脑与信息技术，2006(3)：74~76.

③ 魏柯．一种基于Web Service的动态电子政务系统．微计算机信息，2006（1）：159~161.

5）公网 UDDI 中除了政府自身政务信息，还包括根据论坛提取的与项目有关公众意见。公众意见通过主动与被动方式收集，在决策过程中不断更新。

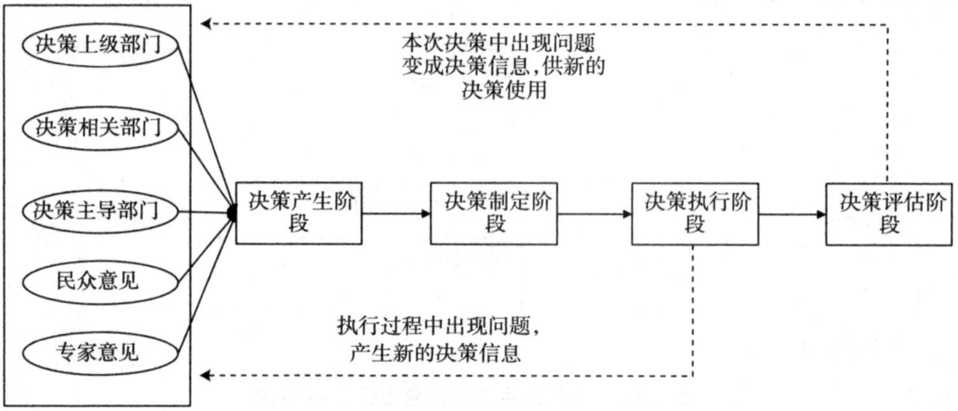

图 6.12 公共项目中信息目录信息流动模式

图 6.12 中，各方的信息资源在项目开始阶段就已经充分使用。左面代表信息目录整合各主体产生的信息资源，政策执行回馈和追踪方案执行过程中产生的新信息资源，将其及时整理后注册到项目信息目录，成为对项目决策方案调整的依据。①

通过公共项目信息资源目录向人们全面反映出项目决策存在的问题、项目进展和各利益对决策问题的期望，人们能更准确地把握公共项目解决方案的不确定性。公共项目决策执行也能动态清晰的反映。项目信息通过信息收集、注册、交换、管理实现完整环形流动。

6.7 城市公共项目中政府信息资源采集

本节讨论公共项目中政府信息的静态与动态采集模式。涉及城市政府、人大、政协、具体职能部门、新闻媒体、公众的公共项目，可以用现代信息技术提供全程的动态信息交流平台进行前面章节讨论的项目信息采集。②

6.7.1 城市公共项目中政府静态信息资源采集

城市公共项目静态信息是反映公共项目立项时项目可行性数据，各主体对

① 周联兵，等．试论述行政决策执行过程中的信息管理．学术探索，2004（7）：5~7.
② 苏新宁，等．电子政务理论．北京：国防工业出版社，2003.

开展项目的原始想法，可以采用联机检索、浏览网页信息，利用搜索引擎获取网络信息、Web 数据挖掘、现场调查、访问调查、问卷调查、专项信息采集等方法获取城市公共项目是否进行，进行时考虑因素的采集。将静态信息采集渠道、方法、信息源、信息类型等综合考虑建立静态的决策信息采集模型。这个模型中对城市公共项目信息的采集来源分为外部采集与内部采集，对两种环境中的信息采集对象与采集方法进行区分整理，采集得到的信息进行编码、注册，供决策者、专家、公众在城市公共项目决策过程查询、申请使用，具体结构下图 6.13。

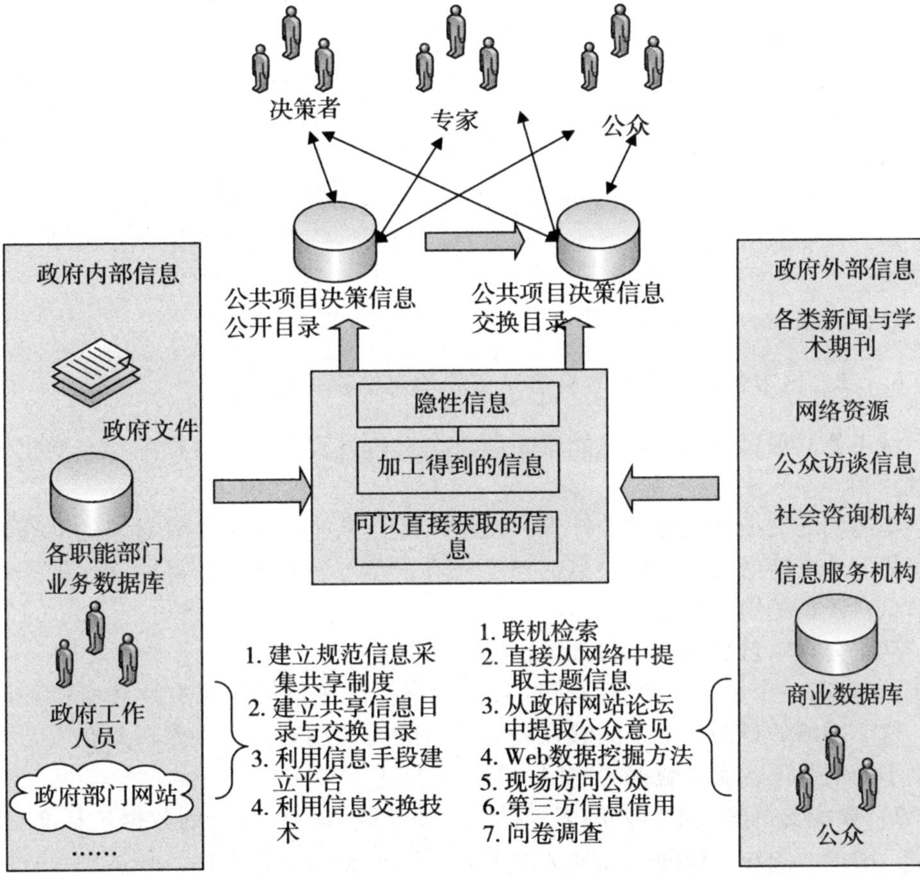

图 6.13　政府公共项目静态决策信息采集模型

静态公共项目决策信息采集模型分为两个部分：政府内部信息与政府外部信息采集模式。采集的信息经过不同深度的加工，分别建立公共项目的决策信息公开目录和决策信息交换目录。供决策者、决策咨询者、公众使用。

图中公共项目静态决策信息采集过程为以下渠道：

1）上级部门的政策路线，主要通过政府文件下达、会议、网络等渠道采集。

2）下级部门的工作情况、数据统计，通过政府专网、调研、考察、会议采集。

3）同级不同部门业务数据，通过内部文件交换，访问彼此的网站来获取。

4）政府项目有关的历史数据，通过对政府内网、外网数据库信息访问。

5）政府内部信息机构对外部环境信息进行搜索加工。

6）政府官员头脑中的信息，主要是通过个人往来、交流、会议、调研等渠道获取。

7）公众呼声和要求，主要通过网上论坛、网上调查、媒体热点获取。

8）与项目有关的信息和研究报告，通过购买的形式从非政府的第三方咨询机构获得。

9）统计信息，可以通过访问统计机构数据，或统计数据共享获得。

10）反映民心民意的信息，通过社区、民间组织、协会和团体接触基层民众获得。

11）对 Internet 上涉及公共项目的信息进行检索。

6.7.2 城市公共项目中政府信息资源动态信息采集

城市公共项目动态信息是能反映项目在决策过程和实施过程中动态变化的信息总和。①

动态的公共项目信息时效性强，来源广阔，更能反映出决策对象的动态发展趋势。从支持做出高质量决策的角度来看，动态公共项目信息往往比静态政务信息对决策的影响更大。

动态公共项目决策信息的采集有以下的要求：

1）要有一个高效、便捷的信息采集网络，把触角伸向政府及政府以外区域。这个网络的目的是为了能够在较短的时间内让动态内容入库，并在人工工作量小的情况下，实现数据的挖掘、共享、推送。

2）要能支持除文本以外的多种格式。动态政务信息采集的数据包括文字、数字、图形、图片、视频、音频。由于数据表示形式的多样化，必然会导致同类信息分散于不同类型的信息资源中。存在信息格式的识别、转换、兼容的问

① 邓灵斌．数字信息资源管理系统设计及其相关技术．中国信息导报，2004（7）：47～49.

题，通过信息元数据体系来实现共享、查询、交换。[①]

3）提供丰富的检索手段。提供数字信息资源的宏观和微观视图，全面支持 XML 格式的数据，提供统一友好的用户界面，提供全文检索、职能检索、语义检索及多媒体检索。

4）信息在收集过程中，一方面在信息采集过程中对不同来源的信息验证其有效性，另一方面在信息发布之前确定信息的密级，并根据密级对信息自动加以归类。

动态公共项目决策信息采集模型结构：

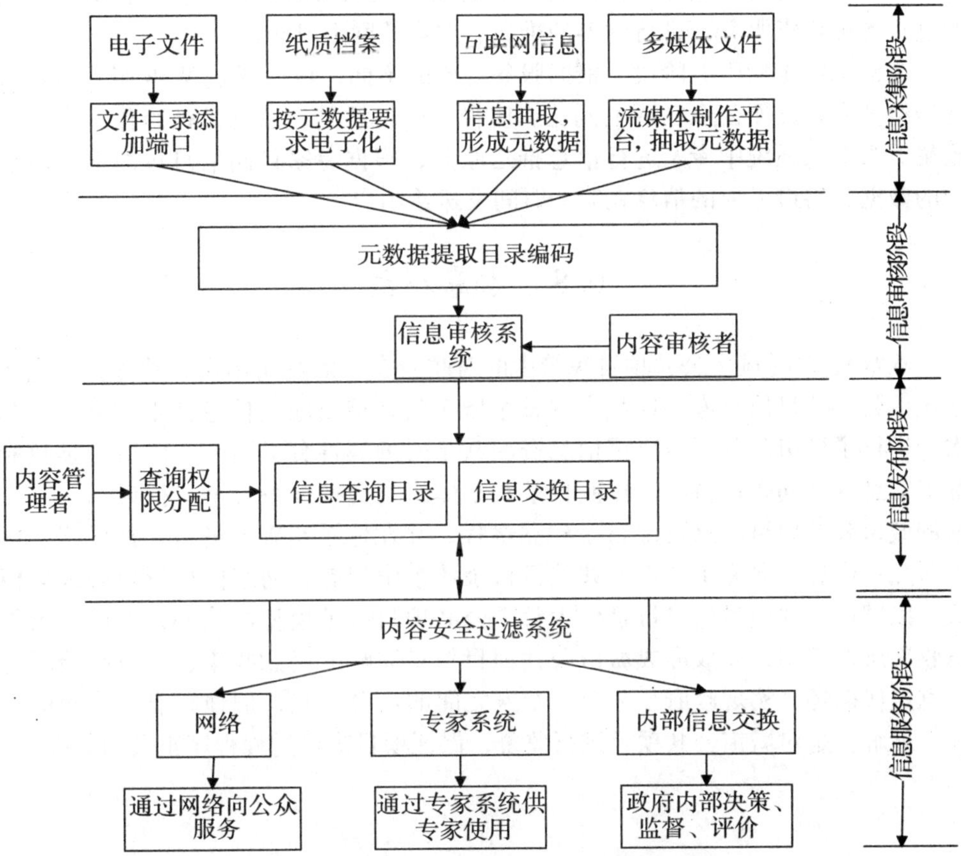

图 6.14　政府公共项目动态决策信息采集模型

① 张启祥，李慧．政府信息资源库：电子政务的基石．信息化建设，2002（5）：26～27.

信息资源动态采集通过日常采集与专项采集，实现电子文档元数据转换到信息目录中。

在信息资源加工阶段通过对电子文件的元数据加工和标签索引分类，实现信息有序和数据的结构统一，为将信息加入两个目录体系做好准备。

在信息资源审核阶段利用内容审核者制定的各种规范，对所得信息的来源、真实性、有效性、元数据的完整性审核。确定访问信息的级别，同时对信息分配信息码。

在信息资源发布阶段是指对于审核过并编码的资源，实现各种媒体类型的非结构数据动态网上发布，并进行动态更新和提供实时查询，包括：对信息资源进行各种检索服务，进行内容的推送、内容的网上发布。①

在信息资源的服务阶段，根据服务对象的不同，可以通过 Web 服务将内容推送给公众，方便公众在网上浏览、监督、提出意见，意见又被当作信息资源收集。为专家系统中专家进行信息推送服务，根据专家订阅信息过滤信息目录中的数据，将最需要的信息在第一时间发送给用户。

6.8 本章小结

本章从 IT 对城市公共项目决策中的对政府支持的视角出发，首先，研究建立城市公共项目信息库，这是实现整个城市公共项目应用信息技术的基础；其次，进行了城市公共项目决策信息资源共享时的属性分类研究，解决激励政府部门信息共享问题；再次，按照目录共享体系与交换体系标准，探讨了一个完整的城市公共项目信息资源目录建立过程，并在体系基础上进行交换模式、标准研究；最后，研究了城市公共项目目录体系中静态、动态信息资源的采集模式。以城市公共项目信息目录作为整个公共项目决策模型的核心，形成决策信息收集反馈机制，完成形成城市公共项目信息完整的民意收集、政府反馈闭合信息迭代循环，实现政府、公众、专家之间的信息交互，加强政府与公众的交互、理解。是对城市公共项目进行监督，保证项目决策过程程序正义的关键。

① 李嘉．基于 Plone/Zope 内容管理系统构建企业技术情报服务平台．科技情报开发与经济，2009（11）：77～80.

第7章　城市公共项目决策中IT对专家决策的支持

如何完成专家对公共项目决策的咨询工作？是MAMSDM模型的另一项重要工作。因此，本章在该模型的指引下，具体研究基于公共项目信息目录的专家咨询系统实验室开发、专家系统中意见讨论形成过程与算法。

IT对专家咨询支持在于能提供全面的信息，使项目决策理性尽量最大；能够让专家在匿名状态下进行网络决策。本章首先探讨了普通Web专家决策系统与综合集成研讨法两种方法优缺点；其次建立基于城市公共项目信息目录的专家决策支持系统，将项目信息与专家系统中的模型库、辅助工具结合起来，开发了基于项目信息的实验专家系统，为每个专家构建自己的一个信息工作平台；再次对项目专家不同意见构造对比矩阵，利用权向量做一致性检验，得到专家意见聚类；最后对传统一致性检验算法进行改进，用类程序语言实现改进算法，用模拟数据验证改进的效果。

7.1　对已有专家咨询决策系统的分析

7.1.1　群体决策支持系统

GDSS是在决策问题变复杂，提高决策质量要求下，通过计算机系统将多个咨询者组织到一个平台上工作，提高决策的正确性。

GDSS具有以下优点：

1）全体决策成员能同时异地参与会议，并可以保持匿名发言，敢于发出不同的言论。

2）群体中每个成员都能保证发言时间，避免出现群体中个人主导会议。

3）计算机系统对整个会议的讨论过程全程记录，能为参与者提供详细的会议记录。

常用的群体决策支持系统决策会议有三类：

1）多媒体会议系统。会议配有投影仪，参与专家分坐会议桌，屏幕显示项目需讨论问题，参加者借助投影屏幕进行讨论。

2）基于局域网的会议系统。在局域网中决策成员用自己的账号进入系统，计算机终端播放讨论问题，每个参与者可向其他人展示自己的意见，成员之间私下也可进行讨论。

3）基于互联网的会议决策系统，在Internet上，实现局域网会议系统的各种功能，但参与者的时空范围更广。

7.1.2 综合集成

20世纪90年代初，钱学森等人将处理开放复杂巨系统的方法命名为从定性到定量的综合集成法。"综合集成是从整体上考虑并解决问题的方法论。它将计算机、网络和通信技术、人工智能技术、知识工程进行集成。笔者认为这项方法可用来整理千千万万零散的群众意见、提案和专家见解以至个别领导的判断"。①

综合集成法将基本的决策准则、已有相似决策例子和行业专家经验结合，形成几种较粗略的方案，收集关于决策问题的数据与信息资料，将数据作为参数代入模型，通过模型运算的结果来比较不同方案的优劣。模型作为定量工具用有限参数来模拟现实世界，而专家在系统中起到定性的作用，来理性判断每次模型，通过对模型参数微调，找到最好方法。② 综合集成法发挥了人的主观能动性，利用了计算机在大规模信息资料处理存储上的优势，是人类智慧和机器高性能的有机结合。以人为主、机器为辅，充分发挥各自的优势，实现人机结合的效果大于人脑和机器各自所产生的效果。③

7.2 基于信息目录专家决策系统

笔者针对上述两种专家系统与决策问题信息结合不够的不足，在系统中可供专家借鉴的决策背景资料比较缺乏，资料集中于项目技术部分，信息也主要是政府部门对项目实施意见等问题，提出在MAMSDM中与政府主导项目信息目

---

① 万建明．SBA系统中综合集成研讨厅的研究与实现［硕士学位论文］．南京：南京理工大学，2005.

② Tawfik Jelassi & Beauclair. An Integrated Framework for Group Decision Support Systems Design. Information & Management，vol. 13，Oct. 1987，143 ~ 153.

③ 戴汝为，操龙兵．一个开放的复杂巨系统．系统工程学报，2001（5）：377 ~ 381；Goslar，Green，Hughes. Applications and Implementation Decision Support Systems：An Empirical Assessment for Decision Making. Decision Sciences，vol. 17，Jan. 1986，79 ~ 91.

录结合的专家系统，实现政府、公众信息支持的专家研讨决策系统。这样专家在工作时才能全面进行思考。

7.2.1　基于信息目录专家决策系统特点

基于信息目录的专家系统具有以下几个特点：

1）适应性强，不分平台，不限地域。这样能满足参与专家通过安装的客户端及使用分配的账号，在规定的时间进入讨论。

2）现时性强，与OA无缝结合，能将政府共享的项目信息和政府外部获取的外部信息集成到系统中。

3）客户端使用CS技术开发，这样可以将讨论室、白板、投票功能、会议功能插件集成到系统中，有视频、音频支持，用户使用简单。

4）系统带有查询、统计等辅助功能，能查询到自己或其他专家的历史发言，并能够组织专家对方案进行讨论，选出较优方案。

5）讨论数据，参考信息放在服务器端，需要时临时下载客户端。

6）政府部门可通过Internet向其他主体发布项目最新进展在互联网共享。

7.2.2　基于信息目录专家决策系统讨论方式与群体思维阶段

系统应支持专家进行以下方式讨论：①

1）群体决策办法。专家依据观点不同分为不同群体，先群体内再群体外讨论，最后在群体之间达成统一。

2）头脑风暴法。可以匿名提出自己的想法，鼓励群体中不同个体意见。

3）名义群体。每个群体成员在系统中表述完自己的观点，其他人可以对自己不理解的地方向表述专家提问。

4）德尔菲法。可以在系统中，直接由会议组织者向每个成员征求对问题的看法，组织者将所有人的看法整理发送专家成员。不断修改，最后形成比较一致的看法。

5）系统能够支持专家进行多种方案比较打分。通过系统的一致性判断程序，得到专家中的主要观点。

专家系统群体思维经历过三个阶段：个体思维产生阶段、专家研讨阶段、整理输出数据阶段。第一阶段对研讨问题进行相关的初始设置，项目选定的专家进入系统，了解决策议题，自己申请资料以求全面了解议题，听取别人的意

① 吕志坚．综合集成研讨厅的专家研讨与思维研究［硕士学位论文］．北京：中国科学院自动化研究所，2004.

见，表述自己的看法，最后形成自己的观点，产生备选方案。第二阶段是在主持人的引导下专家研讨，合理使用前面几种群体决策方法，在备选方案中通过群体思维寻求一致性的过程。第三阶段是形成主要的决策方案后，将方案的形成过程和最终的方案由系统输出，形成决策者需要的最终方案。①

7.2.3　模拟开发基于信息目录的专家系统

本节展示了利用 Visual Studio 2008 实验开发的昆明水葫芦治理滇池专家系统，在下面的两个界面中展示了会议组织者、专家进入系统后自己拥有的基于项目信息目录的工作平台，以及自己可以在系统中完成的工作。

如图 7.1 为城市公共项目专家系统中的会议组织者界面：左端栏目为会议讨论的议题与信息目录，例如根目录是“水葫芦治理滇池蓝藻项目”。会议主题与信息增加、删除、修改由会议管理员负责。进入会议的专家账号也由组织者进行。召开过的会议议题的讨论过程可由组织进行，作为历史记录。组织者左边的信息目录，可以选择信息目录的 XML 文件一次性导入，包括政府部门项目信息以及第八章论述的公众项目信息。

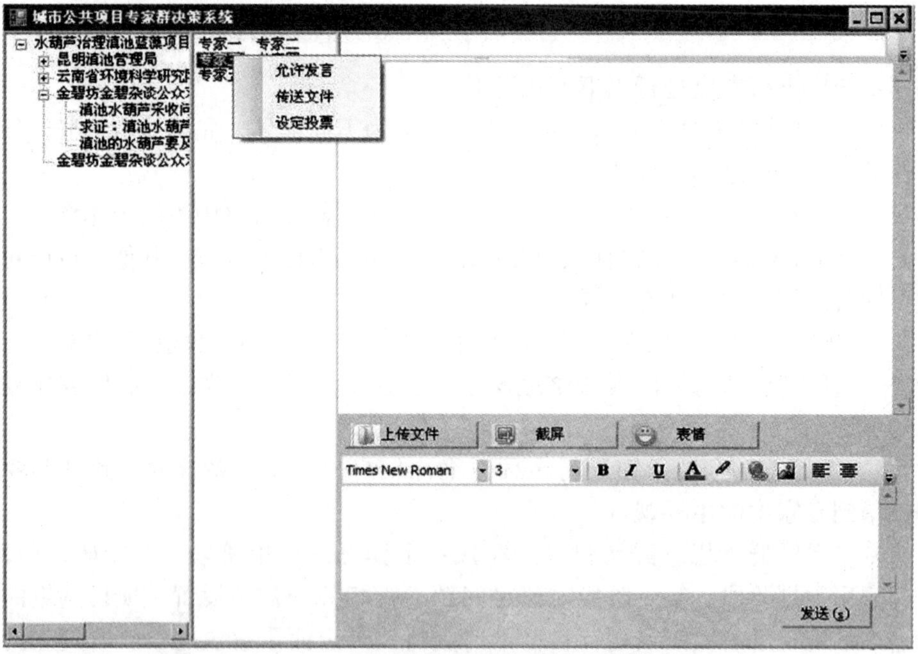

图 7.1　基于信息目录城市公共项目专家系统组织者界面

---

① 王丹力，等．专家群体思维收敛的研究．管理科学学报，2002（2）：1～5.

组织者可以将资料发送给所有专家或向指定的专家发送文件。并能在会议中进行发言控制，临时设立投票项目请专家进行投票，能批准或拒绝提出发言申请的专家发言。

一个项目会议确定了召开时间、议题和参与专家后，由会议组织者将会议的入口信息以邮件的形式，发给专家。当专家接到通知后，用邮件中的账号、密码可以登录会议网址。在会议尚未开始之前，点击管理员建立的左端本次会议链接阅读相关的背景资料。专家系统中的资料树是第六章以项目名称为第一分类原则，然后按相关单位、分资源主题、资源类别等子类别建立的信息目录。专家可以按需求获取包括文字、数据、图形的资料。

专家与组织者全部进入后，在会议期间，专家可以在本人机器的会议系统中看到与会人员讨论内容，并发表自己的意见。公共发言信息出现在所有专家右端窗口，专家之间的私下交流只在对话双方屏幕出现。专家在申请发言得到会议组织者许可后，上传文件，截屏，发送按钮才能生效。发言专家对自己发言中认为有争议和有重大疑问的文字、图形信息，可以用不同颜色、字体标注。图 7.2 为基于信息目录城市专家系统专家端。

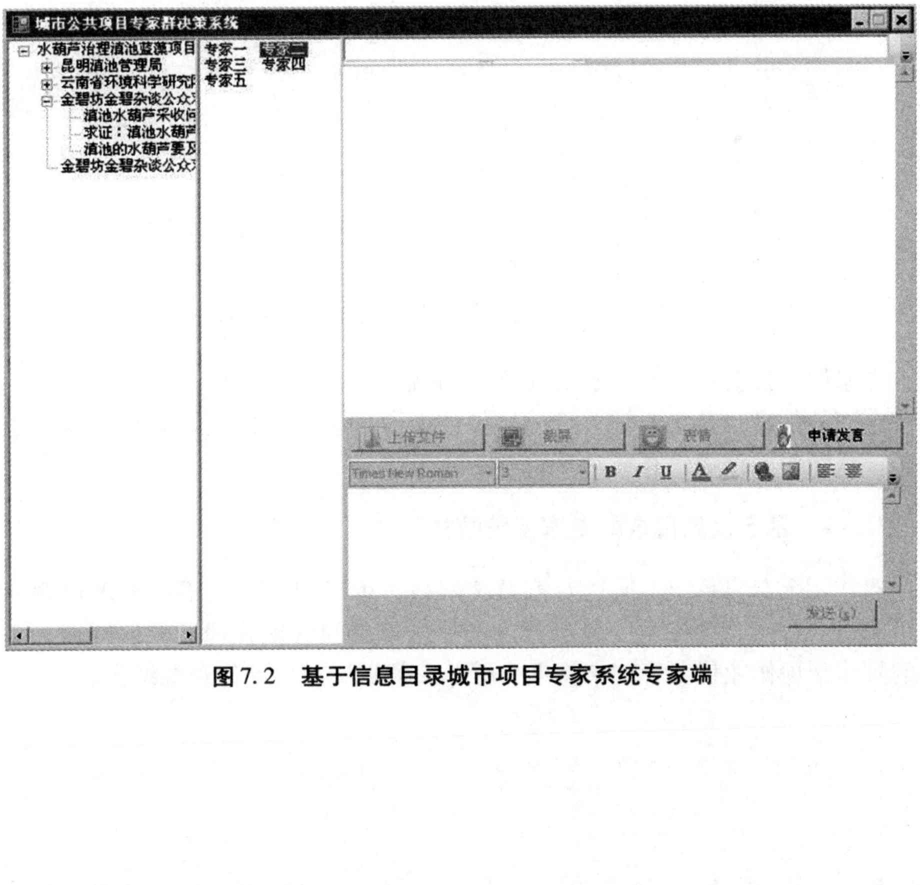

图 7.2　基于信息目录城市项目专家系统专家端

专家端界面与组织端界面基本相同。图 7.3 展示了整个系统的设计框架。

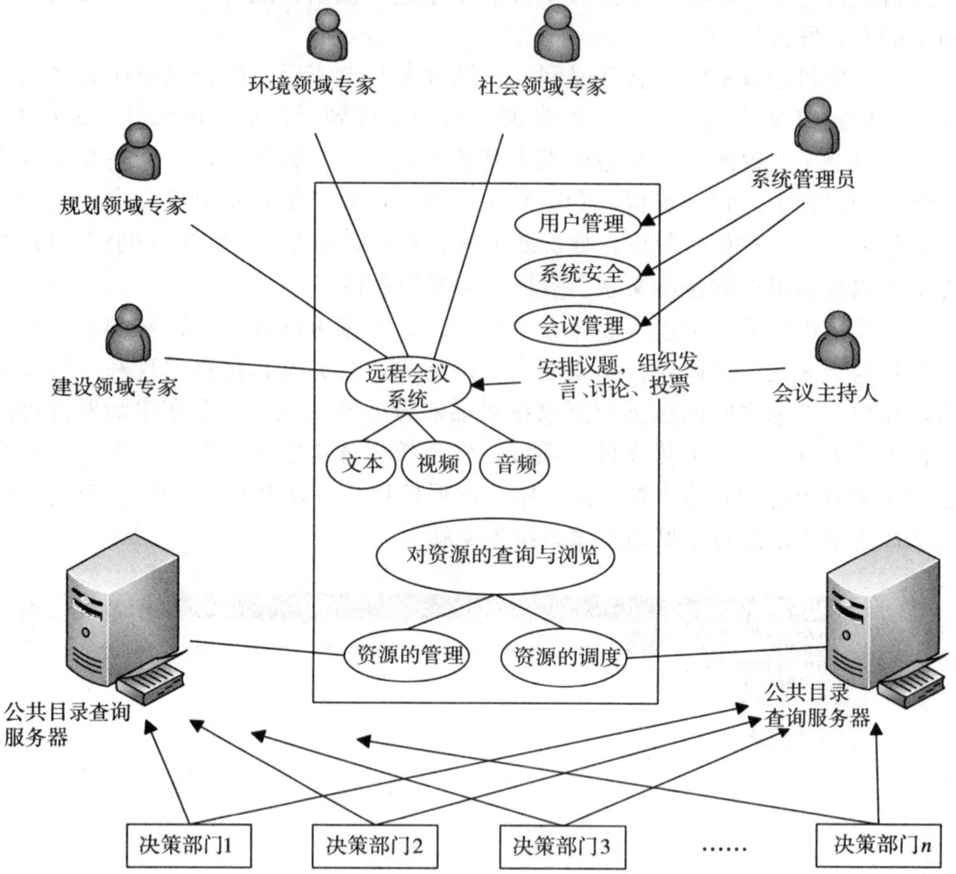

图 7.3　城市公共项目专家决策支持系统模型

专家们项目会议讨论对会议时间有限制，在开始之前，有一个条理清楚、内容全面的信息目录是非常关键的，能使专家们短时间内查阅到自己想知道的材料，从而对项目提出有针对性的方案。

7.2.4　基于信息目录的专家系统结构

建立一个专家系统，通过专家系统网格，可以把分散在不同地理位置的专家组成一个整体。系统通过用户管理、信息目录的数据管理、会议管理、会议下的具体某项作业任务管理来将人力资源、数据资源、硬件资源结合。

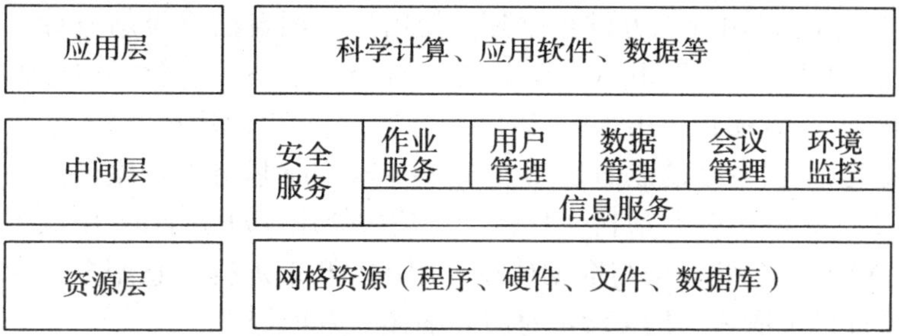

图7.4 城市公共项目专家决策支持系统层次结构

笔者持这样的观点：决策系统解决一个项目决策的问题，就是如何组织决策专家很好使用现有的信息、模型，人、数据与系统完美结合，达成决策目的。

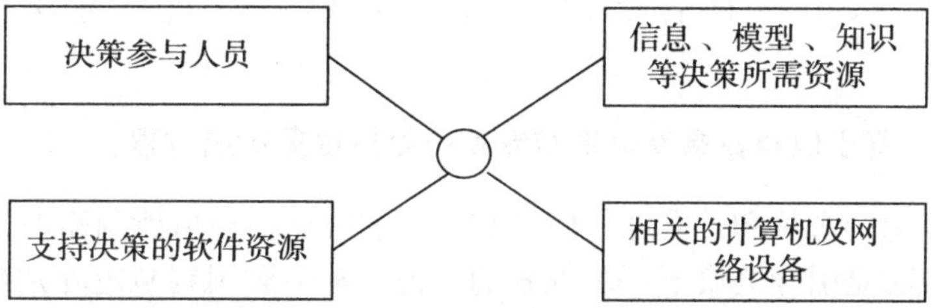

图7.5 城市公共项目专家决策资源结合

在群决策专家系统中，重要一步是如何将专家群体中的个体偏好转变为群体偏好，并且能对已有的多个个体设计方案，经过群体讨论，投票得到方案优劣排序。

7.2.5 基于信息目录的专家系统涉及的IT技术

基于信息目录的专家决策系统主要应用分布对象技术进行设计：将信息目录中的信息视为存取的对象，运用对象请求代理机制，专家以对象访问方式提出信息申请，系统响应，将结果以对象方式返回。现将系统主要涉及分布系统的设计技术，系统之间的数据传输技术，数据、服务的调用技术，数据的分析利用技术，在下面做简要介绍。

Intranet是Internet技术的内部网络技术。构建在Intranet上系统能够非常容易地和Internet信息结合。同时利用Internet上的虚拟专网实现远程网络的连接，保证网络的安全性，限制参与的范围。

XML是扩展标记语言，实现了数据和页面分离，XML可以自定义数据存储形式，在不兼容的系统之间实现交换数据。交换与软硬件隔离。

Web Service 是由提供方发布服务，使用方不用自己再重新设计，而通过服务调用来实现某功能。Web Service 首先要有服务描述，希望调用服务的用户才能查找到服务，借助暴露出来的 Web 调用接口，填写参数调用，信息目录中的每项数据就会根据专家的点击自动生成 Web Service 服务，把服务产生数据传回专家客户端。在城市公共项目信息目录构建中使用 Web Service 中以下几个关键技术：用 XML 来存储数据与数据传输，用 SOAP 来进行信息服务调用，用 WS-DL 进行信息目录描述，用 UDDI 对服务描述、发现。①

利用涉及公共项目决策的政府部门共享及互联网收集的公众信息形成的数据源，联机分析技术从不同角度向高层的决策人员提出数据观察和综合，能对部门技术数据再加工，产生高维度数据。

7.3 基于信息目录的专家系统专家一致性意见形成

7.3.1 基于信息目录专家系统专家一致性意见形成过程

在对专家的意见和方案进行研讨和评判的时候，如何能判断专家的思维是发散还是收敛是引导会议下一步议题的关键。本书运用判断矩阵判断专家意见的一致性情况。AHP 的创始人 T. L. Saaty 引入一致性比例的概念（CR），“N 阶正互反阵 A 的最大特征根 QUOTE≥矩阵阶数，而当 λ = 阶数时，正互反阵就是一致矩阵。同理如果 λ 与 N 相差过多，A 的一致性就差，反之则好”。② 系统中专家判断方案要做的几步工作：

1）将决策问题分解成不同领域的子问题，再将与各子问题有关的各个因素按隶属关系分解成不同层次，从属于上一层的若干因素，它们对上一层因素的影响权值为 1。第一层为决策目标层，多目标决策时，几个目标权重相加也等于 1。最底层为提出的方案层，中间层为专家层和对方案比较的准则层，当需要专家比较的数目大于 9，超出了人能控制数目，就应该对准则再进行划分。

2）专家依据不同领域准则对方案进行比较，给出两方案重要性比值，例如 m 个专家对 n 个备选方案依据比较准则，按照 1 ~9 的比较尺度给分，得到 m 个 n 阶的判断矩阵。记为 $A_k = \{a_{ij}\}_{n\times n}$ ，A_k表示第 k 个专家对 n 个方案的判断，矩阵元素具有以下特点 $a_{ij} >0$，$a_{ji} =1/ a_{ij}$ ，$a_{ii} =1$，矩阵是一个关于对角线对称的全正元素矩阵。

① Web Services 教程 . http：//www. w3school. com. cn/webservices/index. asp.

② T. L. Saaty，J. M. Alexander. Thinking with Models. Oxford：Pergamon Press，1981.

3）判断每个专家判断矩阵是否达到一致性。通过计算每一个专家判断矩阵的权向量，得到最大特征值及对应的特征向量，用一致性比率进行一致性判断。如果矩阵满足一致性，则特征向量就可以做权重；如果不满足，则表示个人给出的方案判断存在自我矛盾，专家需要重新给出判断矩阵，然后对判断矩阵进行一致性计算。

4）所有专家的判断矩阵都通过一致性检验，就需要将个体的判断聚合成群体的一致性指标。然后计算群体一致性指标，如果群体一致性指标超过某一预先设定的阀值（例如2/3），则可找出专家达到一致性的最佳方案，将方案提交。①

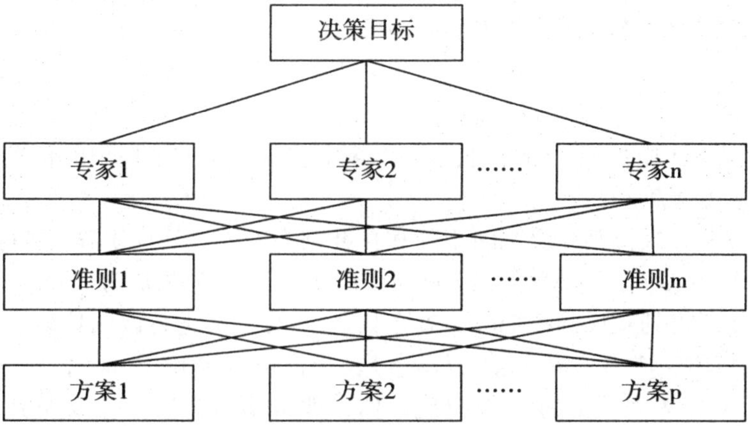

图7.6　城市公共项目决策目标达成模式

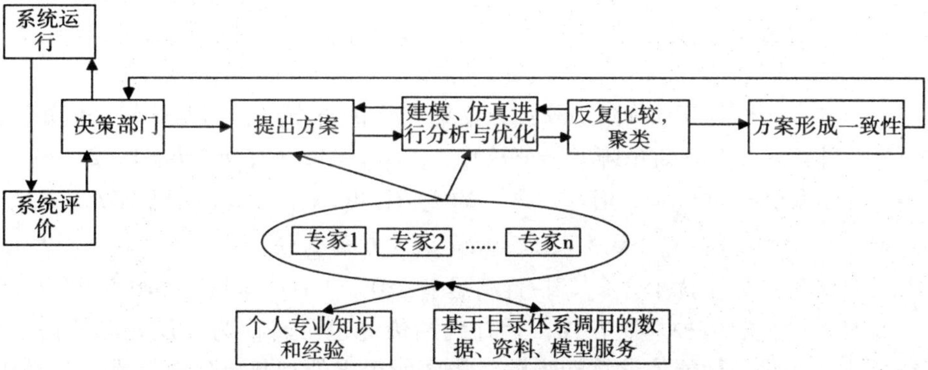

图7.7　城市公共项目专家决策意见一致过程

① T. L. Saaty. The Analytic Hierarchy Process. McGraw-Hill Company，1980；李玲娟，豆坤．层次分析法中判断矩阵的一致性研究．计算机技术与发展，2009（10）：131~133；徐霄峰，上官金丽．层次分析中一种新的保序方法．统计与决策，2011（6）：35~37.

7.3.2 专家群体一致性意见聚类分析算法

聚类分析是研究分类问题的一种统计分析方法。在群决策中，专家的意见经过一段时间的讨论后，专家对方案进行优劣评价，综合个体的意见，判断群体是否达成一致性方案排序。可以采用聚类算法，判断群体意见一致性达到什么程度。具体算法过程如下：

假设 n 个专家，m 种方案：

第一步：n 个专家通过主观效用打分（某一个专家针对方案集合 X 给出一组效用值向量 $v^k = \{v_i^k \mid i=1, \cdots, m, k=1, \cdots, n\}$，$v_i^k$ 是一个实数型数值，v_i^k 的值越大表明第 k 专家认为方案 i 越好)。

第二步：方案排序（k 专家针对方案集合 X 进行比较后，按照自己的观点从最优到最差给出一个排序向量，$o^k = \{o_i^k \mid i = 1,\cdots,m\}$，$k=1, 2, \cdots, n$，其中 o_i^k 取 1 到 m 中的一个整数，表示 k 专家对方案 i 在方案集中的位置排序，数值越小表示方案越好)。

采取两种方式得到互反判断矩阵和互补判断矩阵。互反矩阵为 i 行 j 列值与 j 行 i 列值相乘为 1，互补矩阵是 i 行 j 列值与 j 行 i 列值相加为 1。

一种方式得到互反判断矩阵。方案集 X 中的方案进行两两比较，比较值组成互反判断矩阵 $M^k = (m_{ij}^k)_{n\times n}$，$i, j=1, \cdots, m, k=1, 2, \cdots, n$。$m_{ij}^k$ 是一个比值，按 Saaty 等人提出的 1～9 尺度取值，即 m_{ij}^k 取 1，2，…，9 及其相反数 1，1/2，…，1/9。1 表示专家认为两方案差不多，3 表示专家认为前方案稍优于后方案，5 表示专家认为前方案优于后方案，7 表示专家认为前方案明显优于后方案，9 表示前方案绝对优于后方案。也可以不采用 9 级比较，直接使用 5 级比较。

另一种方式得到互补判断矩阵：方案集 X 中的方案进行两两比较，但矩阵元素值另外计算。互补判断矩阵 $s^k = (s_{ij}^k)_{n\times n}$，$i, j=1, \cdots, m, k=1, 2, \cdots, n$，$s_{ij}^k$ 表示 k 专家认同的方案 x_i 相对方案 x_j 的优越程度。$s_{ij}^k = 0.5$ 表示专家 k 认为方案 x_i 与方案 x_j 是平等的，$s_{ij}^k > 0.5$ 表示专家 k 认为方案 x_i 优于方案 x_j，$s_{ij}^k = 1$ 表示专家 k 认为方案 x_i 完全优于方案 x_j，且满足 $s_{ij}^k \geq 0$，$s_{ij}^k + s_{ji}^k = 1$，$s_{ii}^k = 0.5$。①

专家无论采取何种判断方式，互补判断最终也可转换为互反判断矩阵。如果经过前面步骤一效能值计算和步骤二排序所得出的判断矩阵自然满足一致性；但如果是直接就给出的互反矩阵和互补矩阵，则需要通过矩阵几个方案之间比较来验证是否满足一致性。如果不满足，则计算机需标出不满足一致性的元素，

---

① W. F. Lucas. Discrete and System Models. Springer - Verlity, 1983.

提醒专家重新给出方案比较值。计算 CI 与平均随机一致性 RI 的比值是验证一致性的指标。如果 $CR = CI/RI < 0.1$，则每个判断矩阵的最大特征值对应的特征向量就是对应专家对方案的排序向量。

当所有给出的比较判断向量都满足一致性，就得到下面的 P 矩阵。

$$p_{n\times n} = \begin{bmatrix} p_{11} & p_{12} & \cdots & p_{1n} \\ p_{21} & p_{22} & \cdots & p_{2n} \\ \cdots & \cdots & \cdots & \cdots \\ p_{n1} & p_{n2} & \cdots & p_{nn} \end{bmatrix}$$

p_{ij} 代表第 i 与第 j 个专家方案排序相似度，如果两个专家对方案认同度相同，它们之间的空间夹角就为 0，余弦为 1，$p_{ij}=1$。如果 $p_{ij}=0$，则代表两个专家对备选方案认同度完全不相同。p_{ij} 由公式（p_i，p_j）/（$\| p_i \| \times \| p_j \|$）计算得到。通过计算两排序向量之间余弦夹角值，得到所有专家认同度相似程度比较矩阵。通过一定阀值设定，将持有不同意见专家分类到若干个聚类子群体中，在同一子群体中的专家对决策方案有相近的偏好度，偏好度差异大的专家存在于不同子群体。

下面介绍根据偏好度分配专家到不同聚类子群体的原始算法：

第一步：定义 $E = \{e_1 \cdots e_n\}$ 表示总量为 n 个专家待分群体，集合 $C = \{c_1\ c_2 \cdots c_m\}$ 表示最后形成 m 个偏好度相近的子群体，每个子群体中专家数不同。$c_i = \{e\}$ 表示观点无差异专家 e 放入 c_i 子群体。

第二步：从 E 集合中挑出 e_1 专家放入 C 集合中的 c_1 集合，从待识别专家群体中减去 e_1 元素，e_1 同时记录了 1 号专家对所有方案的偏好矢量。

第三步：当 E 集合不为空集时循环操作。

从 E 集合中取出此时排在第一的元素 e_1，与 C 集合中的子集群数中的向量组计算，找出 j 个 C 集合子集群中与 e_1 余弦夹角值最大元素 e_k，若 e_1 与 C 集合子集群 e_k 的余弦夹角值 $p_{ik} \geqslant \delta$（δ 为设定的归为同一子集的偏好度阀值）。若 e_k 属于 c_r，将 e_1 放入 c_r 集合的同时将 e_1 从集合 E 中除去。如果循环完集合 C 中的所有元素但找不到与 e_1 余弦夹角值大于等于 δ 的元素，则在 C 集合中生成一个空子集，将 e_1 放入这个集合中去，同时 E 中除去 e_1。①

7.3.3　专家群体一致性意见聚类分析算法改进

最近邻聚类原始算法存在一个判断上的问题，它是用新加入的专家对方案

---

① W. F. Lucas. Discrete and System Models. Springer - Verlity，1983；王莲芬，许树柏．层次分析法引论．北京：中国人民大学出版社，1990；赵焕臣，许树柏，和金生．层次分析法．北京：科学出版社，1986.

的判断和集合 C 中某一子集的专家判断的余弦夹角最接近，来决定将新专家归入哪个子集。这样不能保证新加入专家的判断与他加入的子集合中每个专家的判断的余弦夹角值都能达到划分子集的阀值，无法保证新加入专家与此子集合中其他专家的平均余弦夹角偏好度均值能够高于新加入专家与其他子集合专家的平均余弦夹角。

在这个算法中一个成员是否归并到某个子集里，取决于这位专家是否与子集中某一位专家意见相似度达到预先设定的阀值。从而导致最后聚类结果存在链式传递性。原始算法存在两个问题：

第一，初始选择的专家判断不同，会造成最后得到聚类集合结果的不相同。原始算法初始选取比较的专家判断是 E 中的第一个专家判断，聚类结果的形成过程，其他专家归属到哪个聚类子集受到第一个成员选取顺序影响。如果算法初始选择另一个专家判断，最后得到不同的聚类结果。

第二，原始算法未考虑 A 与 B 余弦夹角值最高，B 与 C 的余弦夹角值最高，但不能由传递性得到 A 和 C 有着满足阀值的余弦夹角值。

所以本节对判别专家到不同聚类子群体原始算法进行改进。改进主要有以下几点：第一，判断矩阵中按照从大到小的原则进行余弦夹角值的选取，保证了聚类子集合中专家判断是最接近的。第二，采取了更为严格归属的子集判断，断定新的专家判断是否能归入一个子群体，必须新的专家判断与子群体中的所有专家判断的余弦夹角值大于等于阀值，否则这个新的专家判断归为一个新的子群。改进算法中 E，集合 C，c_i 的定义和原始算法保持一致。

第一步：依然得到余弦夹角矩阵

$$p_{n\times n}=\begin{bmatrix}1 & p_{12} & \cdots & p_{1n}\\ p_{21} & 1 & \cdots & p_{2n}\\ \cdots & \cdots & \cdots & \cdots\\ p_{n1} & p_{n2} & \cdots & 1\end{bmatrix}$$

矩阵中 $p_{ij}=p_{ji}$，对角线元素全部为 1。由于是对称矩阵，只需要比较左下三角元素就可以。

首先，在矩阵中寻找数值最大的 p_{ij}，若 $p_{ij}\geqslant\delta$（偏好度相似阀值），则将 E 中的元素 e_i 和 e_j 放入到子集合 c_1 中，E 中减去 e_i，e_j；同时将矩阵中 p_{ij} 值变为 0。若 $p_{ij}<\delta$，则将 E 中 e_i 和 e_j 分别放入两个新建的子集合中，同时将 e_i 和 e_j 从 E 中删除。

其次，寻找 P 中对角线以下数值最大的元素 p_{ij}，判断 i 和 j 是否已经存在 C 的子集合中，如果 i，j 都不在已有的子集合中，若 $p_{ij}\geqslant\delta$，则将 E 中的元素 e_i 和 e_j 放入到一个新的子集合，若 $p_{ij}<\delta$ 则分别将 E 中 e_i 和 e_j 放进 C 新建的两

个子集合中，同时将 e_i 和 e_j 从 E 中删除。

若 i 和 j 有一个元素 e_i 在已有集合中，一个 e_j 未在集合中，则首先在矩阵中判断 e_j 与 e_i 所在集合中的所有元素的余弦夹角值 P，如果都大于等于 δ ，则将 e_j 加入 e_i 所在的子集合；若 e_j 与 e_i 所在的集合中的元素余弦夹角值均不能大于等于 δ ，则计算 e_j 与其他子集合中元素的余弦夹角值，如果与某个子集合的元素余弦夹角值均大于等于 δ ，则将 e_j 加入这个集合；否则新建一个子集合将 e_j 加入，将 e_j 从 E 中删除；当 i 和 j 两个元素都已经在 C 的子集合中，则将矩阵中 p_{ij} 值变为0。

第二步，判断 E 中的元素是否为空，如果不为空，则在矩阵对角线左下方继续寻找最大元素。重复第二步，直到 E 中元素为空，结束循环。

最后，C 中子集合就是持有相似意见的专家聚类结果。

改进算法和原始算法比较，有以下特点：

（1）保证同一个子群体内部，两两专家之间偏好向量的余弦夹角值都大于等于预先设定的相似度阈值，聚类整体结果比原始的好。

（2）各专家两两之间的余弦夹角是按矩阵中数值的从大到小选取，保证子群体内部的相似度是最高的。

（3）子群体的总数目与 δ 设定有关，如果 δ 的值设置靠近1，则聚类后子群体总数目多。但如果 δ 的值取值小，则就无法区分专家意见。

笔者在 delphi7.0 开发环境中实现改进专家群体一致性意见聚类分析算法，将它与7.2.3展示的基于信息目录的专家讨论环节结合起来，就能实现专家在讨论界面直接对方案给分后，将与会专家的方案判断按相近程度聚类。具体代码见本书附录二。

算法执行后会得到若干个子群体，子群体的个数越多，则表示群体的分歧比较大，需要组织者在专家内部进行沟通，使专家对方案发生改变，重新对方案进行自己的喜好排序，使聚类子群体数降低，专家的意见靠近，通过一次次反复，达到最终群决策预期达到的目标。

给定的阈值对专家的方案判断进行聚类，专家分散到子群体 r 中，$RGAQ_k$ 表示最后生成的子群体数的倒数，如果小于预先设定的专家研讨要达到的群体一致性阈值，表示专家意见未达统一，需要继续研讨。

子群体中专家个数和群体专家总数 n 的比值 $RIAQ_k$ ，表示子群体中持这种观点专家在专家总数中占的比例，称为个体一致性，表示方案的赞同率。如果发现某一子群体的 $RIAQ_k$ 小于个体一致性阈值，则表示该子群体意见是少数意见，则需要提醒其他专家不同意见的存在，持这种少数意见的专家再次表述自己的看法。随后专家再次研讨，如果认可少数意见专家对自己的排序做一定修改，不认可则剔除少数意见。

7.3.4 专家群体一致性意见聚类实例

本小节，遵循上一节给出改进专家群体一致性意见聚类分析算法，给出一个完整的意见聚类实例。假设有8位专家对一个城市公共项目进行讨论，初步已经形成了5个备选方案。8个专家经过第一轮讨论，分别给出5个方案之间的相互判断矩阵，假设8位专家在进行方案比较时，拥有的权限相同。对这8个矩阵求特征值，得到8个矩阵的最大特征值向量如下：

表7.1 矩阵特征向量表

专家	C. R.	特征向量
1	<0.1	(0.3925, 0.4078, 0.882, 0.5569, 0.4266)
2	<0.1	(0.7493, 0.4988, 0.4351, 0.7708, 0.5258)
3	<0.1	(0.4973, 0.8592, 0.5617, 0.6462, 0.4676)
4	<0.1	(0.5358, 0.779, 0.8574, 0.6505, 0.5632)
5	<0.1	(0.3625, 0.7062, 0.9189, 0.7717, 0.3446)
6	<0.1	(0.7613, 0.5972, 0.6122, 0.7594, 0.5967)
7	<0.1	(0.5892, 0.7098, 0.6496, 0.7552, 0.7851)
8	<0.1	(0.5304, 0.774, 0.2549, 0.4911, 0.4412)

8个专家所给出的项目对比向量组满足一致性检验后，将每个向量组各个向量之和作为这组向量组的归一分母，每一个分向量除以分母，得到统一量纲矩阵 w。

$$w=\begin{bmatrix} 0.1473 & 0.1530 & 0.3309 & 0.2089 & 0.1600 \\ 0.2514 & 0.1674 & 0.1460 & 0.2587 & 0.1765 \\ 0.1640 & 0.2834 & 0.1853 & 0.2131 & 0.1542 \\ 0.1582 & 0.2301 & 0.2532 & 0.1921 & 0.1663 \\ 0.1168 & 0.2275 & 0.2960 & 0.2486 & 0.1110 \\ 0.2288 & 0.1795 & 0.1840 & 0.2283 & 0.1794 \\ 0.1689 & 0.2034 & 0.1862 & 0.2165 & 0.2250 \\ 0.2129 & 0.3306 & 0.1023 & 0.1971 & 0.1771 \end{bmatrix}$$

将 w 中 w_1 到 w_8 的8个向量组相互两两计算向量余弦夹角值，得到矩阵 P。

$$p=\begin{bmatrix} 1 & 0.8900 & 0.9117 & 0.9719 & 0.9741 & 0.9316 & 0.9349 & 0.8166 \\ 0.8900 & 1 & 0.9402 & 0.9314 & 0.8895 & 0.9928 & 0.9666 & 0.9364 \\ 0.9117 & 0.9402 & 1 & 0.9807 & 0.9533 & 0.9618 & 0.9725 & 0.9755 \\ 0.9719 & 0.9314 & 0.9807 & 1 & 0.9785 & 0.9663 & 0.9772 & 0.9252 \\ 0.9741 & 0.8895 & 0.9533 & 0.9785 & 1 & 0.9259 & 0.9331 & 0.8651 \\ 0.9316 & 0.9928 & 0.9618 & 0.9663 & 0.9259 & 1 & 0.9842 & 0.9420 \\ 0.9349 & 0.9666 & 0.9725 & 0.9772 & 0.9331 & 0.9842 & 1 & 0.9466 \\ 0.8166 & 0.9364 & 0.9755 & 0.9252 & 0.8651 & 0.9420 & 0.9466 & 1 \end{bmatrix}$$

将偏好相似度阀值设为 0.95，对 P 矩阵左下角部分按改进聚类算法运算，专家群体得到以下划分：

第一步：$\{e_2,e_6\}$

第二步：$\{e_2,e_6,e_7\}$

第三步：$\{e_2,e_6,e_7\}$，$\{e_3,e_4\}$

第四步：$\{e_2,e_6,e_7\}$，$\{e_3,e_4,e_5\}$

第五步：$\{e_2,e_6,e_7\}$，$\{e_3,e_4,e_5\}$，$\{e_8\}$

第六步：$\{e_2,e_6,e_7\}$，$\{e_3,e_4,e_5\}$，$\{e_8\}$，$\{e_1\}$

而如果按最初聚类算法运算，最后专家群体会成为以下划分：

第一步：$\{e_1\}$

第二步：挑选此时的第一个元素 e_2，e_2 与 e_1 的相似度达不到阀值，增加新的子集，$\{e_1\}$，$\{e_2\}$

第三步：$\{e_1\}$，$\{e_2\}$，$\{e_3\}$

第四步：$\{e_1\}$，$\{e_2\}$，$\{e_3,e_4\}$

第五步：$\{e_1\}$，$\{e_2\}$，$\{e_3,e_4,e_5\}$

第六步：$\{e_1\}$，$\{e_2,e_6\}$，$\{e_3,e_4,e_5\}$

第七步：$\{e_1\}$，$\{e_2,e_6,e_7\}$，$\{e_3,e_4,e_5\}$

第八步：$\{e_1\}$，$\{e_2,e_6,e_7,e_8\}$，$\{e_3,e_4,e_5\}$

最初算法和改进算法得出的子集是两个不同结果，观测 e_8 与同一子集中其他三个的偏好相似度，发现与 e_5 的相似度是很低的，e_8 如果放入 $\{e_3,e_4,e_5\}$ 还更为合理。改进算法认为在 0.95 的阀值下，e_8 只与 e_3 相似度达到 0.95 以上，但和子集合里其他专家的相似度过低，不如单独放到一个子集。

通过改进算法得到 4 个专家子群体，总群体参考一致性为 1/4，明显的形成了两个较集中的意见群体，专家 8 和专家 1 意见属于较独特的，组织者可以在专家系统中提醒专家 8 与专家 1 注意，希望他们听取大多数意见对各方案进行

偏好的重新设定。假设专家1和专家8调整自己偏好为:

w_1 : {0.2373, 0.2649, 0.2659, 0.2589, 0.1850}

w_8 : {0.1519, 0.2372, 0.2748, 0.2098, 0.1263}

对 w 中 w_1 到 w_8 的8个向量组相互两两重新计算向量余弦夹角值得到下面的矩阵 q。

$$p=\begin{bmatrix} 1 & 0.9671 & 0.9848 & 0.9859 & 0.9866 & 0.9882 & 0.9820 & 0.9912 \\ 0.9671 & 1 & 0.9402 & 0.9314 & 0.8895 & 0.9928 & 0.9666 & 0.9148 \\ 0.9848 & 0.9402 & 1 & 0.9807 & 0.9533 & 0.9618 & 0.9725 & 0.9740 \\ 0.9859 & 0.9314 & 0.9807 & 1 & 0.9785 & 0.9663 & 0.9772 & 0.9943 \\ 0.9866 & 0.8895 & 0.9533 & 0.9785 & 1 & 0.9259 & 0.9331 & 0.9924 \\ 0.9882 & 0.9928 & 0.9618 & 0.9663 & 0.9259 & 1 & 0.9842 & 0.9509 \\ 0.9820 & 0.9666 & 0.9725 & 0.9772 & 0.9331 & 0.9842 & 1 & 0.9547 \\ 0.9912 & 0.9148 & 0.9740 & 0.9943 & 0.9924 & 0.9509 & 0.9547 & 1 \end{bmatrix}$$

按照偏好相似度阈值设为0.95,专家群体按步骤划分:

第一步: $\{e_4, e_8\}$

第二步: $\{e_4, e_8\}$, $\{e_2, e_6\}$

第三步: $\{e_4, e_5, e_8\}$, $\{e_2, e_6\}$

第四步: $\{e_4, e_5, e_8, e_1\}$, $\{e_2, e_6\}$

第五步: $\{e_4, e_5, e_8, e_1, e_3\}$, $\{e_2, e_6\}$

第六步: $\{e_4, e_5, e_8, e_1, e_3\}$, $\{e_2, e_6, e_7\}$

再次聚类得到: $c_1 = \{e_4, e_5, e_8, e_1, e_3\}$, $c_2 = \{e_2, e_6, e_7\}$

可以根据形成的子群体中 c_1, c_2 专家权重,对5个方案加权,得出5个方案的最终排序,最后的决策部门对两种专家意见进行选择。

本章通过一组模拟的数据,展示了经过改进算法将分散的专家意见逐步收敛形成集中意见群体的过程,验证算法可以使专家群体的意见随着专家讨论的深入达到预期的效果,并最终形成供决策的意见。

7.4 本章小结

本章首先探讨了普通 Web 专家决策系统与综合集成研讨法两种方法优缺点;其次建立基于城市公共项目信息目录的专家决策支持系统,将项目信息与专家系统中的模型库、辅助工具结合起来,对基于项目信息的专家系统进行了模拟开发,为每个专家构建自己的一个信息工作平台;再次对项目专家不同意见构造对比矩阵,利用权向量做一致性检验,得到专家意见聚类;最后对传统一致性检验算法进行改进，用类程序语言实现改进算法，用模拟数据验证改进的效果。

进行了基于项目信息目录的专家群决策系统实验室开发，并在第9章案例仿真中展示与政府、公众项目目录结合的专家决策系统，使专家咨询与项目信息紧密相连。

第 8 章　城市公共项目决策中 IT 对公众参与的支持

MAMSDM 模型的一个重要任务，就是要在城市公共项目决策中完成 IT 对公众参与的有效支持，因此，本章具体研究采集公众信息送入信息目录、论坛项目热点信息与关键用户发掘的方法。展示在信息技术环境中如何将公众参与引入决策系统中，同时利用公众参与公共项目决策发挥民众监督。

本章探讨了传统公众参与存在的不足，介绍了公民参与有效决策模型，由此提出了电子信息技术支持公众参与平台，并对在不同阶段公众参与模式和适用信息技术进行梳理归纳。讨论了如何利用现有政府门户网站、公众参与活跃的门户网站进行民意挖掘与归纳，并将公众信息充实到项目信息目录当中。研究在 Web2.0 环境下，利用网页特性进行信息的收集。探讨对论坛网页进行关键用户与热点主题提取的整个流程。展示了与项目相关帖子的聚类数据挖掘，找出与项目密切相关的热点帖子。通过建立用户关系网络，找出论坛中的民意关键用户，通过决策现实过程与关键用户沟通来达到充分了解民意的目的。为了保证公众参与实施，本章还讨论公民电子参与环境构建和机制保障。

8.1　非网络平台公众参与方法及其弊端

在本书的第 4 章，我们将城市公共项目决策划分为了六个阶段，在不同阶段公民已有很多不同的参与技术与方法，下面就简要介绍。

8.1.1　非网络平台公众参与的技术及方法

香港中文大学的方国栋在他的博士论文“Public Participation in Hong Kong – Case Studiesin Community Urban Design”中对香港公众参与城市规划的方法做过详细总结，[①] 现将其概述如下：

---

① 方国栋 . Public Participation in Hong Kong – Case Studies in Community Urban Design［博士学位论文］. 香港，2002.

公式方法：通过公告牌、传单、报纸公告、电视等媒体单方面让公众知晓政府要进行的项目。公众信息收集：采用街头或电话随机访问；召开座谈会；发放问卷；公众向项目主管部门提交建议；从特定项目人群获得意见。①

M. G. Kweit 与 R. W. Keit（1981）两位学者将公民参与的方式划分为四种类型：

① 选举的参与。

② 团体的参与。

③ 政府主动通过民意调查、听证会、展览会、媒体宣传了解民意。

④ 公民实际参与到公共事务的运作过程中。②

8.1.2　非网络平台参与方式的不足

传统参与方式具有以下弱点：

第一，传统参与方式对时间、地点要求比较固定。而当代社会大多数人的工作生活时间都很繁忙，很难有专门时间去参与；当前人员流动频繁，传统参与方式注定有地点大小的限制，注定了只能面对少数公众。

第二，在现代很多国家的政府组织形式中，代议制是基本的民主形式，政府官员如果同公众沟通的深度和广度不够，公众就无法对决策产生直接影响。

第三，传统参与方式下政府与公众进行互动周期长。如果政府与公众分歧较大，需要多轮互动周期与多种方式和公众沟通，花费过大。

第四，公众参与决策后，决策针对公民意见做的改变，公民无法知晓。

第五，传统的政府管理自上而下的组织结构阻碍公民自下而上的参与。权力集中于上层，下层无法分享上层的权力。

例如，在辽宁省新民市的部分乡村，由于常年饮用每升含氟量高达 3 毫克的重氟水，为了解决群众的饮水问题，辽宁省政府投资 3400 万元，于 2004 年在新民市 117 村屯建设“防氟改水工程”，但工程完成后，村民家中的自来水要么依然不通，要么流出来的水颜色泛黄，铁锰含量超标。相关人员承认，在项目立项时，只考虑了深层取水的解决方案，但又出现铁锰超标的问题。3400 万元就真正打了水漂。③

---

① Renee A. irvin，John Stansbury. Citizen Participation in Decision Making：is it Worth the Effort. Public Administration Review，vol. 64，Feb. 2004：55 ~ 65.

② Kweit，R. W. & M. G. Kweit. Implementing Citizen Participation in Bureaucratic Society. New York：Praeger Publisher，1981.

③ 鲁平. 谨防“民心工程”砸了民心. 党的建设，2011（3）：54 ~ 55.

8.2 网络平台支持的公民参与

8.2.1 公共项目决策中公众参与信息平台

图8.1中，项目基础信息网站由政府公共项目具体总负责单位建设。目录信息除了包含政府各部门项目起始背景信息，还包括由项目负责部门产生的决策过程信息，由项目建设部门产生的执行过程信息。

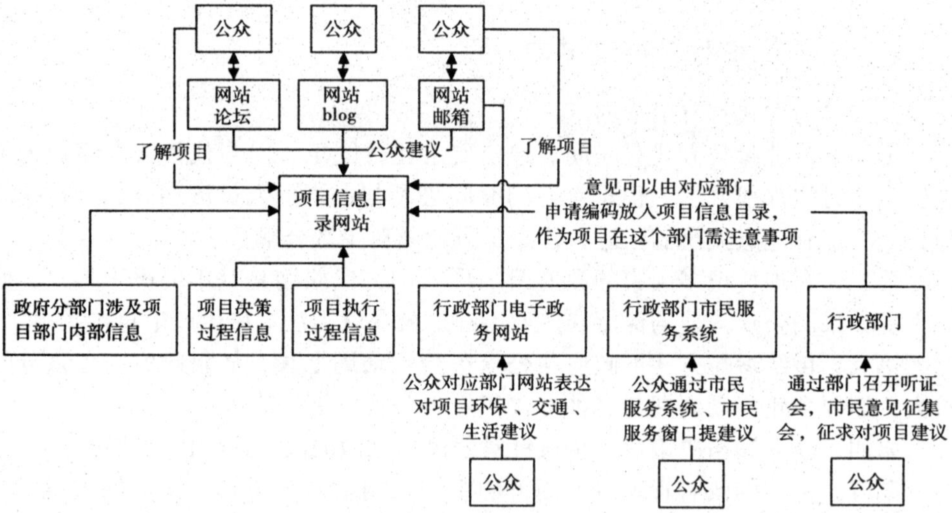

图8.1 公众电子参与公共项目平台

城市公共项目是一个由全体市民参与的实践过程，是一种现代文明生活方式的传播、聚集和提炼的过程。[①] “政府公共项目管理部门要听取各种意见并且要将这些意见尽可能地反映在项目决策之中，成为项目行动的组成部分。”[②] 在多元化的社会，通过尽可能多的技术获取下层民众的意愿，这样的城市公共项

① 仇保兴．中国城市化进程中的城市规划变革．上海：同济大学出版社，2004.
② 孙施文．城市规划中的公众．国外城市规划，2002（2）：103～106.

目才能具有完整、明确的公共利益，也才能使项目更具有成就感。① 采用信息技术改变公众参与政治事务的形式，是现代政府行政的体现。② 也能改变直接民主不适宜大型民主活动，而代议制民主参与间接，公民对官员缺乏监督的弱点。③

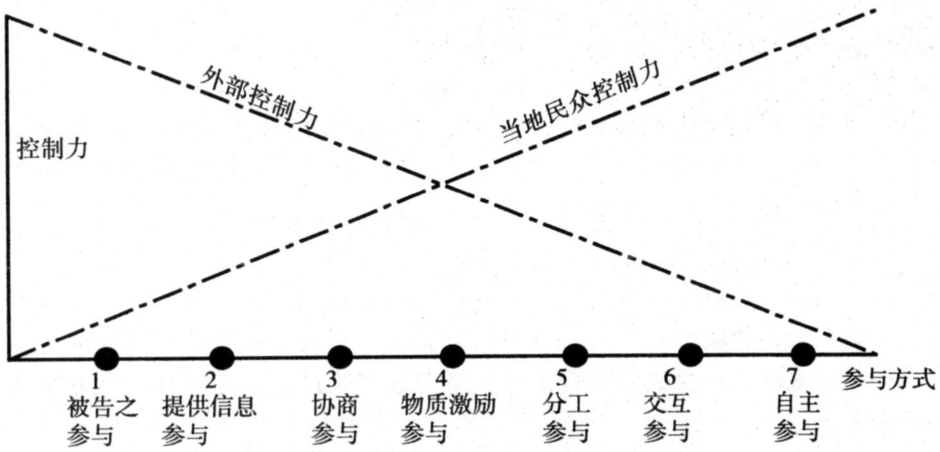

图 8.2 公众参与方式与控制力阶段图

从图 8.2 可以看出随着民众在城市公共项目过程中影响力、控制力得到了加强，作为政府的外部控制力则在下降。纵轴乘于横轴的面积代表了公众的参与程度。将公众的参与程度类型划分为七类，被告之参与、提供信息参与、协商参与、物质激励参与、分组分工参与、交互参与、自主参与。④ 也有人认为发展中国家目前的参与仅是对公众代表的咨询，属于象征性参与。⑤

---

① Paul Davidoff. Advocacy and Pluralism in Planning. Journal of the American Institute of Planners, Volume 31, Iss 4, 1965, 331 ~ 338; J. G. Nelson, R. W. butler, G. Wall, e - tal. Waterloo on, Long vh. Techniques for Socially Sustainable Tourism Development: Lessons from Mexico, Tourism and Sustainable Development: Monitoring, Planning, Managing, 1993, 201 ~ 218; Gunn CA. Tourism Planning: Basics, Concepts, Case. Washington DC: Taylor and Francies, 1994, 68 ~ 85.

② 翟国涛. 公共管理中公民网络参与机制研究［硕士学位论文］. 西安：西北大学，2007.

③ Robert M. Entman. Slanting While Framing the News. Journal of Zhejiang University (Humanities and Social Sciences), 2010 (2).

④ Smith L. G. Public Participation in Policy Making: the State - of - the - art in Canada. Geoform, 1984, 15 (2): 253 ~ 259; Arnstein. A Ladder of Citizen Participation. Journal of the American Institute of Planners, 1969: 35; Pretty J. The Many Interpretations of Participation. Focus, 1995 (16): 4 ~ 5.

⑤ McIntyre G., Hetherington A., Inskeep E. Sustainable Tourism Development Guide for Local Planner. Madrid: World Tourism Organisation, 1993: 57 ~ 92.

在第 4 章问卷调查中，目前我国城市公共项目公众参与方式集中在被告之参与与提供信息参与阶段。如果能按本书设想建立信息目录，并主动收集公众信息，公众也有渠道自由发表对公共项目建议，则参与力度能提高到交互参与阶段。政府可以根据“公众参与的有效决策模型”中公共项目性质来决定平台收集公众信息的强度。

项目产生阶段，通过现有的部门电子政务网站、面对市民的政务系统、不定期市民意见征集会来寻找与公众密切相关的城市问题。分管部门负责从收集到的公众热点意见中确定可以跟进的城市项目。如果是已经立项的城市公共项目，则将这些信息放入对应项目的信息目录下。

项目行政部门一方面主动通过问卷调查、投票、公共邮箱收集在自己负责领域公众对项目的看法，另一方面通过对网站论坛、个人博客、政务博客的热点话题聚类分析获取公众对公共项目的意见，并专人负责将热点建议放入信息目录中。这些动态信息成为项目最终决策者和决策过程中专家在进行方案选择时的依据。

公众电子参与项目平台可以利用现有的政府网站改造实现。

第一步，对现有的政府门户网站进行改造。由单纯信息发布，变为增加参与和反馈应用，以单个政府部门为单位完善电子参与。这样市民参与渠道得到扩大的同时也提高了政府接受民意的速度，使政府几乎能实时获取市民的意见。政府制定政策和项目相关信息也能让相关群体迅速知晓。

第二步，是注重民意收集、整理归纳机制，从网上巨大的与项目相关信息中提炼出典型民意。不论是公民通过传统书信、电子邮箱向政府主动反映的意见还是政府部门通过网站在线问卷得到的意见，或是通过论坛中收集不同种类的意见，都将会被整理和相关部门业务信息编码后一起放入信息目录。

第三步，将公众意见存入信息目录后，使第二步已经实现的电子化信息依据电子目录元数据为电子政府的辅助决策提供依据。

讨论的形式可通过在指定公众交流的论坛，对要进行的或正在进行的城市公共项目开帖。网民对自己感兴趣的城市公共项目，网民可通过第 6 章政府组织建设的信息资源目录树获取到项目背景、预期方案、项目实施情况。同时要有专门的政府部门负责对网上的民意舆论的收集，在一些专业项目网站关注不同意见，并及时在相应的位置及时给予回答，或邀请持有不同意见的民众与政府沟通。这种方式可以让公民感受到重视，越来越有兴趣保持参与。另一方面也可以作为一个民意发泄的地方，有助于了解到公民真实内心想法。[①] 比如湖南省委就利用网络论坛举行“献计献策”活动，当时有一位网友在论坛中提出湖南的湘西南、湘南铁路建设问题的建议后，相关的讨论很热烈的展开，该帖的点击率达到1.8万次，回帖达到737个。不少人就该问题提出自己的建议和看法，最后该建议在综合了各个网友观点后被吸纳为献计献策中的一条为湖南省委所参考。可以说，论坛是一个很好的讨论地方，将一个帖子的发言总结就能代表讨论意见。

针对现在政府网站存在的网站缺乏互动性、缺乏信息检索和网络导航、缺少个性化定制等问题，需运用Web2.0技术对政府网站进行改造，能够满足政府网站提供公民参与的功能。Wcb2.0的中心思想是“一切以用户为中心”。传统的政务信息资源所呈现出来的静态特征，以及现有政府门户网站个性化服务功能缺乏，已经很难满足不同层次不同行业的用户日趋多样化、复杂化的信息需求。增强政府与民众的互动能力，是实现公众参与功能和政府网站服务功能的重要方面。因此，将Web2.0的个性化服务理念运用到政务信息资源组织中，势必会给政务信息资源的合理利用注入新鲜的血液，也会使得政府门户网站更加具有活力。[②]

将Web2.0应用到电子政务门户网站中将能很好地解决现有网站存在的不足：

1）开辟用户个人空间，利用Tag技术公众建立个性化政府信息资源分类。

在Web2.0中Tag就是用关键字的方式给信息分类。Tag反映的是读者对信息的认识。结合到项目信息目录网站，在政府信息公开分类指导下，大量的信息被梳理归放在不同的类别下。虽然这些信息最终是为了方便老百姓查阅，但分类管理却是政府一手操办。遵循政府原则和方法，每个百姓有自己关心的不同项目。现在Tag技术提供了一个很好的思路，在每个政府项目信息公开内容的后面都可以由民众自己增加Tag，再基于Tag进行自动分类，或者通过Tag检索出来的信息，这样就更加反映百姓的认识，更加贴近百姓的理解。

2）利用RSS技术为用户提供个性化订阅服务。[③]

目前在许多门户网站上都可以发现XML和RSS标志。利用RSS来发布动态更新的最新消息，可方便因特网用户及时了解最新的信息。而现有的政府门户

---

① 徐家良，等．公民网络参与的政府创新分析——以湖南“献计献策”活动为例．中国行政管理，2008（4）：70~73.

② 何彦彬，等．运用Web2.0技术改进政府门户网站．电子政务，2007（8）：92~96.

③ 刘慧敏，陈树年．Web2.0个性化服务理念为政府门户网站注入新活力．情报探索，2007（1）：69~71.

网站中，几乎都没有个性化订阅这一服务功能。因此建议政府项目信息目录网站支持 RSS 信息自动聚合技术，添加 RSS 个性化功能模块。通过 RSS 这种全新的数据提供方式，改变公众被动的信息阅读方式。公众可以在首次访问政府门户网站后，根据自己的需要来订阅相应的内容，网站就可以按用户的需求向用户推送具有针对性的信息。用户只要在网上，并不需要专门去查看内容，就可以看到自己订阅的内容摘要，再由内容摘要决定是否要查看具体内容。这一特点所体现的互动性，不仅可以帮助政府了解公众需求，也可以让公众体验到个性化的服务。①

3）利用网摘技术为用户提供个人存储平台

政府项目信息目录网站在建设过程中可以开发适用于政务信息的网摘软件来支持这项个性化服务功能。用户可以在“个人账户”里建立“我的政府信息文摘”，搜集自己需要的项目信息、其他政府门户网站地址、网页链接、图片等，对文章加以标注、撰写摘要，并可以按照自己的分类列入相应的类目里。网摘的优点在于不必担心电脑或者操作系统突然出现故障导致自己收藏的信息“毁于一旦”。网摘是随着用户走的，只要有用户名和密码，随时随地可以打开浏览查阅。

4）利用 Blog 和 Wiki 加强各方的参与度。

Blog 最初仅仅是网络日志和个人发布信息的工具，而现在 Blog 在门户网站中发挥着巨大的作用。政府部门信息用 Blog 发布，可以代替传统的邮件抄送，它比使用邮件交流具有更高的时效性；Blog 与 Wiki 一样，内容的主题明确，政府信息的回复也都围绕统一主题进行，因此内容的深度和数据的相关性得以保证；Blog 服务器占有的系统资源比传统协同办公软件更少，但功能一样，同时维护更为简便。

Wiki 应用模糊了创建者和信息使用者之间的界线，它是一种用开源方式开发的协同式知识载体，任何人均可在其中添加内容。如果使用 Wiki 应用则所有工作均可以在共享空间中完成，免去收发邮件的工序，并使每个部门成员了解工作的进程。

对于个人应用来说，普通用户不仅仅是内容订阅者，同时也成为内容的制造者，这使得更多的人参与到网络内容的创建中来。Blog 和 Wiki 是这种特点的主要代表。对于电子政务来说，政府需要利用这一特点让公民也参与到建设中来，共同创建知识与数据，并实现分享，从而加强政府与公众、政府内部、访

---

① 张会娥，张智雄．基于 Rss 的科技信息聚合系统的设计和实现．现代图书情报技术，2005（7）：60～63.

问政府门户网站的公众之间的多向互动。

易观智库的报告显示，我国微博注册用户 2011 年为 1.45 亿人，而 2012 年将达到 2.4 亿人，增长速度将创下中国互联网之最。微博用户也正将更多关注放在公共领域特别是公共项目领域。

英国政府发布了《政府部门 Twitter 使用指南》。该指南制定了一套完整的如何使用微博进行政府事务管理的方法，这对我国政府部门如何在网络时代利用微博进行宣传，如何增强和公民的互动具有指导意义。

首先要注重关注人数多的公民微博，因为他们的观点往往形成主要反对观点，所以应该重点关注他们对项目的留言内容，同时采用关键公众接触法，借助他们的力量来宣传政府的理念。通过政府门户网站上建立微博页面索引，主要意见索引，并以电子邮件方式对主要观点回应。注册政府微博，每日发表公共项目最新内容。

博客与微博成为最受欢迎的网络服务，自己的博客空间给予网民更大的发挥空间，网络事件中的意见领袖在微博充分表达自己的意见，针对公共事务提出有别于官方的独到见解，能够启发网民对同一事件展开逆向思考。网络的平等性化解了阶级与权威观念，网民拥有平等的话语权力，再不能互相掌控，潜伏在网络中的各行业精英以网民身份在网络中发言，他们清楚公共事务在本行业内的问题，可以行业专家的眼光指出事件问题所在，并提出有效对策。在针对专业性强的公共事件上，网络精英提供的论证比一些纯属观察的专家更准确。互联网给予草根平等的话语权，在网络中每个人去除了现实生活中的身份。

微博具有其政治功能。从这个意义上讲，“微博问政”恰好体现了其政治功能。微博是多对多的用户互通方式，每个人通过对自己感兴趣的话题、人、观点关注，形成一个个虚拟的社会团体。微博实现阶层与阶层、圈子与圈子、群落与群落之间的互联互通，既认识到个性化的存在，同时也认识到别人的诉求、意见和生存状态。相似的观点的人会聚集在一起，很容易识别出不同的主要观点，也很方便进行不同地位、阶层的群体在网上进行对对方的了解。

在微博使用过程当中，可以采取关注数、转发数、回应数来评价一条微博的热度。政府公共项目是否得到民众的支持，民众支持/反对的程度，粉丝数、转发数和评论数的多少就是最好的量化标准。而关注民众在政府微博中的回应，有助于政府部门汇聚群体智慧去更好地解决民生问题。微博观点中热度高的就应该认真收集总结，将它放入信息目录体系，作为政府、专家决策时应考虑的重要因素。在下面章节将对如何结合模型应用进行讨论。

电子技术下的公共项目公民参与，是信息社会实现善治的关键运行机制，电子参与同传统治理模式下的参与比较有以下的优势：

表8.1 传统参与与电子参与比较

	传统治理模式	电子参与模式
参与模式	参与政府、人大代表选举	公众直接参与
参与范围	现场参加	可以现场或异地
参与方式	被动、单向	直接与政府互动
参与代价	代价大	代价小，参与灵活
参与影响	间接与滞后	直接与即时

电子参与扩展了参与的渠道，增加了参与的方式，使异地与同步参与成为可能，也能模拟传统的参与方式。电子参与多了后台计算机系统支撑，可以为讨论提供更多的公民表达方式。公共空间的概念是由哈贝马斯提出，在相对于国家政权之外的公民社会中，各种利益团体可以就自身利益的问题进行广泛的政治辩论、交流，从而影响政治过程。

公共空间提供了公民之间交流讨论的过程，即协商过程。在这个过程中，人们互相提供信息、互相交流看法，有利于共识的达成。信息的交换使每一个人可以更为全面地看问题，克服信息不足造成人的有限理性。各种意见的交流使每个人有机会了解到他人的想法。这既能丰富自己的观点，同时使自己有机会接受他人的观点。

在传统的方式中，组织大范围的讨论需要高额的成本，所以政府通常采取组织小范围的听证会进行讨论的形式。直接进行大范围的投票，公众之间缺乏对话与交流，往往容易爆发冲突，同时由于大范围的投票使单个个体的投票变得对结果影响细微，因而理性的个人对待决策选择态度冷漠。网络应用在公共项目公众参与之中，使公众能进行大范围的讨论，而讨论使公民获得更多的知识与解决问题的能力，在网络讨论中，容易形成若干个主要观点，在几个主要观点中进行协调的难度要远远小于对公众个体的协调，并使社会更易达成共识，降低冲突发生的可能性。

8.2.2 公众参与平台网民基础及适用技术

在中国青年报调查中心与腾讯网针对公众有效举报方式的调查显示，在正常渠道闭塞的情况下，只能借助网络，寻求网民力量，让公权力回归到正常渠道。而笔者借鉴最近十多年的《中国互联网络发展状况统计报告》，从中分析了网民规模与结构的走势，总结出中国网民开始从精英阶层步向草根阶层，网络事件从事件性质而言也趋向大众化。逐步培养出一种成熟且多元化的网民素质，假以时日，这个群体足以在网络上代表全体人民发声。中国网民的变化具有以下特征：

第一，城镇人口网民比例持续增长。根据2013最新《中国互联网络发展状况统计报告》显示，[①] 2012年中国总体网民规模达到5.7亿人。

第二，城镇网民学历向低学历扩散，更具有代表性。意味着网络听到公共管理的意见不再仅仅是精英人群，中国互联网已经从高学历人群向高中、初中等学历人群扩散，低学历人群的增加，拉低了整体的网络新闻使用率。

第三，城镇网民职业也日趋多样化。上网人群的职业分布与实际生活中职业分布靠近。网络意见也比较贴近生活中的意见。

第四，城镇网民中，中高收入人群比例增加。网络应用也由简单地浏览网页、看视频、听音乐、打游戏扩展到通过网络寻找自己感兴趣话题，对与自己生活切身相关的城市公共项目提出自己的质疑，使用微博成为发表个人看法、获取信息重要渠道。

在图8.1公众电子参与项目平台中用到的信息技术有网络技术用于信息浏览，发布；[②] 地理信息系统用于展示项目；数据挖掘技术用于政府从海量数据中采集与项目有关热点信息，[③] 本文在下面章节将进行详细研究；VR技术有助对决策方案实施后的效果有感性深入的理解。[④] 按MAMSDM模型中阶段对公众适用的信息技术进行整理得到表8.2。

表8.2　公众参与在各个阶段使用ICT技术

公共项目阶段	公众每阶段承担任务	参与项目方式
城市公共项目问题产生阶段	公众对一般项目信息获取，提出公众项目期望	通过政府的交互式网站，电视信息频道
	公众对项目提出意见	在线咨询，信息网站、因特网的民意测试
	讨论问题，提出方案	在线论坛，被动信息交流
	公众以正式的方式提出建议	在线提供电子形式的表格和文件，主动信息交流

① http：//www.cnnic.net.cn/dtygg/dtgg/201201/t20120116_ 23667.html.

② Milovanovic，D. Interactive Planning - use of the ICT as a Support for Public Participation in Planning Urban Development：Serbia and Montenegro Cases，39th ISoCaRP Congress，2003；阿尔温·托夫勒．第三次浪潮．朱志焱，等译．北京：三联书店出版社，1984.

③ 刘艳慧，等．基于Web数据挖掘技术研究．现代电子技术，2007（9）：96~97.

④ 任爱华．多用户虚拟现实建模技术研究［硕士学位论文］．武汉：华中科技大学，2002.

续 表

公共项目阶段	公众每阶段承担任务	参与项目方式
城市公共项目方案提出、方案选择、方案优化形成阶段	在方案形成过程中积极参与，对方案表达喜好	通过决策项目网站，即时了解进展，通过民意测试、访谈收集评价
	公众深入了解决策文件，根据公众的反映对方案进行调整	通过在线咨询、在线论坛、网络听证会、政府项目博客提出建议
	公众表达对最后的方案接纳程度	听证会，传统形式表决系统与网络表决的结合，交互式网站
城市公共项目方案实施阶段	公众对项目监控，了解方案实施进度，预算使用	通过项目交互门户网站，了解项目自我评价
城市公共项目评估阶段	公众作为城市项目重要评价者参与评价	通过听证，网络调查获得公众主体对项目的评价，与专家、政府的评价结合

8.2.3 公共项目公众信息网络收集

需要说明的是除了直接对网络平台上的电子信息进行收集外，通过专家委员会提出意见，在城市公共项目听证会上提出意见，通过各种新闻媒体反映问题，通过政府热线进行问题反映等方式产生公众信息，都能经电子化后编码注册到公共项目平台中，本书重点是对电子参与形式信息采集研究。

昆明市金碧坊社区的谈天说地板块是市民对身边事务交流的重要场所，市民化身为网络用户自由参与其中，围绕某个特定项目，发表自己观点，公布信息，或是对话题发表观点与意见。在社区论坛中进行内容挖掘，根据论坛中用户间互相回复与引用主题关系，有效挖掘出论坛中用户热点主题集合，这些集合提取出来放入信息目录作为公众参与的一部分。①

8.2.3.1 用户与主题提取流程

网页提取工具是自动提取网页的程序，是搜索引擎的重要组成部分。传统的爬虫从一个或若干初始网页的 URL 开始，获得初始网页上的 URL，不断抓取新的 URL，直到满足搜索的停止条件。

论坛中不同用户之间动作像现实社会中的社会网络，一个社会网络可以抽象为由点集和边集组成的图 G =（V，E）。其中，“点”表示社会网络中各个社会行动者，“边”表示各行动者之间的社会关系，例如：朋友、亲人、同事等。

---

① 黄晓斌．网络信息挖掘．北京：电子工业出版社，2005.

在论坛中就是讨论、回复、赞同、反对这些关系。①

应用社会网络分析理论，根据计算节点之间相连数据，如果某一节点具有最高的度数，就可以把该节点看作论坛中的中心节点。

论坛活跃用户与讨论焦点问题数据挖掘具体流程如图8.3：

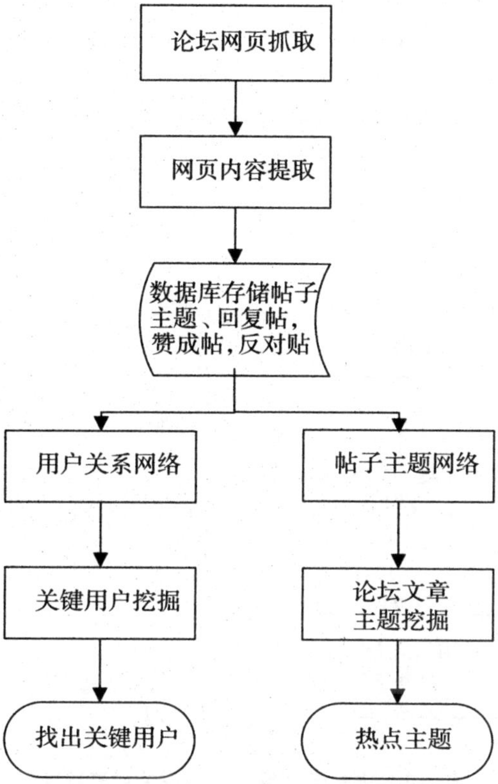

图8.3 用户与主题网页挖掘流程图

流程图中的矩形方框表示的是运用挖掘的技术，最底层椭圆形表示最终挖掘出的成果。比如金碧坊社区是云南最有影响力的互动社区，“以关注民生疾苦、关注群众呼声、让老百姓说话”为主要方向。笔者将以社区中金碧杂谈板块进行民意采集流程及关键用户挖掘为例进行研究。

8.2.3.2 网页抓取

网页抓取功能实现，论坛指定板块的所有主题列表页面和内容页面抓取到

① Salton G., Wong A., Yang C. S. A Vector Space Model for Automatic Indexing. Communication of ACM, 2001 (1): 2~8；包金龙. 基于向量空间模型的信息检索系统的设计. 情报杂志，2005 (7): 44~45.

本地，比如将金碧杂谈超过 3 万个帖子保存到本地目录，按图 8.4 流程进行抓取。

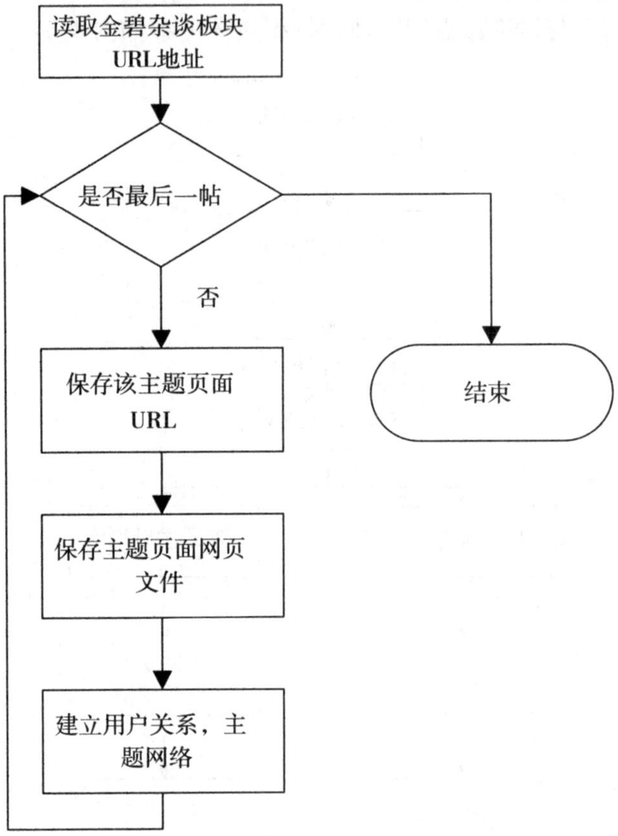

图 8.4　建立网页保存与用户关系流程图

首先对主题列表进行提取，对每页具体列表找到“stick thread”，然后利用网页的 <td> 属性，将页面拆分成一系列单独的主题，读出每个主题的基本属性信息。例如读取主体的标题，具体的网页链接。处理完所有主题列表后，通过网页链接获取主题正文页面文件，根据网页结构过滤信息，提取出用户在这个主题中的发帖情况（发帖次数）和用户回帖情况（参与讨论用户，帖子被收藏、引用、赞同、反对情况）。

用户发帖信息提取过程：根据帖子模板文件对主题正文页面拆分，通过读取“separate”的标签、属性和值的信息，将页面拆分成一系列单独的帖子，然后从帖子中过滤出基本属性，如帖子用户信息与帖子用户引用信息，保存至数据库。

8.2.3.3　论坛热点话题发现

通过发现论坛中网民讨论热烈的公共项目话题，并将内容整理进入信息目录，是对决策背景资料有力的补充。网民通常会先后发表帖子对某一热点话题表达自己的观点，因此需要从论坛中众多帖子中识别出属于同一话题的帖子。

本章采用基于词条的向量空间模型（VSM）来表示 BBS 文本的内容，向量中每一维元素被称为一个特征项。在论坛中一个主帖及回帖内容是很多的，如果对所有词条都作为特征项来比对，不仅计算量大，而且帖子识别率会很低。所以必须选择具有代表性的词汇来做区分。本书从词条出现次数、出现位置以及包含该词条的帖子数目等三个因子对词条重要性进行评估。

如果是关键性词语必然会在多数帖子中被用到，所以在帖子中出现次数对特征项的权重计算起重要作用。在标题与主帖中出现的词条重要程度高于只在回帖中出现的词条。关键性词语权重计算函数：

帖子关键性词语可以是名词短语和实名实体，根据要收集公众意见的公共项目性质选择名词、简称、缩略语作为初始特征集合。

$$f(t,d) = occurence(t,d) \times postcount(t,d) \times place(t,d)$$

其中，$occurence(t,d)$ 是特征词 t 在帖子 d 中出现的次数；$postcount(t,d)$ 是帖子 d 中包含特征词 t 的回复帖数目；$place(t,d)$ 是特征词 t 在帖子 d 中出现位置的权重值，当特征词 t 出现在标题中时，该值为 3，出现在主帖中，该值为 2，若只出现在回帖中，则该值为 1。

接下来就计算论坛中每个帖子初始特征集合中每个特征项的评估值，每个帖子可以有一个特征词对应向量组。

得到每个帖子的特征项向量后，可以计算 sim (x,y) 表示文本 x 和文本 y 之间的相似度。[①] 相似度是介于 0 到 1 之间的一个值，如果两个主题帖子之间的文本相似度越大，则说明讨论话题越相关。使用 Cosine 距离来计算两个向量之间的相似度。

$$\mathrm{sim}(X,Y) = \frac{\sum_{1}^{n} w_{xk} \times w_{yk}}{\sqrt{\sum_{k=1}^{n} w_{xk}^{1}\sqrt{\sum_{k=1}^{n} w_{yk}^{2}}}}$$

通过指定项目的特征词设置，论坛中所有帖子经过特征表示后，每个帖子具有特征向量空间的一个特征词向量，对这些向量组进行聚类计算，如果之间相似度值大于聚类阈值 θ，则这些文档就归为指定项目类。

---

① Laender A., Riberiro - Neto B., Silva A., et al. Brief Survey of Web Data Extraction Tools. Sigmod Record, 2002, 31 (2).

政府部门将聚类文档观点提炼，放入项目目录体系中的公众意见部分，在专家决策系统中专家也能看到公众意见。

8.2.3.4 指定主题关键用户挖掘

John Clayton Thomas 教授在 *Public Participation in Public Decision*：*New Skills and Strategies for Public Managers* 一书中提出一种随机性的分析模型——公民参与的有效决策模型（Effective Decision Model of Public Involvement）。在模型中，管理者通过项目对决策质量要求；决策信息是否完备；决策是否是结构化问题；公众接受程度对决策执行的影响程度，如果公众不接受决策结果是否就意味着决策失败；决策是否可以以组织来识别；公众能否分享决策目标带来的成果；公众内部对决策方案是否已经达成一致七个问题的回答来明确项目决策对公众参与程度的要求。

头三个问题是关于最终决策方案的质量问题，后四个问题是决策方案的公众可接受性问题，由这两个维度决定一个公共项目公民参与程度与方式。[①]

决策问题需要公民接受结果，公众内部是否存在利益冲突决定了是将整个公民群体看做一个整体来做协商工作，还是分别持不同意见的公民做协商工作。在进行城市项目决策时，公众群体中存在不同意见，需要对项目所在城市的热点论坛进行公众信息挖掘，归纳出公众对项目集中意见。同时采集持不同意见的关键用户，通过与他们的沟通来实现与整个公众的沟通。

论坛里有一些活跃用户，他们进论坛发表主题帖，并且发起的主题能够获得极大的关注，帖子的质量很高，这样的用户我们称为核心用户，与这些用户的沟通有助于了解公众想法，也有助于政府项目被公众接受。将面对特定项目帖子聚类出来后，对这些帖子网页内容提取主题信息、用户的发帖信息和用户引用信息保存至数据库，构成用户回复和引用信息，构建出面向项目用户社会网络，并从中挖掘出影响力高的用户。本节将阐述基于用户关系网络影响力用户挖掘过程。

建立面向特定项目社会网络的具体流程如下：

步骤1：将按项目聚类帖子抓取并保存到本地。

步骤2：分析网页的结构，将网页拆为一系列主帖与回复帖，提出主题编号，各发帖回帖用户编号，用户间相互回复和引用次数，将这些数据保存到本地数据库。

步骤3：利用保存到数据库的相关数据，统计生成用户之间关系，如果两

---

① J. C. Thomas. Public Participation in Public Decisions: New Skillsand Strategies for Public Managers. San Francisco: John Wiley & Sons Inc. , 1995.

个用户之间存在回复或者引用关系，在两用户之间就有一条边，边的权值为用户间回复和引用次数。步骤 3 具体过程：

（1）定位到主题信息表第一条记录，获得主题发起者。

（2）从主题用户表中读取参与用户，建立发起者与参与者的关系，用户 A 记为发起者，用户 B 记为参与者。两者之间权值设定为参与者对发帖者的回复次数。

（3）从引用关系表中读取该主题的引用关系，建立由被引用者指向引用者的有向连接。边的权值为引用者引用被引用者的次数。若数据库引用关系与参与关系重复，则将两权值求和。

（4）主题信息表向下移动一条记录，如果到数据库结尾，则处理完毕，建立用户社会网络。其数据结构如表 8.3：

表 8.3　特定项目社会网络表

列名	用户 A	用户 B	权值
数据类型	Int	Int	Int

对论坛中的核心用户采用节点程度中心度（point centrality）的方法进行挖掘。加权绝对节点中心度计算公式为 $c_D(n_i) = I(n_i) = \sum W_{ij}$，$W_{ij}$ 表示节点 i，j 边的权值。如果某节点具有最高的度数，则称该点居于社会网络的中心，该用户为话题中心人物。这种方式测量的是与该节点直接相连的节点数，忽略间接连接的点。

表 8.4　影响力指数记录表

列名	用户 ID	出度	入度	出度影响力	入度影响力
数据类型	Char	Int	Int	Float	Float

根据出度影响力定义计算出度节点影响力指数，提取网络关系表中用户 A 权值。所有用户 A 的权值之和就是用户 A 的出度影响力指数；将计算结果写入关键用户中出度影响力指数；对出度影响力指数降序排序，取影响力靠前若干用户作为核心用户。

在第 9 章滇池治理案例分析中，将展示应用此方法进行水葫芦治理滇池相关热点主题收集及核心用户的挖掘实例。

8.3 公众电子参与环境构建及机制保证

上一节提出的公民分阶段电子参与，以及政府利用 Web2.0 技术对现有网站进行改进，对如何能够保证公民参与，参与后政府很好运用公民的建议，对城市公共项目进行有力的改善，本节从参与的社会环境及保障体系构建两方面进行了探讨。

8.3.1 公众电子参与社会环境培育

网络能够提供公众与政府更多的交流方式，但由于经济或文化程度的限制，有很多人并不能利用网络的形式来参与自己感兴趣的公共事务。

正如托夫勒在《力量的转移——临近21世纪的知识、财富与权力》中指出“各个高技术国家的政府所面临的一种潜在的可怕的威胁来自于国民分裂成信息富有和信息贫困者两部分，下层阶级与主流社会之间的鸿沟实际是随着新的传媒系统的普及而扩大了”。① 每个人由于掌握互联网技术的水平不一样，造成项目电子参与熟练程度不同。有的人由于贫困或年龄原因，很少有机会接触互联网，更谈不上利用信息技术参与。如何保障这些人了解到政府信息，进行自己利益表达，是公众意见能否全面表达的关键。

同时由于经济、地理、民族等方面的差异，不同人群能够通过网络获得的信息与服务也是有巨大的差距，即使在美国这样的发达国家在不同人种上网率也有巨大差别。据统计21世纪初亚裔和白人家庭有60%左右家庭接通互联网，而拉美裔和非裔美国家庭只有30%家庭接通互联网。从地域分布来说，美国靠近墨西哥的州和其他地区接入率很低。在经济方面，收入与互联使用率也呈现正相关性；教育程度同互联网的使用呈正相关性。

针对存在的这些问题应该从援助信息弱势者，进行公众参与公共项目决策意识培养。

第一，为了防止“数字鸿沟”的出现，政府应该积极为信息弱势者提供免费的上网环境，针对缺乏上网技能的人，政府可以通过自己或社会力量进行培训，使他们掌握一些电脑技能，提高他们的信息获取能力。

第二，在政府网站的组织结构上，应该积极地吸取商业网站的做法，对热点问题都能吸引公民评论，能很快弄清公民的想法。缩短内容更新周期，定期

---

① 阿尔温·托夫勒．力量的转移——临近21世纪的知识、财富与权力．北京：新华出版社，1991：348～350.

更新，不要出现社会上已经消息乱传，网上还是几个月前的情况。[①] 在公民参与的方式上，利用技术实现网上能够信息浏览、留言讨论、网上辩论、主题投票、观看项目模拟图，相关工作人员、专家对公众意见答疑、现场提问等功能。

第三，加强全体社会成员思想教育。首先要在社会倡导一种网络参与的氛围。通过公民提意见被采纳的事件来教育社会成员，使其认识到每个人只要所提意见合理，都会受到关注。树立人人关心、积极参与的风气。其次对公民使用信息技术的用途进行引导，网络要成为政府服务必不可少的途径，这样才会在日常的应用中，每个人对应用政府网站来解决自己身边的事形成习惯。慢慢理解信息化民主的含义。最后健全网络参与监控体系，通过技术手段对网民网络行为进行控制。参与是好的，但无控制的参与就会导致混乱。权利与义务的统一，约束每个人在网络信息交流中的真实性，是网民有序地参与公共生活的保证。

8.3.2 公众网络公民身份构建

网络公民是在网络环境下公民概念的体现，网民与网络公民是两个不同概念，网民是指能上网的人，但他们中间很大一部分缺乏成为合格网络公民的资格。公民一词最早指在古希腊城邦中参与城邦公共事务管理与政治讨论的人，这是公民的权利也是义务。到 17 世纪启蒙运动时期，洛克的“天赋人权”与卢梭的“社会契约说”在谈论人的基本权利、人类权利的部分让渡予社会时，强调以“人”为主，才开始重视公民个体的基本生存权利和社会权利，开始塑造以个人权利为主的公民身份。

英国社会学家 T. H. 马歇尔对英国公民身份的演变研究将公民权利分为：公民基本权利、社会权利、政治权利。他的研究以英国为研究背景，具有地域性，对以公民身份参加政治活动的条件分析不足。随后布莱恩·特纳的《公民身份与社会理论》、斯廷伯根的《公民身份的状况》、理查德·福尔克的《全球公民身份的构建》、阿尔德蒙的《公民文化》又对公民的身份进行了研究。在研究中公民意识是衡量公民身份的一个重要标准，有的学者认为公民意识是公民以宪法意识为核心，有身为国家主人对于国家的责任感，以及国家给予自己的合法权利的自我认识。[②] 除了主体意识之外，还包括公民对于国家事务的参与意识、民主法制意识、公平正义意识等。朱学勤教授指出：“公民意识是近代

① 弓克．网络环境下的公民在线协作研究［硕士学位论文］．天津：南开大学，2009.

② 伊利莎白·诺尔－诺伊曼．大众观念理论：沉默的螺旋的概念．董璐译．北京：中国社会科学出版社，2000；童怀宇．论公民和公民意识．唯实，2000（3）：54．

宪政的产物，它有两层含义，当民众直接面对政府权力运作时，它是对于这一权力公共性质的认可及监督；当民众侧身面对公共领域时，它是对公共利益的自觉维护与积极参与。”①

本书从公民参加公共项目建设着眼，第一、政府应该保证公民对在他周围的城市项目能有影响能力，公民也能感受到自己能对项目决策有影响力。那公民就会主动采取行动参与进项目。第二，公民只有积极地参与政治生活，民主的价值才得以发挥，才能推进公民与政府的沟通过程，有利于协商民主的发展。第三，公民要有责任意识。公民拥有了选择机会就应为自己的选择负责，自由与责任是不可分割的。社会契约中公民责任是由公民自愿让渡一部分权利给共同的契约，并有义务遵守该契约的规定。

在网络公民培养的过程中，也依据这三方面进行公民意识的培养。

1）公民在通过网络参与公共项目的决策时，首先要相信自己的参与能够对项目结果有改变，并且能够利用互联网获得涉及项目的专业知识，引经据典地利用专业知识对政府行政权力进行监督。针对公民权利的要求和对网络事件理性分析，合理要求，公权力代表才在网络事件中作出妥协让步。

2）互联网作为一个多向互动的传播媒介，为网民提供了参与平台。中国公民在社会中对政治生活的参与并不主动，中国公民对于公民权利的意识是由政府自上而下灌输的，中国政治哲学认为“好的政府必须建立在保障普通群众基本生活的基础上”。在这样的前提下，中国是以保障公民经济福利与社会安全的集体权利作为公民权的最高表达。公民对参与政治缺乏热情，而受公权力掌控，公民能进行政治参与的平台很少。而互联网打破了公民传统参与的方式，在网络中也只有网民的热衷参与，网络事件才会发生。网络事件对促进网民政治权利意识的提升与认知提供了重要机会。

3）网络事件明显是社会利益相关者对自身权利的捍卫，对权利的要求，但却忽略参与中网民应尽的责任。要让网民具有公民的责任感，网民必须受制于网络社会制度，以便培养网络公民责任，减少网民不规范行为，约束网民不负责任的行为，在权利与责任达到平衡下，网民才能转化为网络公民。

8.3.3 公众网络参与公共项目管理机制保证

1）沟通机制

沟通是指公共项目决策中公众向政府提供决策信息和公众向政府获取项目

① 任爱华．多用户虚拟现实建模技术研究［硕士学位论文］．武汉：华中科技大学，2002.

信息。这种沟通和互动是双方的，政府同公众都既是信息的提供者，又是信息的享有者。两者在项目刚开始的时候，是处于信息的两端，对问题的看法可能大相径庭。通过政府网站的信息披露，公众在政府组织的网站中进行问题讨论，通过 E-mail 向政府传递信息，政府网站论坛留言收集，政府得到公众的意见，对公众理解和政府意愿存在偏差的地方，进行反馈解释，将两者的看法靠近。对民众提出的确实有用信息，放入项目决策信息目录树，供专家在项目论证时作为考虑因素。

2）信息公开制度

信息公开是政府由管理政府转变为服务政府的必然要求，信息公开能促进公众参与政府管理。政府是社会中最大的信息所有者和控制者，在公共项目的决策过程中，公共项目信息的有效集成、开发、公开也是实现决策科学化、民主化的重要保证。信息公开使得在决策方案选择时能考虑得更全面。

本书建议：

（1）把公众在公共项目各阶段都能获得项目信息作为项目各阶段工作是否合法的前提，出台一部公共项目各个阶段必须公开哪些信息的法律条文，以法律的形式规定公众参与的地位。

（2）在《中华人民共和国政府信息公开条例》基础上，建立系统的城市公共项目决策文件公开机制，规定好项目建设过程中的公开范围。

3）公众决策参与机制

基于网络的公众参与机制是指公众通过互联网参与公共项目事务管理。具体的形式包括网上讨论、网上听证、网上投票、网上决策等。

对于一个决策项目是不是需要公众全程参与，还是部分参与，公众的支持度对项目能否成功实施至关重要。项目决策者需要对项目做分析，分析项目是否有专业技能要求。比如高层建筑、公共交通等这类技术要求高的问题与公园选址、水费涨价、老年交通卡使用规则变革等公共事务问题，需要公众参与的程度就不同。前者具有较高的专业素质要求，对问题从深处考虑，公众参与则偏重于考虑问题的全面性。需要公众支持的项目就要尽量多的人参与，公众的权重就要比较大。

网络参与过程如下：首先，通过网络把所要决策的公共项目放入政府网站或网站的论坛上，设置讨论空间。其次，根据项目决策的执行是否需要公众配合作为判断准则，决定公众参与力度。既要给公民参与权，又要对参与权利行进行监督。公众进行讨论之前要填写自身注册信息，计算机根据注册信息将公众的信息保留。没有约束的发言更多地充满了恶意的言语，只有在对自己言论负责约束下，讨论才不会偏离主题。后面的方案听证可以抽取具有鲜明观点的民众作为代表，参与到听证会现场。最后，注册政府公共项目平台的用户将有参加网络听证会的权利，只要用户申请则这个账号可以进入网上听证。有新听证会时，将公共项目听证会参与链接以邮件的形式通知注册账号。收到邮件的公众可以通过链接在规定时间进入听证大厅参加听证，在听证大厅组织者的组织下，对讨论议程进行发言讨论和表决。而其他以游客身份登录听证大厅的公众只有旁观的权利，不具备发言权。

4）公众舆论监督机制

重庆市政府法制办公室于2005 年 11 月 11 日在新华网举行了《坚持以人为本创新行政执法》公开立法听证会，两个多小时的立法听证会，新华网进行了全程直播，引起了国内外许多地区的八万多网民强烈关注。

2005 年 4 月 13 日新华网、人民网直播了“北京圆明园湖底防渗工程公众听证会”的全过程，以文字、图片、音视、论坛等多种形式，给广大群众网民提供了直播。直播同时，很多网民在新华论坛上留言，在听证会结束后依然讨论。虽然听证会并没有直接得到结果，但听证会给了网民沟通桥梁，满足了受地点限制无法现场参加听证者参与关心的事件的心理。用网络舆论监督来保证公共项目在执行过程未被扭曲。

我国《宪法》中第三条、第二十七条、第三十五条和第四十一条对舆论监督有以下规定。第三条规定：“中华人民共和国的国家机构实行民主集中制的原则。全国人民代表大会和地方人民代表大会都由民主选举产生，对人民负责，受人民监督。国家行政机关、审判机关都由人民代表大会产生，对其负责，受其监督。”第二十七条规定：“一切国家机关或国家机关工作人员必须依靠人民的支持，坚持保持同人民的密切联系，倾听人民的意见和建议，接受人民的监督，努力为人民服务。”第三十条规定：“中华人民共和国公民有言论、出版、集会、结社、游行、示威的自由。”第四十一条规定：“中华人民共和国公民对于任何国家机关和国家工作人员，有提出建议批评的权利；对于任何国家机关和国家机关工作人员的违法失职行为，有向有关国家机关提出申诉、控告或者检举的权利，但是不得捏造或者歪曲事实进行诬告陷害。”

公众与新闻媒体发现政府部门和人员存在不端行为，通过在网络上曝光，引起社会更广泛的关注，形成舆论监督，反过来通过两种途径发挥对公共权力的制约：

第一，由外部发现问题，引起权力内部监督。监督部门由于人力问题，不可能全面监督，平时由于缺乏腐败的线索，监督机制难以启动。而在全民监督、网络放大的模式下，现实生活中很多监督案例都是在社会舆论压力下引发的。

第二，因为外部监督的全方位增大了腐败事件的曝光率，强化了政府官员的自我约束意识。官员自律意识有赖于外部的舆论压力，不能仅仅靠个人道德约束。在过去，我们依靠传统媒介进行舆论监督。但由于我国传统媒介很难有非主流的舆论，在处于优势的行政权面前，舆论被行政力量把持。主要表现在如下的几个方面：封锁不利于政府的消息，为新闻媒体采访设置阻力，对刊登内容阻挠。

但网络的巨大容量，信息传播途径众多，传播速度飞快，使传统行政力量企图阻碍监督的行为成为不可能，舆论监督成为常态。

公共项目网络舆论监督主要包括以下几个方面：对公共项目全过程的监督；在一个公共项目经过各方努力确定制定后，如何保证它的实施效果，除了项目本身监督，还要有周围的公众的项目监督。

公众通过网上对现实中执行公共项目过程中的不合理、侵犯公共利益进行揭露，舆论在网上的放大。通过形成舆论的压力来达到对项目执行者行为的制约。网络舆论将公共管理者问题暴露出来概率增大，当公共管理者要做出不正当行为的时候，他相应的机会成本就很大，从而减少公共管理者犯错的几率。同时网络舆论为政府体制内的监督提供了监督信息。

同时，网络舆论在项目开始阶段通过人们的思想和意见交流和碰撞，得到新的解决思路，注意到容易被忽略的问题，有助于政府决策时关注到弱势决策群体的呼声，能全面地看待和解决问题。

8.4　本章小结

本章探讨了传统公众参与存在的不足，介绍了公民参与有效决策模型，由此提出了电子信息技术支持公众参与平台，并对在不同阶段公众参与模式和适用信息技术进行梳理归纳。讨论了如何利用现有政府门户网站，公众参与活跃门户网站进行民意挖掘与归纳，并将公众信息充实到项目信息目录当中，同时出现在专家决策系统信息目录。研究在 Web2.0 环境下，利用网页特性进行信息的收集。探讨对论坛网页进行关键用户与热点主题提取的整个流程。通过与项目相关帖子的聚类数据挖掘，找出与项目密切相关热点帖子。通过建立用户关系网络，找出论坛中的民意关键用户，通过决策现实过程与关键用户沟通来达到充分了解民意的目的。为了保证公众参与实施，本章还讨论公民电子参与环境构建和机制保障。

第9章 案例研究——应用MAMSDM对昆明水葫芦治理滇池项目决策

9.1 选择本案例的原因

将本书的研究成果直接应用于政府城市公共项目决策过程之中，具有相当的困难。首先，在行政实践的长期过程中政府决策形成了较为固化的过程，新技术、理念虽然对其形成了客观上的冲击，但政府行政方式的转变并非一朝一夕可以完成。具体到进行某项决策时，政府总希望稳妥，倾向于用以往的既有模式进行决策，以规避风险。此外仅凭本书的研究，就希望政府相关部门予以采纳并应用相关成果，具有较大难度。其次，寻找能够应用本书成果的公共项目需要一定时间周期与机遇。再次，即使上述两种可能性都能具备，也需要一定的资金投入，构建信息平台，政府是否可以拨出这项财政拨款，也是一个未知数。因此，现阶段直接验证本书成果具有相当困难性。

本研究成果采用在现实项目中进行模拟的方法来验证，一方面，在间接检验成果有效性的同时，将风险降到最低；另一方面，模拟验证的方式，可以选取大量的样本，通过模拟的过程与结果，推动政府采纳本书成果并在未来的城市公共项目决策过程中进行参考和应用。限于篇幅与时间原因，本书仅以云南省昆明市水葫芦治理滇池蓝藻项目为例进行说明。

笔者想到了云南昆明水葫芦治理滇池蓝藻项目，这是一个昆明市的重大公共项目，然而执行过程中意见纷纷，质疑声四起。该项目为涉及昆明近千万市民切身利益的项目，项目进行两年后，对滇池水质改善有一定效果，而项目却在以下几点广受质疑：第一，未依法进行环评；第二，项目信息公开不足，导致接受公众监督不足；第三，信息不足导致公众参与度不足；第四，项目源头风险控制不足造成公众意见较大。笔者想到如果这个项目在一开始能够按照MAMSDM进行决策，则可能取得较好结果，然而时过境迁，本书现在只能运用MAMSDM模型演练一次，观察项目决策过程是否能减少公众质疑，验证模型的有效性，应该说明，这只能在一定程度上给出间接性的验证，但有助于对模型的进一步理解，这就是笔者选择此案例的原因。

水葫芦治理滇池项目具有以下特征：

1）以往的治理政策是对原有滇池湖面垃圾、水葫芦打捞，新的滇池治理

政策是依靠水葫芦来降低富营养，在治理方法上是截然不同的两种思路。要获得公众对新方法的认可，需要对新政策进行宣传解释，对治理的过程详细公开，减少质疑。

2）项目治理政策的制定和实施具有很强的地域特征和极强的专业性，虽然有太湖水葫芦治理的经验，但与全国很多地区水葫芦治理政策相互矛盾，甲地适合的治理方法不一定适合乙地。需要本地同国内有治理经验的专家共同研究治理方案。

3）水葫芦治理政策的实施是把双刃剑。如果控制好，会达到预想的效果，但如果治理不当，会造成二次污染，将来之不易的滇池治理成果破坏，对政府的公信力产生不利影响。治理过程一定要考虑全面，多听取各利益团体意见。

4）滇池的污染是来源于多方面原因。水葫芦治理蓝藻只是从内源对滇池的治理。有必要用权威的数字来解释各种污染源对滇池污染的“贡献率”。解释各种治污措施对滇池治污的贡献率来客观评价水葫芦治理滇池可行性。

项目最终对治理滇池污染有一定效果，但因为在治理过程中没有意识到这是一个多主体参与过程，没有将项目信息、政府、治理企业所做工作公开，造成社会对项目有很大争议。项目实施前对项目风险评估听取公众意见不够，对在项目实施中有可能出现的问题估计不足，项目实施过程中出现大风引起水葫芦逃出圈养，临近水葫芦成熟期还有水葫芦没有收集等广受批评的问题。如果用本书设计的决策模型来进行项目决策。公众、专家在项目开始阶段就能参与到项目方案设计中，就有可能在未动手之前全面考虑问题，提高项目的成功率，同时公众、专家也能对整个项目有清楚的了解，更好地进行监督。

9.2 昆明水葫芦治理滇池蓝藻项目确立及实施过程

9.2.1 昆明水葫芦治理滇池蓝藻政策背景

1）滇池污染严重，治理和保护工作引起广泛关注

滇池位于云南省昆明市西南，又名昆明湖。滇池是昆明市工农业生产的重要水源，并维持着昆明的生态平衡与气候调节，但它也是中国污染最严重的湖泊之一，属于富营养型湖泊，部分呈现异常营养征兆，水色暗黄绿，湖内蓝藻猖獗，滇池内海水质为劣5类水，外海水质为5类水，滇池被中国政府列为

“三河三湖”（辽河、淮河、海河、太湖、巢湖、滇池）重点污染治理区。

2）滇池水体污染治理回顾

自滇池水体20世纪90年代恶化后，受到国家和云南省政府的高度重视，并相继采取了一系列措施，开展了60多个项目，对滇池水质进行综合治理，主要包括以下几个方面：

（1）工业污染源治理

1999年实施“零点行动”，滇池流域现在工业污染基本实现了达标排放，工业废水年排放量减少56%，化学需氧量、总氮及总磷年排放量减少79%、79%、90%。①

（2）生活污染源治理

生活污染源是滇池的主要污染源，治理措施主要是通过修建生活污水收集管道，收集污水送进污水处理厂，污水达到排放标准后，排入滇池，目前，流域内共建六座污水处理厂，2010年昆明主城八个污水处理厂累计污水处理量达3.5018亿立方米。②

（3）面源污染治理

实现了工业污染源达标排放，城市污水处理厂正常运转后，农村面源污染负荷更加突出。农村面源污染种类繁多，产生量大，分布面广。包括农村垃圾、人畜粪便、作物秸秆等固体废弃物的处理，生活污水、生产废水的处理。

（4）内源污染治理

完成新的污染源进入防治工作的同时，完成对滇池内海海底淤泥清理，水中蓝藻清除，以及打捞水葫芦等工作。

（5）湖边生态治理

滇池湖滨建立湿地，进行湖滨生态修复与建设，种植对氮、磷等营养质吸附能力强的植物，通过在湿地构建乔、灌、草相结合的立体结构，实现湖滨生态的良性循环和滇池湿地的可持续发展。③

9.2.2 昆明水葫芦治理滇池项目政策制定、实施

第一阶段，项目实验阶段。2011年6月，昆明市启动“滇池水葫芦治理污染实验性工程”。这个实验工程在昆明市滇池管理局提供的资料中显示，“水葫

① 和丽萍．“九五”期间滇池流域水污染综合治理工程措施及其效益分析．云南环境科学，2003（3）：40~44.

② 昆明滇池管理局．滇池流域水污染防治“十五计划”．http：//www.dianchi.gov.cn 2007-03-01.

③ http：//www.ynepb.gov.cn. 网站资料整理．

芦是吸收水体中氮、磷能力最强的水生植物之一，在有效控制生长范围，做好管护、机械化采集及资源利用的情况下，进行大面积圈养水葫芦，通过水葫芦生长吸收和浓缩水体中的氮、磷等富营养化物质，再通过机械化采集，制作有机肥实现资源化利用，从而达到去除水体内源污染的目的”。

第二阶段，政府对外宣称的项目执行过程。2011年市委、市政府在滇池流域开展26平方千米水葫芦控制性养殖，预计每年可以生长出100万吨水葫芦，从滇池水中吸收走近2000吨的氮和磷。江苏省农科院作为“水葫芦圈养及资源化利用工程”的技术支撑单位，建议6月份进行水葫芦圈养，9月份以后水葫芦进入采收季节。

昆明市滇池管理局计划6月在滇池草海、外海完成圈养水葫芦围网工作。昆明泛亚湖泊综合治理有限公司在获得项目后，2011年9月9日开始建设3处水葫芦采收处置场地，10月7日就让水葫芦采集处置场投入使用。到2012年1月时，据昆明市水葫芦项目建设指挥部对外宣传：“规模化采收工作从2011年11月1日开始，目前只有海埂会堂前种植的水葫芦没有采收完毕，剩余面积不到3000亩，近期正在集中力量进行采收、处置。”①

第三阶段，媒体及笔者对项目治理结果观察。2012年1月15日，云南网记者，查看流入滇池的大观河、船房河，平时将河道填得满满的水葫芦不见了踪影，在海埂大坝看草海，平时和西山岸边连成一片的水葫芦，消失不见。在草海边上，还有工人在收集角落上圈养的水葫芦。据生态所专家韩亚平介绍，水葫芦并未对治理区域形成二次污染，圈养水葫芦最多的草海，水体透明度增加1米，富营养指数首次低于滇池外海，并呈减轻趋势，总磷含量也低于外海43.1%，高锰酸盐指数也低于外海29.1%，在草海总体水质指标中，除氨氮、总氮、生化需氧量外，其余水体均好于滇池外海。笔者2012年1月底沿大观河骑自行车，查看了大观楼、海埂大坝等处，湖面已无水葫芦。

9.3　公众对滇池水葫芦治理滇池蓝藻项目的质疑

虽然水葫芦治理蓝藻取得了一定成效，但是对整个项目实施过程中，质疑声不断，归纳起来有以下问题：

首先，项目决策过程缺乏专门发布渠道，项目认知程度相当低。水葫芦在20世纪五六十年代曾少量地作为猪饲料，云南省政府公开信息中可以查询到，

① http：//green. sina. com. cn/news/roll/p/2011 -07 -12/172622801303. shtml. 滇池强力推动水葫芦治污工程引发争议.

2009 年初云南省政府对滇池水葫芦还是要求打捞，而仅仅 5 个月后，对水葫芦的态度出现较大转变，在滇池南岸的白山湾开始水葫芦种养基地，与江苏省农科院合作实验项目利用水葫芦治理滇池。这就让人很怀疑项目治理污染的效果。

笔者对身边的朋友、同事进行水葫芦治理滇池项目了解情况调查，第一个问题是：你是否知道水葫芦治理滇池蓝藻污染项目？38.5% 的人在项目结束一年情况下，对此项目仍然一无所知。61.5% 的人表示自己听说过这个项目。第二问题是针对知道项目存在的人，调查他们通过什么渠道获知项目。在这 61.5% 的人中，37% 的人是通过报纸阅读知道项目的存在，其余 63% 的人是通过朋友交谈获悉，也就是只有 23% 的人是通过正式媒体获知项目情况。在调查对象中只有 8% 的人能够说出 2011 年的治理已经结束，做出治理效果还不错的评价。面对这样的调查结果实在让人感叹。

在实际项目进行过程中，前期没有对治污方案进行大规模的宣传讨论，也没有遵循先小规模实验而后根据实际情况进行方案审计的流程。项目在昆明市关于滇池治理十二五规划尚未得到国务院最终批复的情况下就启动。很多城市居民都没有渠道了解 2009 年还在打捞的水葫芦怎么突然变成好东西，只是听别人说这个植物能治理污染，但什么时候做出这个决定；是否经过专家的论证；是否召开过市民听证会；治理的整个时间安排；每一步需要完成的工作；项目实施过程中哪些部门参加；项目进展情况；是否有水葫芦脱离圈养区造成不可控制的生长；是否能在水葫芦成熟前完成水面打捞，避免造成二次污染都无了解渠道。

因为没有任何途径获取到信息，所以网上就出现很多不理解的声音。比如：

有对外海圈养水葫芦的锚基管架浮球围栏的可靠性的质疑。昆明市委机关报曾称，围栏能随水位自动升降，可抗 10 级大风。但在实际中，在滇池东北岸的小河口，围栏已经东倒西歪，在非种植区域出现了整片的水葫芦。

其次，项目决策过程中缺乏充分听取不同的意见。项目在实施过程中始终存在不同声音。比如云南省政协委员武克钢就提出“科学的检验是关键，水葫芦富含重金属，如果水葫芦没有得到及时打捞，势必对滇池造成更大的污染，水葫芦被打捞后，如何科学的处置就是一个更大的问题，在设计方案时应该考虑完善”。在实际操作中在水葫芦采集完成日期出现问题，项目原计划 2012 年 1 月 10 日完成采收，因为处理基地建设拖延，采集日期不得不顺延到 2012 年 1 月 15 日。而郭慧光、分管科技的昆明市原市长雷晓明在任时都做过水葫芦实验研究，实验结果均显示，根据昆明天气、气温和水葫芦生长周期等因素，每年 11 月中旬必须全部采收完毕，否则水葫芦下沉，水底腐烂，造成二次污染。这些可能出现的问题在项目实施方案设计时都没有考虑。

云南省环境科学研究院也对昆明大规模圈养水葫芦提出系统性质疑意见，并形成书面文件呈递云南省滇池治理有关决策部门。该文件包括的三个核心论点为：湖内圈养水葫芦不可能从根本上改善滇池水质；圈养水葫芦生产成本过高；高密度水葫芦圈养对滇池草海生态系统是个灾难。此类意见不止云南省环境科学研究院一家单位提出，包括昆明环保人士、网友，也不断通过网络等形式上书政府质疑水葫芦大规模种养。云南省设有滇池水污染防治专家督导组，督导组由省、市级老领导和知名专家组成，是滇池治理的重要智库资源。尽管该组织内对于水葫芦治污有不同意见，但在项目决策时并未详细征询督导组意见，督导组成员表示这事太敏感，“很快就到水葫芦打捞期，但还不知道打捞船在哪里”。[①] 从整个滇池水葫芦治理蓝藻项目公众、专家的质疑中发现，除了对治理方案科学性的质疑，有很大问题是由于决策主体之间缺乏信息充分流动造成的，政府没有听从利益相关者的意见，明确决策目标。

9.4　使用MAMSDM改进水葫芦治理滇池蓝藻项目

9.4.1　运用MAMSDM对项目信息流动分析

本节按第5~8章MAMSDM模型研究，模拟了信息技术条件下水葫芦治理滇池蓝藻项目中政府部门、专家与公众合作决策，项目信息流转过程。第一步，建立以滇池管委会网站为基础的项目政府信息展示平台。平台首先展示项目涉及政府部门的背景信息。信息通过本文第6章政府公共项目分部门信息编码方式，将信息进行编码后放入信息目录体系，以目录形式在滇池管委会网站展示项目前期信息，包括国家批文、项目主管部门、项目背景、项目预想方案等。公众按项目结构查看项目信息，通过直接在管委会网站中的公众留言栏目或在昆明热门论坛中发表自己对项目的意见。第二步，项目主管政府部门从公众留言栏目和热点论坛与项目有关的建议中挖掘公众意见。将挖掘出来的公众意见整理后，编码、注册放入信息目录的公众部分。第三步，专家基于项目信息目录中的信息进行相对全面的项目方案设计考虑。第四步，将项目改进后进展信息、对公众意见回应后的项目信息及时编码进入信息目录。公众根据项目信息对项目进行新一轮监督与建议，政府部门再挖掘公众意见，再次编码、注册进入信息目录，对专家咨询工作提供新的资料。如此，形成多次循环迭代的工作流程，单次模型信息流动模式如图9.1。

---

① 圈养水葫芦能治污吗？滇池水葫芦治污工程引发争议．春城晚报，2011-07-14.

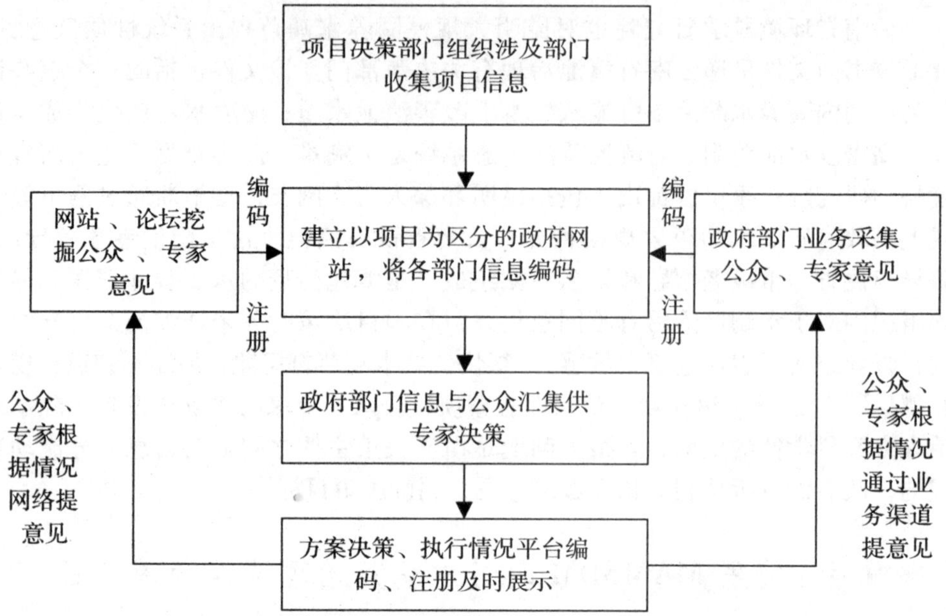

图 9.1　信息技术支持项目决策平台中信息流动模式

在图 9.1 中整个科学的滇池污染治理项目决策不是靠一个部门就能完成的工作，是由政府与公众意见多次协商，专业部门对多方意见全面考虑后作出的决策方案。而滇池污染原因的多样性，治理难度的艰巨性也决定治理是需要多方参与的，这样才能保证考虑的全面性，决策的科学性。

下面结合 MAMSDM 具体描述模拟项目决策过程中政府、公众、专家协同工作流程，包括政府如何将各部门信息与外部的公众信息结合，进行有序的编码、注册；如何将信息目录与专家群决策系统结合，结合了信息目录的专家系统的界面展示；演示从城市热点网站采集公众项目意见，搜寻公众中主流意见代表的过程；政府与公众意见通过目录进行信息交互迭代的过程。

9.4.2　按 MAMSDM 对项目政府信息编码

由负责滇池治理的滇池管委会，建立专门的分项目信息公开网站，集中项目涉及部门数据，将不涉及密级的政府项目信息放入网站中，以便公众能够对项目有了解，方便公众进行项目第一轮对政府原始项目计划改进的参与工作。

按照 MAMSDM 模型中，滇池管委会将环保、航运、渔业、工业、农业、供水各部门项目信息、水葫芦治理技术信息、项目初步方案、项目开展的时间进度安排等分部门进行信息目录信息资源前端码编制。对应单位将滇池治理相关基础背景数据放入目录中本单位对应位置，例如环保部门应提供滇池水质的每周检测报告；水葫芦治理滇池的技术支持部门应提供实验数据和水葫芦治理水污染案例数据，说明项目的技术可行性；管委会负责网站上解释项目进行原因，要达到的治理效果。下面展示模拟的整个项目编码如下：

编码采用树状结构编码，目录树中每条信息都有长度为7位的唯一识别码，第一位为整个平台中的项目编号，一个主管部门可能同时负责多个项目，通过第一位项目编号来定位信息所属的项目。见表9.1，因为只有一个水葫芦项目，编码只有1个。

表9.1　水葫芦治理滇池项目编码

代码	名称	描述和说明
1	水葫芦治理滇池蓝藻项目	使用水葫芦治理蓝藻

不同的项目涉及不同参与部门与不同的公众建议，可以遵循先通用部门编码，后特殊部门编码的原则，对每个治理项目涉及部门及公众意见存储结构编码得到表9.2。表9.2展示了信息目录中信息按部门的区分方式。

表9.2　水葫芦治理滇池项目涉及部门编码

编码	相关部门	职责
01	昆明滇池管理局	负责整个项目管理
02	滇池水葫芦项目建设指挥部	负责水葫芦种植、收集、处理管理
03	云南省生态农业研究所	负责项目技术支持
04	昆明滇池投资有限责任公司	负责种植及采集工作
05	昆明市环保局	负责水质实时监控
06	公众信息	对项目建议，监督
……	……	……

对各部门提供的资料类型编码，可以根据编码直接判断出是哪个方面的资料，对项目资料类型编码得到表9.3。

表 9.3 水葫芦治理滇池项目部门资料类型编码

代码	名称	描述和说明
01	综合政务	关于项目方面当前状况和发展规划
02	项目月报	每单位项目进展月报
……	……	……

在前三类编码基础上，能迅速查到一个公共项目某一部门特定类型的资料，还可以按资料形态再细分类，保证信息目录中编码唯一。对资料类型编码得到表 9.4。

表 9.4 水葫芦治理滇池项目部门资料类型编码

代码	名称	描述和说明
01	Word 文件	文档文件
02	Excel 表格	电子表格
03	图片	图片文件
……	……	……

四张表的编码按 1 位 +2 位 +2 位 +2 位的结构，用 7 位编码作为一条信息资源在信息目录中的唯一编号，用户可以根据编码在信息目录上快速区分，例如看到前段 1050202，就理解代表的是水葫芦治理滇池项目昆明市环保局关于滇池水质的一份 Excel 月报。后段码则是针对同一类信息、采用同一个流水号，保证在同一前段码类别中不重复。除了在专家系统中和政府内部网站进行信息交流，还可以通过网站中建立对应信息目录树形索引，公众也可以通过公网的信息目录获取自己关注的项目资讯。

本书第 7 章模型的提出的基于公共项目信息专家群决策系统，如果在政府部门内部项目信息收集完成后，信息目录与专家群决策系统结合后，进入本书专家系统实验平台，系统界面如图 9.2。这是以讨论主持人身份进入后看到的界面。

因为只进行了项目政府信息的采集，专家系统中的决策信息树只呈现政府方面信息。必须按本书第 8 章的公众意见采集算法，对公众项目意见进行采集后，才能完成政府与公众的互动，公众信息编码补充进入信息目录才能形成完备的决策背景信息。下一小节描述如何应用模型中的算法对一个特定论坛水葫芦治理滇池公众意见采集，将公众意见并入信息目录后群决策系统的界面。

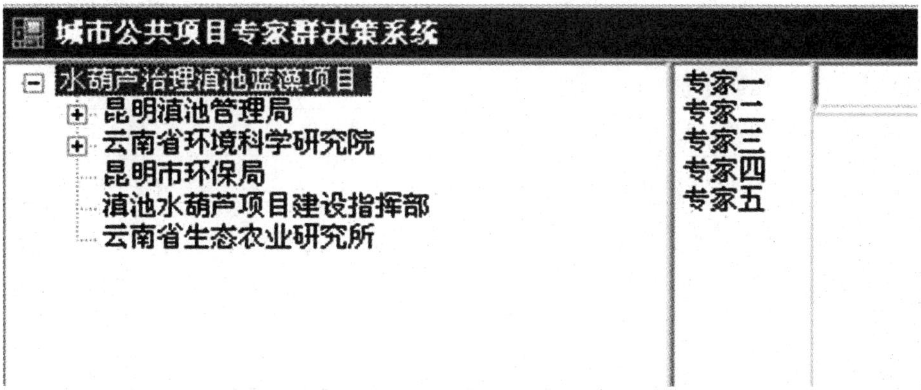

图 9.2　仅结合政府项目信息实验专家系统界面

9.4.3　运用 MAMSDM 对公众意见采集及关键用户数据挖掘

在公众与专家通过信息目录对政府要进行的滇池治理项目有一定了解之后，通过网站的公众互动功能或传统的政务渠道，采集公众与独立专业人士意见后，对意见进行归纳、编码、注册放入项目信息目录的公众信息部分中，成为政府部门项目决策时考虑的公众意见，作为专家群决策系统知识背景的一部分。应用 MAMSDM 模型中面向城市公共项目的公众意见收集算法对水葫芦治理滇池项目讨论较为热烈的 http：//www. jinbifun. com 网站中的金碧杂谈板块，进行项目民意采集及关键用户数据挖掘演示。

第一步，选择了“滇池、水葫芦、治理”三个词作为聚类特征词，提取出杂谈板块中具有三个特征词的所有帖子，再分别计算帖子之间的三个词向量相似度，设定阀值为 0.8，最后得到了 41 篇相似度高的帖子，它们和项目密切相关，通过阅读它们可以了解到公众在项目过程中的具体想法。表 9.5 列出其中部分帖子名。

表 9.5　“滇池治理项目”聚类的部分帖子

帖子标题	发帖用户
水葫芦大战蓝藻：昆明政府以毒攻毒治理滇池	volunteer_ gk
水葫芦、撒坝猪和滇池治理	7654321 李英
关注滇池——海埂及福保半岛巡游记	benmy

续 表

帖子标题	发帖用户
水葫芦治理滇池失控：可能要出大事	加菲
昆明圈养水葫芦治理滇池引争议	花溪
滇池水葫芦采收问题，希望有关部门调查情况并及时通报	静夜思
2011 年放养的滇池水葫芦支出	Yunyunyun
求证：滇池水葫芦真的采收完毕了吗?	静夜思
沧海桑田——滇池水葫芦治污的景象	孤鹰
滇池的水葫芦要及时打捞	拙诚
……	……

第二步，对帖子内容分析，发现公众的意见集中在对治理原理不理解与对治理进度的不了解。帖子收集后，将内容相近的帖子整理成一个文件，这样 41 个关注项目不同的角度帖子就可以形成多个不同内容的文件。用上一节政府信息编码方式，对这些文件按项目名称、公众意见、意见内容、文本文件四维进行信息编码后放入信息平台，和政府提供项目信息一起嵌入城市公共项目专家决策系统。昆明滇池管理局如果让项目部门对属于自己工作范围的公众意见进行回应，并将回应信息编码、注册后放入紧邻信息目录对应公众意见下方，这样就得到了完整项目背景信息。这时进入基于信息目录的专家群决策系统就得到图 9. 3。以项目讨论主持人身份进入，就会看到在政府信息基础上有了进一步完善。

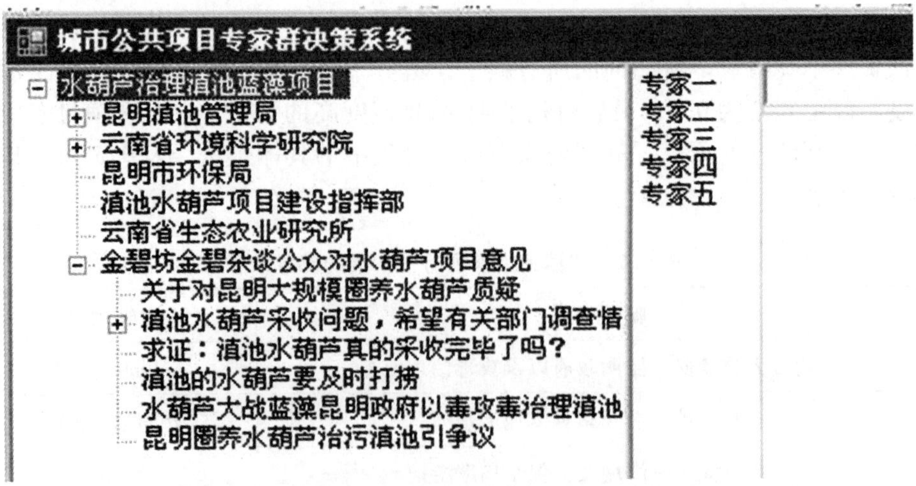

图 9. 3　结合公众与政府项目信息实验专家系统界面

应用 MAMSDM 模型中关键用户挖掘算法，对金碧坊金碧杂谈板块聚类出的 41 个热点帖子的用户发帖、回帖用户、引用帖子用户构建社会关系图，通过社会关系图的节点出度影响力进行计算，按影响力排序得到前 10 名在论坛影响较大用户表。

表 9.6　水葫芦治理滇池项目帖子影响力较大用户

用户 ID	出度影响力
阿木德布	1051
加菲	768
三剑客	181
Xiaqu	83
静夜思	74
yunyunyun	73
看不顺眼	44
benmy	38
彩云之下	29
爱上长虫山	27
……	……

如果水葫芦治理滇池项目在需要公众参与听证时，就可以邀请论坛中挖掘出的关键用户进行听证，关键用户听证后可将项目实际情况通过论坛的帖子传递给关注他们的其他大量用户。通过听取关键用户提出的问题，有助于政府了解公众主要意见。

需要解释的是除了直接对网络平台上的电子信息进行收集外，通过专家委员会提出意见，在城市公共项目听证会上提出意见，通过各种新闻媒体反映问题，通过政府热线进行问题反映等方式产生信息，都能将信息电子化后编码注册到公共项目平台中，本书重点是对电子参与形式的信息演示。

本书只是展示如何一次将政府与已有的公众意见结合形成决策信息库的过程，但在实际过程中这些公众意见的形成是在一个时间序列轴上，在 9.4.4 中将加入时间这一变量，模拟政府按时间序列挖掘公众意见并在信息目录中展示后，方案设计时考虑公众意见。与现实中政府未能及时考虑公众信息时项目出现问题进行比较。

9.4.4 基于 MAMSDM 框架的昆明水葫芦项目仿真过程

按本书第 5 ~8 章讨论 MAMSDM 模型进行模拟，验证研究成果具有的效果：

进行了以下带时间序列的关键步骤仿真：第一，收集金马坊金碧杂谈论坛与水葫芦项目相关的公众意见，进行数据挖掘，并以帖子发表时间点为排序字段获得信息排序；第二，将获取到的信息经信息编码后、注册进入水葫芦项目信息目录；第三，模拟专家研讨系统中专家结合信息目录研讨投票过程。

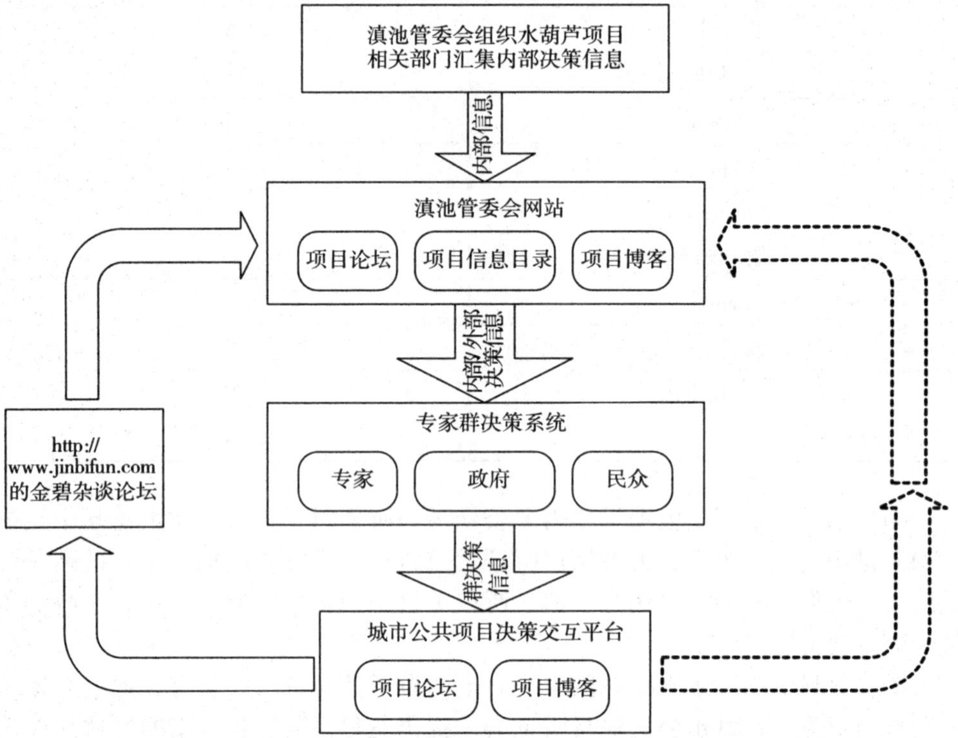

图 9.4 项目信息平台中信息流动模式

例如：2011 年 7 月这个时间点对论坛信息挖掘，就可以挖掘出“如果 2011 年 11 月前水葫芦不打捞完毕，就有可能沉底腐烂”这样具有科学依据的公众意见。迅速将公众意见纳入信息目录，专家考虑到这一潜在问题存在后，在研讨中提出四种应对公众意见的方案：第一种：增加打捞力量，2011 年 11 月前完成打捞；第二种：减少水葫芦种植面积，以适应最大的打捞能力；第三种：不等进入打捞季节，在水葫芦尚未成熟时就开始打捞部分水葫芦，减少成熟期打捞量；第四种：相信原方案科学性，能够在成熟前打捞完毕。

专家在专家系统中对方案充分讨论后，在系统中运用第 7 章中的专家群体一致性意见聚类算法对四种方案进行讨论、投票、聚类。最后八位专家形成两种主要意见：第一种意见：五位专家赞同增加打捞力量，在 11 月份前完成打捞；第二种意见：三位专家赞同提前打捞，减少未来的打捞量。政府部门最后选择第一种增加打捞力量作为这一解决方法。政府可以利用媒体向公众公开这个项目最新信息或将政府对这项意见的回应放入项目信息目录，通过公网的信息目录发布。按计划可以在 11 月前完成水葫芦的打捞工作。2011 年 11 月至 2012 年 1 月，当论坛项目相关数据重新挖掘时，没有再出现水葫芦不能打捞完成的质疑。同时在项目的前期公众已经获取到政府的回应。即使 2012 年 2 月再出现部分公众关于水葫芦并未完全打捞完毕的质疑时，由于政府前期已经做出了反馈申明，后期的解释工作也容易被公众接受。通过提前听取公众意见，把问题消灭在萌芽阶段。将仿真项目的进展过程与实际项目开展在论坛遭受到的质疑按时间序列排列得到表 9. 7。

表 9. 7　项目仿真过程与实际项目进展过程、公众质疑比较

时间点	论坛中涉及项目公众意见	基于 MAMSDM 的项目进展过程	实际中项目进展	备注
2011 年 6 月	论坛中无水葫芦项目相关意见	对水葫芦项目背景，治理原理，项目预期开展过程进行完整分类编码后，通过管委会公网对公众公开	6 月份进行水葫芦圈养，9 月份水葫芦开始采集。公众不了解，所以论坛没有出现意见	
2011 年 7 月	论坛中网友花溪发帖担心无法按时打捞，造成污染。引用云南环境专家研究数据 11 月前最好完成打捞	挖掘出热点信息 对信息编码 纳入决策模型进行项目背景，专家群决策一致性意见，产生两种意见，第一种：增加打捞力量，在 11 月份完成打捞；第二种：未成熟时就开始打捞，减少成熟期打捞量 结论：选择增加打捞力量，在 11 月份前完成打捞 通过项目信息目录反馈政府行动给公众，消除公众质疑	水葫芦圈养中，对公众意见未进行任何回应。造成随后政府回应公众信任度很低	在实际项目中政府不主动获取公众信息，不及时反馈。模型模拟中则是通过电子手段采集公众信息，并对公众意见回应，在项目早期消除问题

续 表

时间点	论坛中涉及项目公众意见	基于 MAMSDM 的项目进展过程	实际中项目进展	备注
2011 年 11 月	实际情况中对水葫芦可能造成滇池二次污染的帖子增多。	在仿真系统中，因为提前意识到可能出现的问题，并针对问题进行计划的修正，不会有大规模不同意见出现。已经和实际情况有区别	政府开始打捞水葫芦，发现的确无法按时打捞完成。媒体中公众质疑声音越来越响	在实际项目中政府没有听取公众信息，提前做反馈导致出现打捞行为滞后
2012 年 1 月	质疑水葫芦未打捞完毕帖子爆发增多	在仿真系统中，已经针对不同意见提前进行了讨论，相应处理，水葫芦不能按时打捞问题已经被提前处理	政府声称 2012 年 1 月 15 号已经完成打捞，实际观察发现出现水葫芦打捞并未按时完成	在实际过程中真的发生水葫芦未能在预定时间内完成打捞，滞后两个月
2012 年 2 月	论坛出现帖子显示还有水葫芦尚未被打捞的图片	挖掘出有水葫芦尚未打捞的质疑信息。对质疑信息编码，纳入决策模型进行讨论。得出结论：水葫芦已经完成打捞，质疑是由于公众不了解剩余水葫芦是来年预留种的事实。通过公网中的项目信息通告公众，消除质疑	政府声明是预留种苗，但因为政府并没有做出方案，所以公众未消除怀疑	前期公众对水葫芦项目质疑未得到响应，公众对政府的满意度、信任度下降。政府预留种回应并未消除公众所有质疑

9.4.5 MAMSDM 仿真验证结论

本章模拟过程中，通过论坛帖子聚类挖掘出了诸如：水葫芦打捞时间要提前；种植量不能超出实际打捞能力；防护栏过低或圈养装置损坏可能造成水葫芦逃逸出圈养区域。这些意见最后在 2011 ~ 2012 年度项目实际实施过程中都出现过，造成项目运行不够顺利。据笔者参加项目的朋友介绍，在随后的 2012 ~ 2013 年度项目实施过程中，项目组针对这些问题进行了改进，在 2012 ~ 2013 年度项目运行平稳，在论坛中也看不到项目再次出现问题的质疑。

项目本身也取得了很好的治理结果。2013 年 9 月 6 日云南生态农业研究所所长那中元喝下了滇池紫根水葫芦核心治理区清澈的滇池水后，现场观测水中无颗粒物，但感觉瓶子里的水有一层淡淡的绿色，经研究人员仪器检测实验区水质已达到三类标准。说明经过两年的水葫芦生物治理，水质改善明显。

根据9.4.4中模拟的项目进展、实际项目进展、论坛中公众意见对比可以看出，如果在2011~2012年度项目实施过程中，就应用信息技术来采集各方提出的项目实施过程中可能出现的问题，在问题尚未出现时即作出有效防治，那么在第一年治理过程中就不会出现那么多考虑遗漏的地方，项目既能早日有显著的治理效果，又会使项目得到公众的高支持率。当公众质疑意见急剧爆发时，政府作任何解释都无法获得公众理解，公众对政府信任度下降。

从模拟与实际的对比及后期项目的运行效果来看，验证了本书研究的信息技术为基础的决策模型的有效性。如果政府能依据本文研究成果构建一个完整的政府—公众—专家交互平台，用于城市各类公共项目决策，将会使公共项目政府—公众信息迭代反馈过程更加迅速，达到政府依靠公众，公众理解政府的目的，有利于专家在项目设计中全面考虑问题，更加优化决策结果。

综上所述应用MAMSDM对昆明水葫芦治理滇池项目决策明显能解决以下问题：

1）建立了一个来自官方与民间的信息交流平台。政府到公众在统一平台交流。这样每个参与对象的参与都是有约束的，参与行为具有针对性。公众提出疑问，政府用数据回答，平息质疑。公众如果还不理解，政府用新的资料来解释。通过不断的信息迭代交互，使项目问题越辩越明，平台上建立从政府到公众、民间专家多角度的项目问题的完整描述，通过不断补充，这样在方案设计时不会考虑偏颇。

2）在项目开始阶段公众就可以看到政府对城市公共项目的设计，有项目解释，增进公众对项目了解，消除神秘感，避免引发政府内部、专家、公众因胡乱猜疑而对项目产生肤浅的质疑，也为项目过程中提出建设意见创造条件。

3）项目内外部意见都有了进入渠道，并且按照有序规则进行编码，有利于多方在一个统一的平台中参与项目建设，公众意见、专家意见、政府措施同时纳入决策体系，对项目方案的优化形成支撑，可以避免失误的发生。

4）在项目实施阶段，项目政府部门实时发布项目进展公告。公众、专家对项目政策保持较高知情度，全过程监控项目进展，对项目进行到何种程度，是否达到当初设计要求，项目阶段结果是否符合当初预期能够知晓，保证项目建设不走偏，提升公众对政策的支持程度。

第 10 章　研究结论与展望

10.1　主要研究成果

本书从观察到我国城市公共项目决策失败率高、公众满意度低的现象，通过阅读文献定性总结问题、问卷定量验证问题的研究路径，验证了公共项目在决策程序、决策主体、决策信息方面存在的问题。设计了一套完整的信息技术支持下的决策模型，对模型中信息技术环境下政府、专家、公众参与城市重大公共项目的过程进行研究，并通过案例仿真对模型进行了验证。详细研究成果有以下六方面：

（1）采用实证研究方法，对城市公共项目决策过程中存在的问题进行了定量研究。采用纸质问卷与电子问卷相结合的社会调查方法获取了云南地级市范围内公共项目决策实证研究的第一手资料；以描述性统计数据，定量分析并解释了云南省城市公共项目决策的特点和存在的不足；以检验性统计数据，发现各决策主体在六个决策阶段参与城市公共项目决策存在的问题。为 MAMSDM 模型的设计提供科学依据。

（2）运用系统分析方法构建了 MAMSDM 模型。以城市公共项目信息目录为核心，将政府、专家与公众进行结合，构建了完整的多主体参与决策模型框架；深入探讨、分析了信息技术对模型中各主体的影响作用，在此基础上研究了多主体多阶段参与模型的基本运行机制。

（3）对政府在 MAMSDM 模型项目信息目录中信息资源属性分类、编码、注册与发布、建立过程进行了详细研究。

（4）结合信息目录构建项目专家群决策系统，设计了基于信息目录的城市公共项目专家系统基础结构；对专家一致性意见聚类算法进行了改进，并用模拟数据进行了算法验证。进行了实验系统开发，形成了多元参与的政府—公众—专家城市公共项目群体协同决策实验平台。

（5）构建基于电子政务、门式网站、政府博客、网上热点意见汇总的公民信息采集平台，将公民参与城市公共项目信息与政府项目信息目录结合。对论坛中热点意见及关键用户进行挖掘实例验证，并对公众电子参与环境构建及机制进行了分析。

(6) 以云南省昆明市水葫芦治理滇池蓝藻水污染项目为案例，模拟验证了 MAMSDM 模型及其运行机制的有效性。

本书以城市公共项目决策为研究对象，以信息技术为载体，构建了城市公共项目多主体参与群决策平台，并构建了相关运行机制，揭示了信息技术环境下政府公共项目决策科学化的新途径，有望提高项目决策成功率、提高项目公众满意度。本书研究成果，理论上丰富了城市公共项目决策理论；实践上，顺应了当前党和国家提出的关于加强党的群众路线的发展方向，对加强制度设计和平台建设，打造透明政府、回应政府和公信政府，进行了实践探索。

10.2 本书的创新点

(1) 以社会科学、信息科学的交叉视角进行研究，首次在云南省地级市范围对城市公共项目决策问题进行实证调研，将信息技术作为一个关键点引入城市公共项目决策研究，构建了完整的信息技术支持下的多主体多阶段城市公共项目决策模型（MAMSDM）。该模型框架具有公共项目决策信息覆盖面广、决策程序公平、公众广泛参与、民意表达渠道畅通的特征。

通过传统的问卷手段与网络问卷结合的形式。首次在云南省地级市范围对城市公共项目决策问题进行了实证调研，为构建模型提供了数据分析。调查问卷验证现有城市公共项目决策模式存在的问题。为模型框架研究提供了坚实基础。

以决策理论作为支撑，审视整个公共项目决策过程，将城市公共项目决策分为六个阶段、四类主体，以信息技术作为黏合剂，设计了决策主体与决策阶段结合的信息技术支持的城市公共项目决策模型。该模型提高了城市公共项目决策的科学性与理性，具有决策信息全面、决策程序公平、公众广泛参与、民意准确表达等特点。为城市公共项目决策提供了新的途径，具有重要的理论创新性，是在平台建设方面对建设“三型政府”的有益尝试。

(2) 阐明了信息技术支持下的公共项目多元参与信息运行机制，包括了信息采集、组织、管理、应用的完整过程。以公共项目信息目录为核心，建立透明、公开、统一项目信息平台；进行了网络公众项目信息采集与融入信息目录机制研究，完善了公共项目信息；进行了基于项目信息目录的专家群决策系统研究及灰色层次决策理论中的项目判断一致性聚类算法改进，改善了专家咨询信息支撑环境，提高了咨询方案的有效聚类，保证了模型可用。

以信息技术手段为保障，实现多元主体间信息的公开，实现城市公共项目决策程序的透明，实现了政府公共项目决策过程中的程序正义，以及民意表达的深度与广泛性。利用信息目录技术为核心，实现多主体交互机制，有效解决了项目信息组织、管理问题。改进灰色层次决策理论中的项目判断一致性聚类算法，进行了基于项目信息目录的专家群决策系统研究设计，实现了政府城市公共项目决策的正义性与科学性；研究针对特定公共项目的公众意见网络数据挖掘方法，实现了公众意见及关键用户的网络数据挖掘，进行了公众项目信息融入信息目录机制研究，解决了信息时代公众对项目的参与问题，从而进一步保障了民意表达的广泛性与深度。

(3) 以公民参与理论为基础，运用 MAMSDM 决策模型中信息目录实现了信息收集反馈，形成城市公共项目决策过程中完整的"民意数据收集—政府反馈"闭合信息反复迭代循环，有助于持续改进决策质量。在此闭合循环中，公众的期待融入政府项目决策中，政府决策依据更具广泛性；同时政府针对性的回应公众关注，增强了政府与公众的交互、理解。模型的应用对如何提升政府公信力有重要的理论创新与实践价值。

本书构建的公共项目多元决策框架，以公民参与理论为基础，以网络公众项目采集实现民意收集，达到人民群众期望融入项目决策的目标。运用 MAMSDM 中信息目录，提供了框架的项目信息展示环境，加强了政府、公众、专家之间的信息交互、信息融合与信息反馈。利用项目信息目录实现城市重大公共项目信息良性迭代循环，使各方意见可以快速、真实的表达。让政府政策透明，让权力运行透明，让群众看得到、听得懂、信得过。并模拟应用到云南省水葫芦治理滇池项目中，比较了采用模型的公众与政府信息迭代与传统信息交流的区别，证明模型能更早发现项目的实施过程问题，从而使决策更具科学性。展示了基于水葫芦治理滇池项目中信息目录的政府、专家、公众的协同工作流程。

10.3 研究不足与展望

(1) 本书提出了完整的分阶段多主体参与模型，但由于模型中涉及不同的信息平台，规模较大，且涉及较多政府部门，平台的有效性的实践检验存在一定的难度。本书只能将设计的决策模型模拟应用到一个已经实际运行的城市公共项目——云南省昆明市水葫芦治理滇池，通过对比模拟结果与实际过程的差异来证明模型的有效性，但最好的验证方法是能够完整应用到一个项目。在后续研究中，可以按照本书构建的理论体系，选取合适的项目，项目开始就按照模型步骤运行，用项目的实际结果对模型进行整体或局部的实证性研究，并针对实证过程出现问题，对信息技术下的公共项目决策模型不断修正和完善。

（2）本书虽对政府建立城市公共项目信息资源目录进行了初步研究，但政府信息的保密性、非公开性问题由来已久，在短期之内尚不太可能发生重大转变。因此，项目信息目录的建立不会一蹴而就，需要突破各种狭隘的观念，可以预期将需要较长的实践过程。如何克服阻力，形成各部门按规定、低成本实现信息整合，对每个城市公共项目判断哪些政府部门加入信息目录；如何通过具有约束力的部门间信息资源建设的政策法规来保证各个部门积极参与到信息建设中；针对保证公众信息能按需求整合到信息目录，研究建立日常的公共项目公众信息采集、归纳机制，保障项目信息全面完整。限于篇幅原因，本书尚未研究这些问题，这是今后进一步讨论与深入研究的方向。

（3）对本书设计的总模型与模型中的三个子系统应用可以分别进行更深入的研究，随着中国电子政务“云”化和“移动”化正由概念变成现实。可以考虑从物联网、移动互联网、云计算三个方面建立统一的城市公共项目政务移动云平台，为具体项目提供移动办公应用统一接入服务。

新一代移动通信技术、云计算技术、物联网等新技术发展，改变了电子政务发展技术环境及条件。未来云计算技术将促进政府门户网站建设，政务应用系统建设。当政府存在多个城市公共项目，并按项目决策模型分别对每个城市公共项目进行决策活动时，采用云计算技术可以提升基础资源的利用率，避免重复建设；能强化整合各部门的数据、信息及服务资源，有效地解决“信息孤岛”问题。

未来通过电子政务实现政府管理活动需进行以下转变：由重视政府各部门内部办公效率提高转向提升政府整体效能；部门数据由各自为政转为跨部门建设共享；由分散建设到集约化建设。未来分散的城市重大公共项目数据必然是存在于云平台，单个的城市重大公共项目的数据中心在云端合并。每个城市重大公共项目主管单位可以在云平台上开发、部署、运行自己的运用程序。云计算可以把项目的数据存储和数据分析变成更加方便获得的网络服务。云计算再与语义结合，项目的信息资源能够通过数据之间内在关系连在一起。未来对项目感兴趣的参与者，可以根据“元数据”将各种相关数据连接，自动搜寻、检索和集成网上信息。

移动互联网的发展正深刻改变信息时代的生活和工作方式，将移动互联网应用于政府城市公共项目网站中，可以在很大程度上增加网站的便捷性、实用性及用户体验。移动互联网环境下的本决策模型架构是一个值得研究的方向。

物联网技术与电子政务结合可以优化政府工作流程，使政府机构设置更为精简合理，并促进政府运作公开透明。政府城市项目各类信息资源数据互相共享成为可能，政府部门可以通过自身、外部数据公司以及公众媒体获得的大量的项目信息，支持政府进行正确的公共项目决策，对城市事务进行有效管理。

附录一：关于城市政府公共项目决策的调查问卷

您好！

非常感谢您在百忙之中对本次问卷调查的支持和配合。

本问卷调查是本人有关研究项目之需要，也是协助解决我国城市政府公共项目决策问题之需要，您的答案将对这一命题的研究具有十分重要的作用，谢谢您对我本人及我国城市政府的宝贵支持。本问卷中的所有问题将不涉及您的工作机密和个人隐私，也不公开，仅供本项目研究所用。

请在各问题的备选答案中选出您认为最合适的答案，填入后面括号中。如果您认为备选答案中未能包括您的意见，您可以在括号中填写出您的意见。谢谢您的大力支持！

注释：城市政府公共项目，是指用国家财政性资金投资的项目，如道路、桥梁、建设工程，市政设施、博物馆、市民广场等建设项目。在未注明多选时为单选。

1. 请问您从事的职业是（　　）

   ① 政府工作人员
   ② 事业单位人员
   ③ 企业工作人员
   ④ 自由职业者
   ⑤ 其他

2. 在我国城市政府公共项目中，您认为在哪个环节中最有待加强改善(　　)

   ① 决策过程和执行过程不够严密
   ② 决策过程完整，执行力度不够
   ③ 决策过程没有形成全方位的监督体制
   ④ 决策过程中很少听取来自民众的声音
   ⑤ 未充分发挥专家和第三方咨询的作用

3. 为了改变目前城市政府公共投资项目资金使用效率低，公众满意度低的

问题，您认为最有效的解决方法是（　　）

① 引进市场竞争机制

② 建立专门的政府管理机构

③ 建立有效的监督体制

④ 对决策和实施程序进行完善，实行决策主体多元化

4. 提高城市政府公共项目效率、效果和效益您认为应首先（　　）

① 加大政府行政管理力度

② 加大监督审查力度

③ 加大决策科学性

④ 加大失误追查和惩罚力度

5. 关于城市政府公共项目建设的法律法规中最应该明确的是哪一部分内容（　　）

① 项目立项决策过程环节

② 项目设计规划环节

③ 项目实施环节

④ 监督环节

⑤ 公众及专家参与

6. 公共项目决策失误的原因可能有以下各种原因，根据它们对决策失误的影响程度大小，按影响程度从大到小排序（　　）

① 缺乏科学论证

② 领导个人决策

③ 决策分权机制不健全

④ 缺乏专家、公众、执行者参与

⑤ 违反决策程序

⑥ 决策信息不充足不准确

7. 我国项目后评价存在的问题有，本题为多选题（　　）

① 评价机构独立性欠缺

② 评价时间滞后，无法改变结果

③ 评价途径与手段不足

④ 评价后反馈机制尚未建立，不能对以后的决策产生借鉴

8. 目前公共投资建设项目监督机制的效果（　　）

① 很差

② 较差

③ 一般

④ 较好
⑤ 很好

9. 对公共投资项目的监管，除了依靠政府部门外，您知道的还有哪些措施（　　）
① 通过专家委员会反映民意，提出意见
② 向公众公布项目情况，对居民意见分歧较大的，召开听证会
③ 通过各种新闻媒体及时报道“问题项目”
④ 通过热线电话反映意见和建议
⑤ 通过网络提出意见

10. 您认为在公共项目决策中主要应有哪些行为主体参与（本题为多选题）（　　）
① 政府各职能部门
② 人大，政协部门
③ 专家或咨询机构
④ 公众
⑤ 决策项目的实施者如城市建设投资公司
⑥ 其他

11. 您认为政府部门在项目审批过程中存在职责不清、多头管理的情况吗（　　）
① 大量存在
② 比较多
③ 有这种情况，但不普遍
④ 不存在

12. 您所了解到的公共投资项目决策中是否由现行政领导个人说了算(　　)
① 基本上都是领导决定，不经过集体决策
② 有一些项目决策经过咨询和科学民主化决策过程
③ 有较多项目决策经过咨询和科学民主化决策过程
④ 大部分项目决策经过了咨询和科学民主化决策过程

13. 您认为目前政府在公共项目投资决策过程中考虑最多的是（　　）
① 社会整体效益提升
② 资金的回报
③ 领导的意志
④ 技术的可行性

⑤ 环境的影响

⑥ 项目发展前景

⑦ 社会和公众的满意度

14. 一个公共项目决策过程可以分为下面六个阶段：（1）决策问题提出；（2）分析提出备选方案；（3）比较评价方案；（4）选择最佳方案；（5）实施方案；（6）评价方案。您认为政府、专家、民众、实施者在现实中各阶段参与程度如何？

说明：将城市政府公共项目的决策过程划分为下表表头的六个阶段，其中有可能介入决策过程的主要有四种参与者：政府、民众、专家和实施者（代表政府建造、管理项目的各种机构，如城市投资公司、建筑公司），请根据您对目前现状的认识，给出对他们在不同阶段的决策影响力的判断，根据各分值代表的含义，在相应空格填入分值。

1：完全不知情　　2：通告情况　　3：可以提出意见

4：参与决策　　5：具有决定权

阶段 主体	问题提出	分析提出备选方案	比较评价方案	选择最佳方案	实施方案	评价方案
政　府						
专　家						
民　众						
实施者						

15. 根据我国国情，您认为理想的城市政府公共项目决策中，政府、执行者、民众和专家应该在项目决策的哪些阶段发挥作用，请在相应阶段下填入数字1。

阶段 主体	问题提出	分析提出备选方案	比较评价方案	选择最佳方案	实施方案	评价方案
政　府						
专　家						
民　众						
实施者						

16. 您认为专家咨询机制实施过程中面临的最大问题是（　　）

① 咨询流于形式

② 专家不“专”

③ 专家抽样方式不科学

④ 专家结构配置不合理

⑤ 专家无责任约束

⑥ 其他

17. 您认为政府在决策过程中项目的信息公开程度（　　）

① 信息基本上不公开

② 决策结果信息公开

③ 决策过程信息公开

④ 决策结果与过程信息均公开

18. 你认为城市政府产生一项公共项目决策的原因（　　）

① 完成上级的指示要求

② 决策部门领导提出问题

③ 群众意见汇集，产生问题

④ 在实际工作中发现问题

19. 在一个公共项目决策问题产生前是否征求群众的意见（　　）

① 经常

② 偶尔

③ 从不

20. 决策过程中问题产生调研方式（　　）

① 问卷方式

② 召开市民座谈会

③ 实地现场考察

④ 请教第三方咨询公司或相关专家

⑤ 专门访问

21. 决策中是否听取专家的意见（　　）

① 经常

② 偶尔

③ 从不

22. 对决策中专家提出的意见如何进行完善（　　）

① 作为决策的一个步骤，但对决策产生没有任何影响

② 根据决策评估意见，修正决策内容

③ 重新决策

23. 在决策过程中如何挑选专家（　　）

① 根据临时需要挑选

② 固定专家库

③ 其他方式

24. 挑选专家的范围（　　）

① 本地

② 本省

③ 全国范围

25. 如何进行决策结果的监督（　　）

① 有专门部门负责

② 绩效评估

③ 听取汇报

④ 全程监控

26. 决策评价机制上，以什么为评价的主要参考（　　）

① 上级评价

② 专门评估机构

③ 找些专家如科研院所的专家评价

④ 公众意见

⑤ 其他

27. 决策过程中政府决策群体中成员是否充分表达意见（　　）

① 经常

② 偶尔

③ 从不，基本看领导脸色

28. 当决策过程中出现不同意见的时候，如何处理（　　）

① 一把手拍板

② 暂时搁置

③ 提交上级部门决定

④ 投票表决，采纳大多数意见

⑤ 其他

附录二：改进的专家一致性意见聚类算法程序代码

```
var q: =1; dot,W1,W2,Fa,max:double;
    i,j,k,maxr,maxc,RowinC:integer;
largethanFa:Boolean;
    W:array[1..n][1..m] of double;
    P:array[1..n][1..n] of double;
    jh: set of integer;
    c:array[1..n] of jh;
     N: =Strtoint(inputbox('输入专家数目窗口','请输入专家数:','' ));
     M: =Strtoint(inputbox('输入方案数目窗口','请输入方案数:'.''));
for i: =1 to n do begin
     for j: =1 to m do begin
          W[i,j]; =imputbox('','','');
end;
end;
for i: =1 to n-1 do begin
     for j: =i+1 to n do begin
Dot: =0; w1: =0;w2: =0;
for k: =1 to m do begin
Dot: = w[i,k] * w[j,k] +dot;
w1: =w[i,k] * w[i,k] +w1;
w2: =w[j,k] * w[j,k] +w2;
  End;
  P[i,j] =dot/sqrt(w1 +w2)
end;
end;//计算出判断一致性矩阵
Fa: =Strtoint(inputbox('输入一致性阀值窗口','请输入阀值:',''));
```

```
for i: =1 to n do begin
    jh: = jh + n;
  end;
  While jh < > [ ] do begin
     Max: =0;
     Maxr: =0;
     Maxc: =0;
     for i: =2 to n do begin
       for j: =1 to i - 1 do begin
         if p[i,j] > max then begin
max: = p[i,j];  //保存 P 矩阵中相似数值最大的元素
maxr: = i;  //保存相似数值最大的元素行数值
maxc: = j;  //保存相似数值最大的元素列数值
          end;
      end;
   end;
   if isexist(l,j) =0 and (max > = Fa) then begin //找到矩阵中的最大的元素,并且大于等于阈值,
for q: =1 to n do begin            //如果在 c 集合中 l,j 都还没出现,则将
if c[q] = = [ ] then begin          //l,j 划为一个子集合
c[q]: =c[q] + [l,h];
P[l,j]: =0
break;
end;
end;
end;
  if isexist(l,j) =0 and (max < Fa) then begin //找到矩阵中的最大的元素,并且小于阈值,
for q: =1 to n do begin          //如果在 c 集合中 l,j 都还没出现,则将 l,j
if c[q] = = [ ] then begin     //分别划到两个子集合。
c[q]: =c[q] + [l];
break;
end;
for q: =1 to n do begin
```

```
if c[q] = =[ ] then begin
c[q]: =c[q] +[j];
break;
end;
end;
end;
   if isexist(l,j) =2 then begin       // l,j 中,l 已经在集合中,j 不存在集合
for q: =1 to n do begin
if l in c[q] then begin      //查找 l 所在的子集合
  LargethanFa: =true;
for r: =1 to length(c[q]) do begin
  RowinC: =C[q][r];
  if P[Rowinc,j] <Fa then begin LargethanFa: = False;break;end;
end;
if LargethanFa  = =  true then      //如果 l 和 j 的相似度大于阈值
c[q]: =c[q] +[j]        //则在 l 所在的子集合中加入 j 专家
else begin
  for k: =0 to n do begin
    if not l in c[k] then begin
      LargethanFa: =true;
      for r: =1 to length(c[k]) do begin
        Rowinc: =C[k][r];
if P[Rowinc,j] <Fa then begin LargethanFa: =False;break;end;
            end;
            if LargethanFa = =true then begin
              c[k]: =c[k] +[j];
              break;
            end;
    end;
  end;
end;
else begin
for q: =1 to n do begin    //否则建立新的子集合,将 j 加入这个空的子集合中
if c[q] = =[ ] then begin
```

```
c[q]:=c[q]+[j];
break;
end;
end;
end;
end;
end;
end;
end;
   if isexist(l,j)=3 then begin        // l,j 中,j 已经在集合中,l 不存在集合
for q:=1 to n do begin
if j in c[q] then begin                 //查找 j 所在的子集合
  LargethanFa:=true;
for r:=1 to length(c[q]) do begin
  RowinC:=C[q][r];
  if P[RowinC,l] < Fa then begin LargethanFa:= False; break; end;
end;
if LargethanFa == true then  //如果 l 和 j 的相似度大于阀值
c[q]:=c[q]+[l]      //则在 j 所在的子集合中加入 l 专家
else begin
  for k:=0 to n do begin
    if not j in c[k] then begin
      LargethanFa:=true;
      for r:=1 to length(c[k]) do begin
         Rowinc:= C[k][r];
if P[Rowinc,l] < Fa then begin LargethanFa:=False;break;end;
               end;
               if LargethanFa ==true then begin
                 c[k]:=c[k]+[l];
                 break;
               end;
    end;
  end;
end;
```

```
else begin
for q: =1 to n do begin
if c[q] = =[ ] then begin
c[q]: =c[q] +[l];  //否则建立新的子集合,将1加入这个空的子集合中
break;
end;
end;
end;
end;
end;
end;
end.
Function isexist(var s,t:integer):integer
   Var Ssame,Tsame:boolean;
Begin
Ssame: = False;
Tsame: = False;
for k: =1 to length(c)   do begin
   if s in C[k] then Ssame: = True;
   if t in C[k] then Tsame: = True;
   end;
end;
if (Ssame = =True) and (Tsame = =True) then return 1;
if (Ssame  = =False) and (Tsame = =False) then return 0;
if (Ssame = =True) and (Tsame = =False) then return 2;
if (Ssame = =False) and (Tsame = =True) then return 3;
end.
```

附录三：模型实施效果调查

1. 通过模型框架实施可以扩大项目参与主体范围
   1 非常同意　2 同意　3 中立　4 不同意　5 非常不同意
2. 通过模型框架公众参与项目过程加强
   1 非常同意　2 同意　3 中立　4 不同意　5 非常不同意
3. 通过模型在项目决策过程中专家对项目主体的需求把握更加准确
   1 非常同意　2 同意　3 中立　4 不同意　5 非常不同意
4. 通过模型框架实现项目分散监督变为项目的全过程监督
   1 非常同意　2 同意　3 中立　4 不同意　5 非常不同意
5. 模型框架能增加项目决策过程中的民意表达
   1 非常同意　2 同意　3 中立　4 不同意　5 非常不同意
6. 模型框架能增加项目决策过程的方案设计，选择的科学性
   1 非常同意　2 同意　3 中立　4 不同意　5 非常不同意
7. 如果模型框架实现后，是否能使项目更符合公众需求
   1 非常同意　2 同意　3 中立　4 不同意　5 非常不同意
8. 采用信息技术支持的模型框架能够增加不同利益团体诉求表达渠道
   1 非常同意　2 同意　3 中立　4 不同意　5 非常不同意

参考文献

一、著　作

［1］张金锁．工程项目管理学．北京：科学出版社，2000.

［2］财政部投资评审中心．政府投资项目标底审查实务．北京：经济科学出版社，2000.

［3］杨肃昌．中国国家审计：问题与改革．北京：中国财政经济出版社，2004.

［4］桂建平．公共财政框架下的财政审计．合肥：安徽人民出版社，2004.

［5］戴维·伊斯顿．政治生活的系统分析．北京：华夏出版社，1999.

［6］B. 盖伊·彼得斯．政府未来的治理模式．吴爱明，等译．北京：中国人民大学出版社，2001.

［7］詹姆斯·安德森．公共决策．竺乾威译．北京：华夏出版社，1990.

［8］刘士义．行政决策学及其应用．太原：山西人民出版社，1993.

［9］张国庆．行政管理中的组织、人事与决策．北京：北京大学出版社，1990.

［10］许文惠，等．行政决策学．北京：中国人民大学出版社，2003.

［11］布朗宁．世界发展报告．北京：中国财政经济出版社，1993.

［12］戴维·奥斯本，特勒·盖布勒．改革政府．周敦仁，等译，上海：上海译文出版社，1996.

［13］米切尔·C. 詹森，威廉·H. 麦克林．专门知识、一般知识和组织结构．契约经济学（第二版）．李风圣译．北京：经济科学出版社，2003.

［14］伊利莎白·诺尔·诺伊曼，沉默的螺旋：舆论——我们的社会皮肤．董璐译．北京：北京大学出版社，2013.

［15］柯武刚，史漫飞．制度经济学．北京：商务印书馆，2000.

［16］米切尔·黑尧．现代国家的政策．赵成根译．北京：中国青年出版社，2004.

［17］F. A. 冯·哈耶克．个人主义和经济秩序．刘正来译．北京：生

活·读书·新知三联书店，2003.

［18］徐子沛．大数据：正在到来的数据革命．桂林：广西师范大学出版社，2012.

［19］托马斯·达文波特．数据分析竞争法：企业赢之道．北京：商务印书馆，2009.

［20］黄梯云．智能决策支持系统．北京：电子工业出版社，2001.

［21］黄如花．网络信息组织：模式与评价．北京：北京图书馆出版社，2003.

［22］珍妮特·V. 登哈特．新公共服务：服务，而不是掌舵．丁煌译．北京：中国人民大学出版社，2001.

［23］俞可平．全球化：全球治理．北京：社会科学文献出版社，2003.

［24］全球治理委员会．我们的全球伙伴关系．英格兰：牛津大学出版社，1995.

［25］詹姆斯·N. 罗西瑙．没有政府的治理．张胜军译．南昌：江西人民出版社，2001.

［26］陈振明．政策科学：公共政策分析导论．北京：中国人民大学出版社，2003.

［27］肖筱南．现代信息决策方法．北京：北京大学出版社，2006.

［28］党耀国，等．灰色预测与决策模型研究．北京：科学出版社，2009.

［29］孙宏才，田平，王莲芬．网络层次分析法与决策科学．北京：国防工业出版社，2011.

［30］风笑天．现代社会调查方法．武汉：华中理工大学出版社，1996.

［31］俞可平．治理与善治．北京：社会科学文献出版社，2000.

［32］钱学森．创建系统学．太原：山西科学技术出版社，2001.

［33］谢识予．经济博弈论．上海：复旦大学出版社，2002.

［34］穆勇，彭凯，谢力民．政务信息资源目录体系建设理论与实践．北京：北京大学出版社，2009.

［35］苏新宁，等．电子政务理论．北京：国防工业出版社，2003.

［36］王莲芬，许树柏．层次分析法引论．北京：中国人民大学出版社，1990.

［37］赵焕臣，许树柏，和金生．层次分析法．北京：科学出版社，1986.

［38］仇保兴．中国城市化进程中的城市规划变革．上海：同济大学出版社，2004.

［39］阿尔温·托夫勒．第三次浪潮．朱志焱，等译．北京：三联书店出版

社，1984.

[40] 黄晓斌．网络信息挖掘．北京：电子工业出版社，2005.

[41] 阿尔温·托夫勒．力量的转移——临近21世纪的知识、财富与权力．刘炳章，等译．北京：新华出版社，1991.

[42] Project Management Institute. A Guide to the Project Management Body of Knowledge（PMBOK）. PMI, 2000.

[43] R. H. Bonczek, C. W. Holsapple and A. B. Winston. Foundation of Decision Support Systems. Academic Press, 1981.

[44] Owen Hughes. Public Management and Administration: An Introduction (2 Ed.). Macillian Press Ltd, ST. Martins, Inc, 1998.

[45] Michiel Backus. E – Governance and Developing Countries. Introduction and Examples, 2001.

[46] Garson, G. David, Williams, J. Oliver. Public Administration: Concepts, Readings, Skills. Allyn and Bacon, 1982.

[47] Parry, G. Moyser, G. and Day N. Political Participation and Democracy in Britain. Cambridge: Cambridge University Press, 16, 1992.

[48] Barber, B. R. Strong Democracy: Participatory Politics for a New Age. Berkeley and Los Angeles: University of California Press, 1984.

[49] T. L. Saaty, J. M. Alexander. Thinking with Models. Oxford Pergamon Press, 1981.

[50] T. L. Saaty. The Analytic Hierarchy Process. McGraw – Hill Company, 1980.

[51] W. F. Lucas. Discrete and system Models. Springer - Verlity, 1983.

[52] J. G. Nelson, R. W. butler, G. Wall, e – tal. Waterloo on, Long vh. Techniques for Socially Sustainable Tourism Development: Lessons from Mexico, Tourism and Sustainable Development: Monitoring, Planning, Managing, 1993.

[53] Gunn C. A. Tourism Planning: Basics, Concepts, Case. Washington DC: Taylor and Francies, 1994.

[54] McIntyre G., Hetherington A., Inskeep E. Sustainable Tourism Development Guide for Local Planner. Madrid: World Tourism Organisation, 1993.

[55] Kweit, R. W. & M. G. Kweit. Implementing Citizen Participation in Bureaucratic Society. New York: Praeger Publisher, 1981.

[56] J. C. Thomas. Public Participation in Public Decisions: New Skills and Strategies for Public Managers. San Francisco: John Wiley & Sons Inc. 1995.

二、期 刊

［1］郭长强．政府投资工程管理体制改革探析．城乡建设，2004（1）．

［2］王世成，等．政府投资项目概念辨析．中国审计，2007（24）．

［3］罗德刚．我国公共管理主体的探讨．中国行政管理，2002（6）．

［4］赵泽生．浅谈政府投资工程的项目管理．中州建设，2006（10）．

［5］王洛忠．我国转型期公共政策过程中的公民参与研究．中国行政管理，2005（8）．

［6］阎宇红．日本行政决策咨询体系的多层次、多元化及其对我国借鉴作用．国际关系学院学报，1998（1）．

［7］唐洪文．改革和完善我国行政决策体制的理论思考．成都教育学院学报，2004（2）．

［8］王惠岩．马克思主义认识与科学决策．社会科学战线，1997（4）．

［9］丁煌．听证制度：决策科学化和民主化的重要保证．政治学研究，1999（1）．

［10］姜晓萍，范逢春．地方政府建立行政决策专家咨询制度的探索与创新．中国行政管理，2005（2）．

［11］李伟权．“互动决策”政府公共决策回应机制建设．探索，2002（3）．

［12］陈炳水．论我国行政决策中的公民参与．社会科学，2005（2）．

［13］刘勇，徐晓林．电子治理（信息社会城市善治的理想选择）．电子政务，2005（14）．

［14］徐晓林，周立新．信息技术对政府服务质量的影响研究．中国行政管理，2004（4）．

［15］郭生文．信息技术对公共行政的影响．科技情报开发与经济，2005（8）．

［16］胡广伟．电子政务调节公共信息非对称性的作用．中国软科学，2003（10）．

［17］胡侃，夏绍玮．基于大型数据仓库的数据采掘．研究综述，1998，9（1）．

［18］应毅，任凯，刘正涛．基于云计算技术的数据挖掘．微电子学与计算机，2013（30）．

［19］杜艳绥．基于 Hadoop 云计算平台的数据挖掘分析．信息技术与标准化，2013（4）．

［20］高汉松，等．基于云计算的医疗大数据挖掘平台．医学信息学杂志，2013（5）．

［21］吴晓敏．政府信息资源目录体系与交换体系建设再探．信息化建设，2005（1）．

［22］吴焱，高栋，吴志刚．政务信息资源目录体系与交换体系标准研究．信息技术与标准化，2005（11）．

［23］陈颖健．语义网悄然崛起沟联全球信息孤岛．国外科技动态，2004（10）．

［24］吴志成．西方治理理论评述．教学与研究，2004（6）．

［25］格里·斯托克．作为理论的治理：五个论点．国际社会科学（中文版），1999（2）．

［26］何彦彬，等．对新公共管理范式争议的研究．经济论坛，2008（5）．

［27］黄凯健，高福安．现代信息技术对大众传播的影响．北京广播学院学报（自然科学版），2003（4）．

［28］李开孟．投资体制改革与工程咨询（十）．中国工程咨询，2005（12）．

［29］王瑞丰．政府决策失误多发现象．理论导刊，2005（12）．

［30］张湘宜．善治理论视角下的政府公共关系中公共信息共享模式研究．前言，2013（6）．

［31］许磊．基于政府与公民社会关系视角推进我国行政决策的民主化．管理观察，2013（21）．

［32］郭华巍．基于SOP模型的城市创新能力评价指标构建研究．科技管理研究，2011（31）．

［33］徐晓林，刘勇．信息化与当代中国城市政府决策模型研究．管理世界，2006（7）．

［34］胡小明．多视角看信息资源开发利用．电子政务，2013（1）．

［35］郭少友．企业门户发展初探．现代情报，2003（5）．

［36］杨义恒．企业移动互联网的构建与发展．中国电子商务，2012（10）．

［37］苏新宁．电子政务环境下政务信息资源研究．情报学报，2006（1）．

［38］徐晔．信息产品的市场交易研究．江西财经大学学报，2004（5）．

［39］马费成，等．信息商品和服务的公共物品理论．情报理论与实践，

2002（5）.

［40］何彦彬，等.从公共产品视角分析电子政务建设的成本效益.情报杂志，2007（11）.

［41］刘强，吴江.政府信息资源分类共享方式的研究.中国行政管理，2004（10）.

［42］何彦彬，等.对政府信息产品定价问题研究.价格理论与实践，2008（5）.

［43］王立平.赃车市场形成的动态博弈分析.合肥工业大学学报（自然科学版），2004，27（6）.

［44］陈亮.图书馆信息资源共享的博弈分析.情报理论与实践，2004（6）.

［45］陈兰杰，王丽英，等.论电子政务信息共享的障碍及对策.经济论坛，2006（20）.

［46］谭必勇.国内外政府信息资源目录控制研究进展.档案管理，2010（6）.

［47］王仁武，等.电子政务信息资源元数据标准的设计与实现.情报资料工作，2007（4）.

［48］许跃军，等.宁波市政府信息资源目录体系建设实践.信息化建设，2008（1）.

［49］孙文峰.信息资源唯一标识标准化研究.世界标准化与质量管理，2008（3）.

［50］戴艳清，等.公共图书馆与公共信息资源管理.图书馆工作与研究，2009（6）.

［51］秦滔，等.基于XML消息中间件的公文传递模型研究.电脑与信息技术，2006（3）.

［52］罗海弛.基于Web Service构建政务信息资源共享体系.电脑与信息技术，2006（3）.

［53］魏柯.一种基于Web Service的动态电子政务系统.微计算机信息，2006（1）.

［54］周联兵，等.试论述行政决策执行过程中的信息管理.学术探索，2004（7）.

［55］邓灵斌.数字信息资源管理系统设计及其相关技术.中国信息导报，2004（7）.

［56］张启祥，李慧.政府信息资源库：电子政务的基石.信息化建设，

2002（5）.

[57] 李嘉. 基于Plone/Zope内容管理系统构建企业技术情报服务平台. 科技情报开发与经济，2009（11）.

[58] 戴汝为，操龙兵. 一个开放的复杂巨系统. 系统工程学报，2001（5）.

[59] 王丹力，等. 专家群体思维收敛的研究. 管理科学学报，2002（2）.

[60] 李玲娟，豆坤. 层次分析法中判断矩阵的一致性研究. 计算机技术与发展，2009（10）.

[61] 徐霄峰，上官金丽. 层次分析中一种新的保序方法. 统计与决策，2011（6）.

[62] 孙施文. 城市规划中的公众. 国外城市规划，2002（2）.

[63] 鲁平. 谨防"民心工程"砸了民心. 党的建设，2011（3）.

[64] 刘艳慧，等. 基于Web数据挖掘技术研究. 现代电子技术，2007（9）.

[65] 包金龙. 基于向量空间模型的信息检索系统的设计. 情报杂志，2005（7）.

[66] 徐家良，等. 公民网络参与的政府创新分析——以湖南"献计献策"活动为例. 中国行政管理，2008（4）.

[67] 何彦彬，等. 运用Web2.0技术改进政府门户网站. 电子政务，2007（8）.

[68] 刘慧敏，陈树年. Web2.0个性化服务理念为政府门户网站注入新活力. 情报探索，2007（1）.

[69] 张会娥，张智雄. 基于Rss的科技信息聚合系统的设计和实现. 现代图书情报技术，2005（7）.

[70] 和丽萍. "九五"期间滇池流域水污染综合治理工程措施及其效益分析. 云南环境科学，2003（3）.

[71] 陈瑞华. 程序正义论. 中外法学，1997（2）.

[72] 童怀宇. 论公民和公民意识. 唯实，2000（3）.

[73] 吴晓敏，刘晓白. 基于目录体系的政务信息资源整合. 中国计算机报，2006.

[74] 贺军. 从目录体系建设突破政务信息共享. 中国计算机报，2007.

[75] H. J. Leavitt, T. L. Whisler. Management in 1980's. Harvard Business Review, 1958, vol. 36.

[76] James T. C. Teng, Kenneth J. Calhoun. Organizational and Managerial Decision Making: An Exploratory Study of Managers's Perceptions. Decision Sciences, 1996, vol. 27, Iss 4.

[77] Badrinarayan Shankar Pawar, Ramesh Sharda. Obtaining Business Intelligence on the Internet. Long Range Planning, 1997, vol. 30, Iss 1.

[78] Chang, Cheung, Lai. Literature Derived Reference Models for the Adoption of Online Shopping. Information & Management, 2005, vol. 42, Iss4.

[79] Daniel Robey. Computers and Management Structure: Some Empirical Findings Re – examined. Human Relations, 1977, vol. 30, Iss11.

[80] John L. king. Examining the Computing and Centralization Debate. Communications of the Acm – special Issue on Computer, 1991, vol. 24, Iss 7.

[81] Stephen A. Ross. The Economic Theory of Agency: The Principal's Problem. The American Economic Review, vol. 63, No. 2.

[82] Wijnberg, Jan van den Ende, Onno de Wit. Decision Making at Different Levels of the Organization and the Impact of New Information Technology. Group & Organization Management; Sep 2002, 27, 3.

[83] Alavi, Maryam. An Assessment of Electronic Meeting Systems in a Corporate Setting. Information and Management, 1993, 25 (4) .

[84] Sprague R. H. A . Framework for the Development of Decision Support Systems. MIS Quarterly, 1980. 4 (4) .

[85] Gerardine Desanctis and R. Brent Gallupe. A Foundation for the Study of Group Decision Support Systems. Management Science, vol. 33, No. 5.

[86] A Different Game: Information is Transforming Traditional Businesses. Economist, Feb 25th, 2010.

[87] R. Rastogi and K. Shim. Mining Optimized Association Rules for Numeric Attributes. Int'l Conference on Data Engineering, Orlando, 1998.

[88] Kim Youngrate. Knowledge Digest Engine for Personal Big Data Analysis. Human Centric Technology and Service in Smart Space, 2012.

[89] American Library Association. The Use of the Computer for Bibliographic Control of Government Documents. Los Angeles, Calif. CREDR Corporation in Coo peration with the American Library Association, 1975.

[90] Senator Patrick Leathy. The Electronic FOLA Amendments of 1996: Reforming the FOIA for Online Access. Administrative Law Review, 1998, 50 (2) .

[91] George Barnum. Availability, Access, Authenticity, and Persistence: Cre-

ating the Environment for Permanent Public Access to Electronic Government Information. Government Information Quarterly, 2002, 19 (1).

[92] George M. Kasper, Robert P. Cerveny. A Laboratory Study of User Characteristics and Decision - Making Performance in End - user Computing. Information & Management, vol. 9, 1985.

[93] Sherry Arnstein. A Ladder of Citizen Participation. Journal of the American Institute of Planners, 1969.

[94] Milovanovic. D. Interactive Planning - use of the ICT as a Support for Public Participation in Planning Urban Development: Serbia and Montenegro Cases, 39th ISo CaRP Congress, 2003.

[95] Edward B. Stear & Joel Wecksell. Information Resource Center Management (IRCM), American Society for Information Science. Bulletin of the American Society for Information Science, vol. 23, Iss. 4, 1997.

[96] Stiglitz, Joseph E. & Weiss, Amdrew. Credit Rationing in Markets With Imperfect Information. American Economic Review, vol. 71, Iss 3, 1981.

[97] Stephen A. Ross. The Economic Theory of Agency: the Principal's Problem. The American Economic Review, vol. 63, No. 2 (1973).

[98] American Library Association, The Use of the Computer for Bibliographic Control of Government Documents. Los Angeles, Calif. CREDR Corporation in Cooperation with the American Library Association, 1975.

[99] Dena Holiman Hutto. Old Solutions in a New Age: Cataloging and the Future of Access to Government Information, Journal of Government Information, 1996, 23 (3).

[100] Tawfik Jelassi & Beauclair. An Integrated Framework for Group Decision Support Systems Design. Information & Management, vol. 13. Oct. 1987.

[101] Goslar, Green, Hughes. Applications and Implementation Decision Support Systems: An Empirical Assessment for Decision Making. Decision Sciences, vol. 17. Jan. 1986.

[102] Robert M. Entman. Slanting While Framing the News. Journal of Zhejiang University (Humanities and Social Sciences), 2010.

[103] Paul Davidoff. Advocacy and Pluralism in Planning. Journal of the Ame rican Institute of Planners, vol. 31. Iss 4. 1965.

[104] Smith L. G. Public Participation in Policy Making: the State - of - the - Art in Canada. Geoform, 1984, 15 (2).

[105] Arnstein. A Ladder of Citizen Participation. Journal of the American Insti-

tute of Planners, 1969 (35).

[106] Pretty J. The Many Interpretations of Participation. Focus, 1995 (16).

[107] Renee A. Irvin, John Stansbury. Citizen Participation in Decision Making: Is it Worth the Effort. Public Administration Review, vol. 64, Feb 2004.

[108] Salton G. Wong A. Yang C. S. A Vector Space Model for Automatic Indexing. Communication of ACM, 2001 (1).

[109] Laender A. Riberiro - Neto B. Silva A. et al. Brief Survey of Web Data Extraction Tools. Sigmod Record, 2002, 31 (2).

[110] George P. Huber. A Theory of Effects of Advanced Information Technologies on Organization Design, Intelligence, and Decision Making. Academy of Management Review, 1990, vol. 15.

[111] Steve Molloy, Charles R. Schwenk. The Effects of Information Technology on Strategic Decision Making. Journal of Management Studies, 1995, vol. 32, Iss 3.

三、报纸及网上资料

[1] http://news. sina. com. cn/c/2007 - 05 - 30/121213112140. shtml 等网站资料综合整理.

[2] 中华人民共和国国家统计局. 2002 ~2007 年国民经济和社会发展统计公报.

[3] 2004 年第 3 号(总第 04 号)部分城市基础设施国债项目建设效果审计结果. http://www. audit. gov. cn/cysite/docpage/c516/200407/0730_ 516_ 10056. htm.

[4] 福建省发展和改革委员会. 关于做好 2012 年省重点项目申报工作的通知.

[5] 国务院研究室送阅件. 政府投资工程管理方式改革若干建议. 2003 - 7 - 10 (54).

[6] Thomas B. Riley, Cathia Gilbert Riley. E - Governance to E - Democracy: Examining the Evolution, CCEG International Tracking Survery Report' 03, 2003 (5).

[7] http://www. cnnic. net. cn/dtygg/dtgg/201201/t20120116_ 23667. html.

[8] Web Services 教程. http://www. w3school. com. cn/webservices/index. asp.

[9] http://www. cnnic. net. cn/dtygg/dtgg/201201/t20120116_ 23667. html.

[10] 昆明滇池管理局. 滇池流域水污染防治"十五计划". http://www. dianchi. gov. cn 2007 -03 -01.

［11］ http：//www. ynepb. gov. cn 网站资料整理．

［12］ http：//green. sina. com. cn/news/roll/p/2011 －07 －12/172622801303. shtml. 滇池强力推动水葫芦治污工程引发争议．

［13］ 圈养水葫芦能治污吗？滇池水葫芦治污工程引发争议．春城晚报，2011 －7 －14.

［14］ 政务信息资源目录体系工作组．GBT 21063. 3 －2007 政务信息资源目录体系，2005.

［15］ William H. Inmon. 数据仓库（Building the Data Warehouse）. Wiley，2005.

［16］ 政务信息资源目录体系．第 4 部分政务信息资源分类． GB/T21063. 4 －2007.

［17］ 政务信息资源目录体系．第 5 部分政务信息资源标识符编码方案．GB/T21063. 4 －2007.

四、学位论文

［1］ 谢琳琳．公共投资项目决策机制研究［博士学位论文］．重庆：重庆大学，2005.

［2］ 曾兆．完善我国行政决策组织体制的若干思考［硕士学位论文］．长沙：湖南师范大学，2009.

［3］ 张启明．城市规划公众参与与信息技术［硕士学位论文］．武汉：武汉大学，2005.

［4］ 胡浩．集成供应链中的一体化物流、信息平台、群决策和系统集成的理论研究［硕士学位论文］．武汉：武汉理工大学，2004.

［5］ 陈宏晓．政府信息资源目录体系研究［硕士学位论文］．上海：同济大学，2008.

［6］ 张越．电子政务信息共享平台的规划与设计［硕士学位论文］．上海：复旦大学，2008.

［7］ 万建明．SBA 系统中综合集成研讨厅的研究与实现［硕士学位论文］．南京：南京理工大学，2005.

［8］ 吕志坚．综合集成研讨厅的专家研讨与思维研究［硕士学位论文］．北京：中国科学院自动化研究所，2004.

［9］ 翟国涛．公共管理中公民网络参与机制研究［硕士学位论文］．西安：西北大学，2007.

［10］ 方国栋．Public Participation In Hong Kong – Case Studies In Community

Urban Design［博士学位论文］．香港，2002.

［11］任爱华．多用户虚拟现实建模技术研究［硕士学位论文］．武汉：华中科技大学，2002.

［12］弓克．网络环境下的公民在线协作研究［硕士学位论文］．天津：南开大学，2009.

后 记

这部书稿是笔者在上海同济大学经济与管理学院博士论文的基础上修改而成。虽然已经毕业一年多，但在进行文字修改时，我仍然不时沉浸到那段幸福而又痛苦的时光，在那段光阴中磨炼，点点滴滴凝聚成了本书。

本书能够出版，首先我要衷心感谢导师白庆华教授。没有导师论文方向的指导，在许多问题上提出的极富启发意义的意见和建议，就不可能有论文的最终完成。导师渊博的学识、严谨的作风、高度的责任感和宽广的胸襟将永远鞭策激励我不断向前。

同时，我要特别感谢各位同窗的帮助，我们曾一起讨论与学习，你们聪明的才智和独到的见解开阔了我的视野。

感谢我的亲人在写作期间，在精神上和生活上给我强有力的支持和鼓励，本书成书过程凝聚了点点滴滴的酸甜苦辣，就把它作为我最诚挚的问候，送给我的亲人们！

感谢云南大学出版社的张丽华编辑为本书出版所付出的心血。

同时，谨向本书提到或未提到的相关参考书目、论文等研究成果的专家、学者致以深深的谢意！

看流年似水，忆往事如歌。以往所承受的负担都将变成美好的礼物，所承受的苦难都能照亮未来迷茫的路。

限于学识与时间，本书难免有疏漏和不足之处，请各位读者批评指正，不吝赐教。

2015 年 7 月